AF310105

RÉPERTOIRE

DES

FAMILLES VAUDOISES QUALIFIÉES

de l'an 1000 à l'an 1800

PAR

O., M. & C.

———

LAUSANNE

IMPRIMERIE GEORGES BRIDEL

1883

RÉPERTOIRE

DES

FAMILLES VAUDOISES QUALIFIÉES

de l'an 1000 à l'an 1800.

Tiré à 350 exemplaires.

RÉPERTOIRE

DES

FAMILLES VAUDOISES QUALIFIÉES

de l'an 1000 à l'an 1800

PAR

C., M. & C.

LAUSANNE

IMPRIMERIE GEORGES BRIDEL

1883

AVANT-PROPOS

———

ECI est un livre d'histoire, de l'espèce des pures compilations; un simple indicateur des noms rencontrés dans les annales vaudoises. Aucune tradition de famille n'y a été admise, si elle ne résultait pas d'un acte déposé, au moins en copie, dans les archives cantonales ou communales, ou d'un renseignement publié antérieurement en librairie. Toutes les indications qui vont suivre ont donc une source précisée et que chacun peut apprécier. On comprend les raisons de cette règle stricte et sévère.

Parmi ces sources, la principale est certainement le recueil des *Mémoires et documents* publiés par la Société d'histoire de la Suisse romande, sans lequel ce **Répertoire** eût été une œuvre surhumaine. *Disons une fois pour toutes que les références indiquant seulement un tome et une ou plusieurs pages se rapportent toujours à cette importante collection.*

Il n'aurait pas été possible d'indiquer pour chaque personnage la totalité des passages où il est mentionné dans les ouvrages publiés à ce jour et dans les titres publics. On s'est donc borné à choisir les plus précis et les plus instructifs.

Le *dictionnaire biographique des Genevois et des Vaudois*, de M. de Montet, a été largement utilisé, ainsi que le *dictionnaire historique, géographique et statistique* de MM. Martignier et de Crousaz.

Les familles naturalisées dans le canton de Vaud après l'an 1800 ne figurent pas ici. On n'y trouvera pas non plus les familles se rattachant mieux au nobiliaire d'une contrée extérieure au canton de Vaud actuel. On n'y cherchera pas les d'*Affry*, qui appartiennent à Fribourg, les d'*Arbignon* (Valais), etc., etc. Toutefois, lorsqu'une branche importante d'une famille étrangère est devenue vaudoise durant plusieurs générations, ou se trouve mêlée à l'histoire vaudoise d'une manière intime, elle peut trouver sa place ici.

Les armoriaux ont été consultés aussi. Au premier rang se trouve l'armorial de Mulinen, sévère dans ses admissions, et dont l'auteur (avoyer de Berne) était de compétence certaine et avait précisément pour but la spécification des seules familles qualifiées du Pays de Vaud. L'armorial de Mandrot, dans sa seconde édition, permet aussi cette spécification. L'armorial manuscrit de la Bibliothèque cantonale vaudoise ne la permet pas, et nous a été utile surtout par les renseignements qu'il a puisés à Berne dans les travaux de l'avoyer de Mulinen.

L'armorial de Joffrey est un travail sérieux qui date de l'an 1680 ; il s'applique seulement à la région veveysanne du Pays de Vaud.

Nous n'avons point la prétention, d'ailleurs, de donner l'historique de nos familles qualifiées et moins encore leurs arbres généalogiques. Nous nous bornons à énumérer les hommes les plus importants de chaque famille. La date placée devant chaque nom ne se rapporte ni à la naissance ni à la mort du personnage, mais autant que possible à un événement de sa vie indiqué dans l'une des références, ou aussi à l'époque la plus digne d'attention dans la carrière de ce personnage. On pourra donc parfois trouver un père et son fils mentionnés à des dates rapprochées ou à la même date.

Notre œuvre, ainsi conçue, pourra familiariser le public avec les noms de l'histoire vaudoise. Nous avons dû nous attacher uniquement aux familles dont les membres ont été officiellement et publiquement qualifiés soit de *nobles*, soit de *chevaliers* ou *donzels* (familles féodales), soit de *seigneurs* de fiefs territoriaux. Cette règle est sans exception.

La particule, contrairement au préjugé vulgaire, n'a dans l'histoire aucun rapport avec la noblesse. Lorsqu'un nom de famille n'est pas un nom de lieu, la particule indique un anoblissement relativement récent, conféré ou usurpé, et laisse ainsi apercevoir l'aveu d'une insuffisance antérieure. Les nobles de race ont tous la propriété d'un nom patronymique sans particule, lorsque leur nom n'est pas un nom de terre. Ils ont un nom de terre patronymique avec particule lorsqu'ils sont les anciens *millites* d'un lieu dont ils ont pris le nom (par exemple les *millites de Senarclens*); ils ont un nom patronymique sans particule dans tout autre cas; leur famille puisait alors en elle-même son importance et constituait comme une dynastie, à ces époques reculées où les noms de famille étaient une exception et un privilège. Tels sont les *Ferrel*, les *Barral*, les *Grasset*, les *Moschet*, etc.

Le préjugé de la particule a été cependant assez puissant pour amener un certain nombre de nos familles les plus anciennes à modifier ainsi le nom glorieux de leurs ancêtres.

D'un autre côté, lorsque le nom de famille est un nom de lieu, la particule n'implique pas nécessairement l'idée d'une seigneurie de cet endroit et moins encore d'une origine féodale ni d'une qualité quelconque. Bien au contraire, durant le moyen âge la majorité des noms à particule s'appliquent à des religieux, à des paysans et à des serfs, dont ils désignent le domicile ou le lieu d'origine. Dès le XIIe siècle, la particule peut passer pour un indice certain de défaut de qualité, quand les qualifications convenables ne l'accompagnent pas. Tel est, entre mille, le cas du tailleur *Jean d'Oulens*.

L'étude de nos anciennes familles présente de nombreuses difficultés. Beaucoup de titres ont été détruits au commencement de ce siècle par les bandes de paysans. Puis les noms ont subi de grandes variations, leur latinisation les défigure sans cesse, leur orthographe est flottante. Les seigneurs, aux époques récentes, portèrent quelquefois le nom de leur terre; pour reconnaître leur famille il faut alors quelque travail. Enfin parfois le nom d'une famille se modifie définitivement, de la manière la plus absolue et la plus subite, du père au fils. Nous avons cherché à exposer avec clarté les cas de cette nature.

La disposition typographique adoptée a pour but, étant donné le nom d'un personnage de l'histoire vaudoise, de faire connaître rapidement :

1° Un ou plusieurs passages des documents historiques faisant mention de ce personnage ;

2° Les membres les plus importants de sa famille aux diverses époques ;

3° Ses contemporains des autres familles, c'est-à-dire les noms de ceux auxquels il pouvait avoir affaire ou dont il devait entendre parler.

Un ouvrage pareil à ce **Répertoire** doit offrir des lacunes involontaires. Certaines familles ont pu être complètement omises. D'autres sont insuffisamment marquées. Les noms sur lesquels on possède peu de données, ou qui se rapportent à une ou à deux générations seulement, sont nombreux : leur introduction générale dans le corps de l'ouvrage eût été une source d'ennui pour le lecteur ; on en a formé une liste séparée qui constitue ainsi comme un **Répertoire supplémentaire**. Voici cette liste :

RÉPERTOIRE SUPPLÉMENTAIRE

Note. Les références indiquées par un tome et une page, sans titre, se rapportent toujours aux *Mémoires et documents* publiés par la Société d'histoire de la Suisse romande.

329. de Acellis	t. VI, p. 75.
330. Achar, chevalier	t. VI, p. 608.
331. d'Agiez, chevaliers	diction. Martignier et de Crousaz, p. 6 et 7.
332. Alexandre, de Nyon, donzel	t. XXXIV, p. 51.
333. d'Alliez	t. XXXIV, p. 82 et 85.
334. Allold	t. XXVI, p. 59.
335. de Altavilla, chevaliers	t. VI, p. 672 ; t. XII, p. 204.
336. de Saint-Amour	t. XXXV, p. 154.
337. Ancel	armorial de Mandrot.
338. Archer	t. XV, p. 542 ; armorial de Mandrot.
339. d'Arloz	armorial de Joffrey.
340. d'Arzier	armorial de Mandrot.
341. de Asclens	t. XV, p. 636.
342. de Asnens, chevaliers	t. VI, p. 347.
343. d'Asneres, chevalier	t. VI, p. 524.
344. Asperlin	diction. Martignier et de Crousaz, p. 52, 57, 69 et 91.

345. d'Astens — t. XXVI, p. 144.
346. d'Azancourt — armorial de Joffrey.
347. Bachiez — armorial de Mandrot.
348. de Bagniot — t. XVIII, p. 134.
349. de Ballens — armorial de Mandrot.
350. de Bannens, chevalier — t. III, p. 533.
351. de Bansins, Bassins — t. XIII, p. 163.
352. Bauduinus, chevalier — t. VI, p. 75.
353. de Bavois, Baioes — t. I, 3ᵉ liv. p. 150; t. VI, p. 122 et 184; t. XXVIII, p. 353, 354 et 429.
354. Beivroz — t. XIX, p. 351.
355. Beneris, chevalier — t. XVIII, p. 132.
356. Beneton — armorial de Mandrot.
357. Bergier — Diction. biogr. de Montet.
358. Bernard — Armoriaux de Joffrey et de Mandrot.
359. Bevroz, Reuroz, Bouvroz, chevaliers à Lausanne. — t. VI, p. 673; t. XII, 3ᵉ p., p. 114 et 115; t. XXXIV, p. 8 et 9; t. XXXV, p. 127; t. XXXVI, p. 182, 183 et 353.
360. Bever, chevalier — t. VI, p. 673; t. XIX, p. 560; t. XX, p. 272; t. XXII, p. 33; t. XXXVI, p. 409 et 412
361. Bevos, chevalier — t. VI, p. 94.
362. Bize — armorial de Mandrot.
363. de Blessens, chevaliers — t. VI, p. 121 et 660; t. XII, 2ᵉ p. p. 230.
364. Bochi, chevalier — t. VI, p. 335.
365. de Bogie, donzel — t. XVIII, p. 144.
366. Boissier — armorial de Mandrot; diction. biogr. de Montet.
367. Bonnet — t. XXVIII, p. 365.
368. Bosset, à Avenches — armorial de Mandrot.
369. de Bosson, dou Bosson, chevaliers. — t. XII, p. 202 et 204; t. XXVIII, p. 25 et 26.
370. de Bougy — t. VIII, p. 102.
371. du Bourg — t. XXVI, p. 229.
372. de Bren, chevaliers — t. VI, p. 469.
373. de Burgo — t. XXVIII, p. 340.
374. Buriot, donzel — t. XVIII, p. 117.
375. Cardin — armorial de Mandrot.
376. de Cardona, Chardonne — t. XII, 2ᵉ p. p. 164; t. XXII, p. 31; t. XXIII, p. 723.
377. Castellaz — t. XXIII, p. 84 et 735; armorial de Joffrey.
378. Chabrey — t. I, p. 119 et 369; t. I, 3ᵉ livr., p. 454.
379. de Chalandaire — armoriaux de Joffrey et de Mandrot.

380. de Chamont, donzel — t. XIII, p. 81.
381. de Champagnie — t. I, 3e livr. p. 345.
382. de Champreux, écuyer — t. XIV, p. 159.
383. de Changins, donzels — diction. Martignier et de Crousaz, p. 159.
384. Chapuis — diction. Martignier et de Crousaz, p. 203.
385. Charbon de Collonges, donzel. — t. XII, 3e p. p. 133.
386. de Charle, chevalier — t. XII, 2e p. p. 235.
387. de Charpigny, chevaliers — t. XXIV, p. 203; t. XXIX, p. 179 et 556.
388. Chassagniat — t. XXVI, p. 86.
389. Chasseur — armorial de Mandrot.
390. de Chebre — t. XII, 2e p. p. 144 et 232; t. XXII p. 19.
391. Chevalet — t. III, p. 159.
392. des Clées et des Clés — t. XXIV, p. 219; t. XXVI, p. 161 et 183; t. XXXIV, p. 129.
393. du Clos — t. V, 2e livr. p. 89; t. VIII, p. 101; armorial de Mandrot.
394. de Cohennier, chevalier — t. XV, p. 396.
395. Collonier — armorial de Mandrot.
396. Colomb — armoriaux de Joffrey et de Mandrot.
397. des Combes — t. I, 3e livr. p. 385.
398. de Commugnie, chevaliers — t. VI, p. 676; t. XII, p. 126; t. XXVI, p. 164.
399. de Concise, chevalier — t. VI, p. 675.
400. de Cors ou Corps à Cossonay — t. XV, p. 109, 187 et 188.
401. de Coucault — armoriaux de Mulinen et de Mandrot.
402. de Crans — t. XIV, p. 252 et 253.
403. du Crest — armoriaux de Joffrey et de Mandrot.
404. Cristine — t. XXIII, p. 438 et 739; armorial de Mandrot.
405. de Cronay, chevalier — t. XII, 3e p. p. 87.
406. Crostel — armoriaux de Mulinen et de Mandrot.
407. de Cornens (Cuarnens ?) — t. VI, p. 315.
408. de Cudrefin — armorial de Mandrot.
409. Cufin, chevalier — t. VI, p. 676.
410. de Cugy — armoriaux de Mulinen, de Mandrot, etc.
411. Doges — diction. Martignier et de Crousaz, p. 705.
412. Dufour — diction. Martignier et de Crousaz, p. 114
413. de Duiller, Duelye — t. XII, p. 157.
414. Dupont — diction. Martignier et de Crousaz, p. 853

415. d'Echichens, Echiens, don- t. xii, 2e p. p. 290.
    zel.
416. Epaz, de Moudon diction. Martignier et de Crousaz, p. 245.
417. Equitardi, à Nyon t. xxxiv, p. 84.
418. Espar armoriaux de Mulinen et de Mandrot.
419. d'Essertines t. xxviii, p. 211.
420. d'Etoy armoriaux de Mulinen et de Mandrot.
421. Evêquoz armoriaux de Joffrey, de Mulinen et de Mandrot.
422. Eviard t. xxiv, p. 429.
423. Falco, chevalier t. vi, p. 678.
424. de Falleram t. xxxv, p. 233.
425. Favre, à Echallens armorial de Mandrot ; diction. biogr. de Montet.
426. Favre de Thierrens armorial de Mandrot.
427. Fermen ou Fermon de Ap- t. iii, p. 76, 627 et 628.
    ples
428. de Ferreires t. xv, p. 749 ; t. xxviii, p. 346, 358 et 380.
429. de Fiez voir Fyx
430. Fivaz armoriaux de Mulinen et de Mandrot.
431. de la Foge armorial de Mandrot.
432. de Fontaine-Marcel t. xxxiv, p. 138.
433. Fontannaz, donzel t. xii, 3e p. p. 116 ; t. xxiv, p. 338, 381 et 382 ; t. xxx, p. 600.
434. Forneret armorial de Mandrot.
435. Franchet armorial de Mandrot.
436. Franconis armorial de Mandrot.
437. de Frémery armorial de Mandrot.
438. de Fyx (Fiez), chevalier t. xii, 2e p. p. 226 et 246.
439. de Gaucie, chevalier t. vi, p. 678.
440. Gaut t. xxxiv, p. 68.
441. de Gentils armorial de Mandrot.
442. de Germagnie, chevaliers t. xxviii, p. 193 ; diction. Martignier et de Crousaz, p. 391.
443. de Giez, chevalier et donzel t. xiv, p. xxx et 15 ; t. xxvi, p. 236.
444. de Glane t. xii, p. 420, 421, etc. ; diction. biogr. de Montet.
445. de Goeri, chevalier t. vi, p. 122.
446. Goudan t. iii, p. 159.
447. de Granges (Grangiis), che- t. xii, 2e p. p. 223 et 230 ; t. xxviii, p. 392.
    valiers.
448. de Grangetes, chevalier t. vi, p. 211 ; t. xii, 3e p. p. 88 ; t. xxii, p. 576.

483. de Martiniaco, chevalier — t. XII, p. 202.
484. de Masars Camarès — armorial de Mandrot.
485. Masset — armoriaux de Mulinen et de Mandrot ; diction. Martignier et de Crousaz ; p. 590 et 596.
486. de Masières, Mézières, chevalier — t. XII, 3e p. p. 90 ; t. XV, p. 63, 224 et 229.
487. Masuyer, à Cossonay — t. V, 2e p. p. 128 ; diction. Martignier et de Crousaz, p. 251.
488. Mayor de Cugy — armorial de Mandrot.
489. Mayor de Lausanne — t. XV, p. 290 ; t. XIX, p. 351.
490. de Melleris — t. VIII, p. 85.
491. de Menthon, à Lausanne — t. III, p. 192 ; t. XXVIII, p. 308.
492. le Merle — armorial de Mandrot.
493. Mestrezat — armorial de Mandrot.
494. de Miéville — diction. Martignier et de Crousaz, p. 127.
495. de Mona et de Muna — t. VI, p. 682 ; t. XIX, p. 558.
496. Monasterii — t. XXIII, p. 515.
497. de Monchy — armorial de Mandrot.
498. de Mondragon — armorial de Mandrot.
499. du Mont — armorial de Mandrot.
500. de Monterjaud — armorial de Mandrot.
501. Montsalvant, chevalier — t. XII, 3e p. p. 90.
502. Moratel, seigneur de Rossens — armorial de Mandrot ; diction. Martignier et de Crousaz, p. 812.
503. de Morens, chevalier — t. XXII, p. 31.
504. de Morsier, à Perroi — armoriaux de Mulinen et de Mandrot ; diction. Martignier et de Crousaz, p. 793.
505. van der Muelen — armorial de Mandrot.
506. Musy — armorial de Mandrot.
507. de Noville — t. XXVI, p. 135 ; t. XXX, p. 617.
508. Ochiez — t. XXII, p. 585.
509. Ogneys, donzels — t. XV, p. 217, 231, 646 et 742.
510. Li Ogues, chevalier — t. XII, 3e p. p. 64.
511. d'Oleyres — t. XIX, p. 259.
512. d'Ollon, chevaliers et donzels — t. XII, 2e p. p. 149 ; t. XXIV, p. 214, 242, 270, 363, 365 et 412 ; t. XXIX, p. 582 ; t. XXX, p. 617 ; t. XXXII, p. 632.
513. Orgerius — t. XII, 3e p. p. 90.
514. d'Orny — t. XXVIII, p. 392.
515. d'Ossans, chevalier à Orbe — t. XIV, p. 93.
516. de St Oyens — Pour mémoire.

517. Paindavoine — diction. Martignier et de Crousaz, p. 16.
518. de Paleyres — t. VIII, p. 408.
519. de Parly, Pailly, chevalier — t. XII, 3e p. p. 90.
520. de Peney, chevalier — t. I, 3e livr. p. 173.
521. de Penta, Penthaz — t. XV, p. 79 et 80.
522. de Penthéréaz — t. V, 2e livr. p. 482; t. XV, p. 292, 644 et 717; t. XXII, p. 58.
523. Perrin à Cossonay — t. XIII, p. 167.
524. du Petit, donzel — t. V, 2e livr. p. 34.
525. de Petra — t. V, 2e livr. p. 219.
526. Pillicerii — t. XXIII, p. 24.
527. Pillichodi — diction. Martignier et de Crousaz, p. 69.
528. de Pisis, chevaliers — t. XII, p. 198; t. XXII, p. 384 et 584; t. XXIII, p. 437.
529. de Plaît — diction. Martignier et de Crousaz, p. 203.
530. de Poliato, chevalier — t. XII, 2e p. p. 223.
531. de Pont, et de Ponte in Ogo, chevaliers et donzels — t. I, 3e p. p. 173; t. VI, p. 683; t. XII, 3e p. p. 91; t. XVIII, 2e p. p. 135; t. XIX, p. 289 et 335; t. XXII, p. 587.
532. du Pont, donzel — t. XVIII, 2e p. p. 59 : t. XXVI, p. 234.
533. de Promentor — t. XII, p. 62 et 204.
534. de Puidoux — armorial de Mandrot.
535. de Pully, chevaliers — t. VI, p. 94 et 684; t. XIX, p. 485; armorial de Mandrot; diction. Martignier et de Crousaz, p. 775.
536. Quay — armorial de Mulinen.
537. de Quervains — armorial de Mandrot.
538. Ramuz, chevalier — t. XVIII, p. 179.
539. Réal — armoriaux de Mulinen et de Mandrot.
540. Reynauld — armorial de Mandrot.
541. Reynier — armorial de Mandrot.
542. Rieu, de Genève — armorial de Mandrot; diction. Martignier et de Crousaz, p. 761.
543. de Rivoria, chevalier — t. XII, 2e p. p. 235.
544. Robellin, donzel (Lutry) — t. XV, p. 216 et 227; diction. Martignier et de Crousaz, p. 296.
545. Robin, Robbyn, à Yverdon — armoriaux de Mulinen et de Mandrot; dic. Martignier et de Crousaz, p. 537.
546. de Rocha, chevalier — t. XII, 3e p. p. 22; t. XXVIII, p. 340.
547. Roger — armorial de Mandrot.
548. Rolier — armorial de Mulinen.
549. de Roscillons — t. V, 1re p. p. 33; t. XII, p. 206; t. XXVIII, p. 45.

550. de Rossilion	armorial de Mulinen; diction. Martignier et de Crousaz, p. 16 et 17.
551. Rouge, chevalier	armorial de Mandrot; diction. Martignier et de Crousaz, p. 811.
552. Rubei	t. XXVIII, p. 205.
553. Rufus, chevalier	t. XII, p. 206; t. XIX, p. 353.
554. de Rugnens, à Renens,	diction. Martignier et de Crousaz, p. 780.
555. de Rumilly (Rumillier)	t. XV, p. 32 et 248.
556. de Rupe, chevaliers (Roca)	t. VI, p. 685; t. XII, p. 52; t. XXII, p. 590; t. XXIII, p. 357 et 403; t. XXIV, p. 383; t. XXVIII, p. 366.
557. des Ruvines	armorial de Mandrot.
558. Sachet	diction. Martignier et de Crousaz, p. 18.
559. de Saint-Amour	t. XXXV, p. 154.
560. de Saint-Martin, de Lausanne	armorial de Mandrot.
561. de Saint-Triphon	t. XIX, p. 353; t. XXIV, p. 277; diction. Martignier et de Crousaz, p. 15.
562. de Salvion, chevalier	t. XII, 2e p. p. 172.
563. Sauthey	armorial de Joffrey.
564. de Sauvernier	t. V, 2e livr. p. 108; t. VIII, p. 67 et 72.
565. Savaric	t. XXVI, p. 164 et 166.
566. Scholl	armorial de Mandrot.
567. Secretan	diction. Martignier et de Crousaz, p. 185.
568. Sénéchal de Blonay	t. XVIII, 1re p. p. 143 et 2e p. p. 43; armorial de Mandrot.
569. Sescalli de Albona	t. XXII, p. 270.
570. Sescalli de Pully	t. XVIII, p. 188.
571. Seschaller	t. XVIII, p. 192.
572. Sersie, Sergy	t. V, 1re p. p. 33.
573. de Serraux, Sarraul	t. XXXIV, p. 69, 84 et 85.
574. Sestion	armoriaux de Joffrey et de Mandrot.
575. de Sève, Scève	armoriaux de Joffrey et de Mandrot.
576. de Sombacor	t. V, 2e p. p. 33; t. XV, p. 362 et 433.
577. de Sothens, Sotens, chevaliers	t. VI, p. 686; t. XII, 2e p. p. 16 et 185; t. XXVI, p. 163.
578. de Sucève, chevalier	t. XIX, p. 522.
579. de Sugnens	t. XIV, p. XXX.
580. du Teil, du Theil	armorial de Mandrot.
581. du Terraux	armorial de Mandrot.
582. de Thiennes	armoriaux de Mulinen et de Mandrot.
583. du Thon	armorial de Mandrot.
584. de Thorrens	armorial de Mandrot.

585. Vallacrest	diction. Martignier et de Crousaz, p. 85.
586. de Vasserot, barons	diction. Martignier et de Crousaz, p. 936 et 937.
587. de Vaudo	t. XXIII, p. 183.
588. Veillon	diction. Martignier et de Crousaz, p. 637.
589. de Verdes	t. XXIII, p. 542 et 769.
590. de Verdet	armorial de Mandrot.
591. de Verello, donzel	t. XVIII, p. 110.
592. de Vergy	diction. Martignier et de Crousaz, p. 157 et 158.
593. de Vignolles	armorial de Mandrot.
594. de Vilete	t. XII, p. 203 et 206.
595. de Villa	t. XII, 2e p. p. 223 et 3e p. p. 93; t. XXVI, p. 245.
596. de Villain	armorial de Mandrot.
597. de Villeneuve	t. XXIV, p. 363.
598. Vuilleumier	armorial de Mandrot.
599. d'Yvonant, Euonant	t. VI, p. 677; t. XII, 3e p. p. 88.
600. d'Yvorne	t. XXXII, p. 104 et 119.

RÉPERTOIRE

DES

FAMILLES VAUDOISES QUALIFIÉES

de l'an 1000 à l'an 1800.

Nota. Les références indiquées par un tome et une page, sans titre, se rapportent toujours aux *Mémoires et documents* publiés par la Société d'histoire de la Suisse romande.

1. d'Aigle, de Alio.

Armorial de Mandrot.
Famille féodale de chevalerie :
1179. *Menfred d'Aigle,* chevalier ; t. XXIV, p. 200.
1179. *Borcard d'Aigle,* baron ; t. XXIV, p. 201.
1213. *Giroldus, miles de Alio ;* t. XXIX, p. 174 et 545.
1213. *Willermus, miles de Alio.* Cité aussi en 1252 ; t. XXVII, p. 6 ; t. XXIX, p. 174 et 545.
1213. *Guido de Alio ;* t. XII, 2ᵉ p. p. 87 ; t. XXVII, p. 6 ; t. XXIX, p. 174 et 244.
1248. *Manfred, Jaques* et *Willelme de Allio,* fils de Gui ; *diction. Martignier et de Crousaz,* p. 10.

---

d'Aigremont (Ormonts). *Voir de Gruyère.*

---

2. d'Albenas.

Armoriaux : de Mulinen ; manuscr. de la Biblioth. cant. ; de
Mandrot, etc.
    Famille noble originaire de Nîmes ; réfugiée dans le Pays de
Vaud pour cause de religion.
1740. *Noble Charles d'Albenas ;* t. xv, p. 127. Epoux de Louise Mayor,
qui avait hérité la terre de Sullens de son père, noble François-Louis Mayor, de Morges, lequel l'avait achetée en 1722 ;
t. v, 2ᵉ livr., p. 286.
1783. *Noble Céphas-Charles-Louis-Henri d'Albenas,* seigneur de Sullens, fils de Charles ; t. xv, p. 127.
1798. *Noble Jean-Baptiste-Abraham-Louis d'Albenas de Sullens,* fils
de Céphas-Ch.-L.-H.

3. d'Alinges.

Armoriaux : de Mulinen ; manuscr. de la Biblioth. cant. ; de
Mandrot, etc.
    Le nom de *d'Alinges* a été porté par deux familles distinctes :
1º *d'Alinges-Coudrée,* dynastes de Savoie.
2º *Troillet* dit *d'Alinges.* (Voir *Troillet.*)

L'illustre famille savoisienne *d'Alinges* est éteinte aujourd'hui. Elle a
eu une branche vaudoise qui s'est éteinte en 1611 ; elle paraît avoir
eu aussi une branche valaisanne. (T. xxix, p. 545 ; t. xxx, p. 582.)

1535. *Noble et puissant François d'Alinges,* dit *de Montfort,* baron de
Coudrée, etc. ; époux de Marguerite de Colombier qui lui
apporta la seigneurie de Vuillerens ; t. xv, p. 618.
1547. *Noble Pierre d'Alinges,* fils de François ; t. xv, p. 618.
1547. *Noble Bernard d'Alinges,* seigneur de Vuillerens et de Colombier ; fils de François ; t. xv, p. 618.
1547. *Noble Antoine d'Alinges,* seigneur du Châtelard, fils de François ; t. xv, p. 618.
1600. *Noble Isaac d'Alinges,* fils de Bernard et de noble Françoise de

Mionnax. Isaac fut le dernier de sa maison, branche vaudoise. T. xv, p. 618.

---

de Alio. *Voir d'Aigle.*

---

4. Allamand (seigneurs d'Echichens).

Armoriaux : de Mulinen, de Mandrot, etc.

1553. *Noble Jehan Allamand* ou *Allaman*, de Romont, seigneur d'Eschichens par sa femme; t. xxiii, p. 305 et 306.
1580. *Noble Claude Allamand*, seigneur d'Echichens; fils de Jean; t. xv, p. 74.
Les *Guibert*, neveux de Claude, furent ses héritiers; *diction. Martignier et de Crousaz, p. 327.*

---

5. Allamandi, Allemand, barons de Coppet.

Armoriaux : de Mulinen, de Mandrot, etc.

Les *Allamandi, Alamandi, Allemand* sont une grande famille du Dauphiné, dont quelques membres furent sires d'Aubonne et de Coppet. Elle s'allia aux Joinville et aux sires de Gex.

Les *Alamand* paraissent descendre de Rodolphe, sire de Faucigny en 1125. (T. v, 1re livr. p. 176.)

1300. *Guigues Allamandi,* t. xix, p. 518; t. xxii, p. 165, 169 et 561.
1315. *Guillaume Allamandi,* seigneur de Valbonnais, époux d'Agnès de Villars; t. xix, p. 518; t. xxii, p. 169, 396 et 561; t. xxvi, p. 217 et 281 ; t. xxviii, p. 180 et 184.
1350. *Humbert Allamandi,* chevalier, seigneur d'Aubonne et de Coppet, et fils de Guillaume; t. iii, p. 51 ; t. v, 1re livr. p. 78; t. xiv, p. 118; t. xxii, p. 148, 167, 169 et 562.
1365. *Artaud Allamandi,* prieur de Romainmotier, fils de Guillaume; t. iii, p. 267; t. xxii, p. 169 ; t. xxiii, p. 646 et 730.
1364. *Hugues Allamandi,* chevalier, seigneur de Valbonnais et d'Aubonne, fils de Guillaume, et frère d'Humbert dont il hérita; t. xxii, p. 148, 164, 169 et 562; t. xxiii, p. 646 et 730; t. xxxiv, p. 47.

Constance Allamandi, fille de Hugues et épouse de Guillaume de la Baume ; t. XXII, p. 169. Son fils *Jean de la Baume* fut l'héritier des Allamandi.

---

6. d'Apples, ou de Apples.

Armoriaux : Manuscr. de la Biblioth. cant. ; de Mandrot, etc.

1327. *Rodulphe de Apples*, donzel à Apples ; t. III, p. 77 et 618.

1327. *Aymon de Apples*, donzel à Apples ; t. III, p. 77 et 618.

1337. *Nicolet Daples* dit *Fermon* ou *Fermen*, donzel ; t. III, p. 76, 627 et 630.

Il existe aujourd'hui plusieurs familles d'Apples ou Dapples. Il y a eu aussi des *Mayors de Apples ;* voir en 1339 *Pierre de Apples*, t. III, p. 82 et 83.

---

d'Arbonnier, voir *Darbonnier.*

---

7. d'Arnay et d'Arnex.

Ces noms appartiennent à deux familles distinctes, désignées toutes deux sous les deux versions *Arnay* et *Arnex*, ce qui introduit quelque difficulté. L'une de ces familles est d'Arnex près Romainmotier ; l'autre est d'Arnex sur Nyon.

I. *d'Arnex-Romainmotier.*

Armoriaux : de Mulinen ; manuscr. de la Biblioth. cant. ; de Mandrot.

Les armoriaux donnent peut-être les armes des *Mayor* d'Arnex, ou celles des *d'Arnex* qui furent seigneurs de Saint-Martin.

Cette ancienne famille de *milites* a été qualifiée de toute antiquité ; son franc-alleu nous fait peut-être remonter à une époque antérieure à la féodalité même ; elle doit exister encore ; t. III, p. 27, 28 et 49.

1109. *Wibert, miles d'Arnex ;* t. XXXIV, p. 133.

1252. *Conod,* alias *de Arnay*, donzel à Romainmotier ; t. III, p. 27 et 545 ; t. XIX, p. 319.

1364. *Pierre d'Arnay*, au châtel d'Orbe, écuyer ; t. xiv, p. 130 et 371.

1412. *Guillaume d'Arnex*, donzel ; t. xii, 3ᵉ p. p. 137 ; t. xiv, p. 371.

1460. *Noble Jaquet d'Arnay* ou *d'Arnex*, d'Orbe, père de Pierre et de Claude ; t. i, 3ᵉ livr. p. 267 ; t. xv, p. 754.

1466. *Pierre d'Arnex*, donzel, époux de Marguerite de Bettens ; t. viii, p. 73 ; t. xv, p. 754.

1476. *Claude d'Arnay*, écuyer de Hugues de Châlons, à Orbe ; t. xiv, p. 275 ; t. xv, p. 754.

1500. *Noble Guillerme de Arnex*, donzel ; t. iii, p. 810.

1520. *Hugues d'Arnex*, donzel d'Orbe ; t. v, 1ʳᵉ livr. p. 151.

1538. *Noble Hugonin d'Arnex*, fils de Hugues ; t. xv, p. 418.

1543. *Noble Claude d'Arnex*, d'Orbe, époux de Marie de Gléresse ; t. xv, p. 134.

1592. *Noble Pierre d'Arnex*, bourgeois d'Orbe, coseigneur de Lussery et de Disy, à Cossonay ; fils de Claude. Cité aussi en 1605. T. v, 2ᵉ livr. p. 184 ; t. xv, p. 135, 136 et 256 ; t. xxviii, p. 503.

Les *Mayor d'Arnex* ne sont pas de la famille d'Arnex. (Voir *Mayor de Romainmotier*.) Le *dictionnaire Martignier et de Crousaz, p. 24,* semble indiquer le contraire.

II. *d'Arnex-Nyon.*

Armorial de Mandrot, etc.

Ancienne famille de *milites*. La famille *de Dullit* paraît en être un rameau, t. v, 1ʳᵉ livr. p. 180. Les *Pleasie* seraient ainsi des d'Arnex.

1164. *Pierre, miles de Arnai ;* t. v, 1ʳᵉ livr. p. 26.

1231. *Vaucher, miles de Arnai.* (Idem.)

1243. *Hugo darnai*, miles ; t. xii, p. 90 et 202 ; t. xxviii, p. 29. Il se pourrait qu'il fût de la famille d'Arnex-Romainmotier ; voir t. iii, p. 260.

Sous le régime bernois, la seigneurie d'Arnex-Nyon a appartenu aux *Quisard* et aux *Saladin ; diction. Martignier et de Crousaz, p. 24.*

Non classés :

1461. *Jean d'Arnex*, prieur de Cossonay ; t. i, 3ᵉ livr. p. 82.

1479. Dominus *Wuillermus de Arneto ;* t. xxxv, p. 204.

1519. *Jacob de Arnex ;* t. i, 3ᵉ livr. p. 360.

1530. *Noble Guillaume d'Arnex*, à Lausanne ; t. xxxvi, p. 102 et 103.

1578. *Noble Abel, mayor d'Arnex*, donzel ; devient mayor de Romainmotier ; t. iii, p. 301 et 358. (Voir *Besson*.) — Chastelain de

Romemostier ; t. I, 3e livr. p. 432. Voir *Mayor de Romainmotier.*
1597. *Noble Zacharie d'Arnex.*

---

8. Arnod, Arnodi.

Armoriaux : de Mulinen ; manuscr. de la Biblioth. cant. ; de
 Mandrot, etc.
1432. *Emeric Arnod,* à Baulmes ; t. XIII, p. 90.
1437. *Mermetus Arnaudi,* t. XXVII, p. 245.
vers 1480. *Petrus Arnodi, domicellus,* à Brethonnières ; t. III, p. 802.
 Noble Benoît Arnod, de Premier ; t. XXVIII, p. 507.

---

9. Arpeau.

Armoriaux : de Mulinen ; manuscr. de la Biblioth. cant. ; de
 Mandrot.
1629. *Noble Samuel Arpeau,* coseigneur du Rosey ; *diction. Martignier et de Crousaz, p. 936.*
1661. *Noble Reymond Arpeau ;* t. III, p. 356.
1675. *Noble François-Gaspard Arpeau,* châtelain de Bursins ; t. XV,
 p. 487 et 488.
Cette famille doit exister encore en Allemagne.

---

d'Aruffens. Voir *Mestral de Mont.*

---

10. d'Aubonne, de Albona.

Le nom d'*Aubonne* a été porté par diverses familles, dont la plus
importante est celle de dynastes.
La branche principale des dynastes d'Aubonne s'éteignit vers l'an
1450, et la seigneurie d'Aubonne passa alors à la maison de Menthon
par alliance, puis appartint à diverses familles qui en portèrent succes-

sivement le titre. Cette seigneurie a pris fin par un traité daté de Berne en 1754. L'histoire des divers seigneurs et barons d'Aubonne est rapportée au tome XXVI des *Mémoires et documents* de la Société d'histoire de la Suisse romande.

Le nom *d'Aubonne* a été porté en outre par des familles non qualifiées. Un bourgeois de Vevey, ayant acquis en 1327 des vignes sous Aubonne, prit le surnom *d'Aubonne* et le transmit à ses descendants. (T. XVIII, 2e partie, p. 66.)

L'armorial de Joffrey mentionne une famille *d'Aulbonne* à Vevey, *se disant seigneurs d'Aubonne*, et la donne comme éteinte en 1660.

Une famille *d'Aubonne* s'était fixée à Nyon; une autre à Morges; leur auteur commun pourrait être *Jean d'Aubonne*, châtelain de Lucens vers 1446. (*Vevey et ses environs*, par D. Martignier, p. 60.)

I. *Dynastes d'Aubonne*, tige principale.

Armoriaux : de Mulinen; manuscr. de la Biblioth. cant.; de Mandrot.

Les sires d'Aubonne dominaient sur une grande seigneurie allodiale, située des deux côtés de la rivière d'Aubonne. Leur origine pourrait se rattacher à celle des sires de Mont; leur généalogie a été figurée en tableaux par M. de Charrière, au tome XXVI des *Mémoires et documents*.

1000. *Dodon d'Aubonne*, et son frère *Turumbert;* t. XXVI, p. 140; t. XXXIV, p. 329.

Gérold, fils de Turumbert; t. XXVI, p. 141 et 142.

1130. *Nantelme I*, frère *d'Amaldric*, de *Widon*, de *Dalmace*, et du chanoine *Odulric;* t. XII, 3e p. p. 8, 16 à 18; t. XXVI, p. 143.

1172. *Humbert I, sire d'Aubonne;* t. XXVI, p. 143 et suiv.; p. 301.

1204. *Nantelme II, sire d'Aubonne*, fils de Humbert I et frère *d'Aymon* (t. XXVI, p. 153 et suiv.; p. 301), et de *Jacques I* qui fut la souche de la famille *d'Aubonne* de Lausanne; t. VI, p. 44, 451 et 671.

1204. *Guerric I, sire d'Aubonne*, fils de Nantelme II, frère de *Jacques II* et de *Pierre II* dit *Putot* (Posthume); t. XXII, p. 389; t. XXVI, p. 158 et suiv. et p. 301; t. XXVII, p. 8.

1237. *Pierre II* dit *Putot, coseigneur d'Aubonne*, fils de Nantelme II. Il eut pour fils *Guerric II* et *François*. T. XXVI, p. 175 et suiv.

1292. *Jean II d'Aubonne*, donzel, fils de Guerric I et frère *d'Etienne* et du moine *Aymon;* t. XXVI, p. 170 et suiv.; t. XXVIII, p. 153.

1295. *Symon, Guillaume, Jaquet* et *Henri*, tous fils de Jean II; t. XXVI, tableaux.

1219. *Jacques II, coseigneur d'Aubonne*, fils de Nantelme II ; t. xxvi,
        p. 182 et suiv. ; t. xxxiv, p. 329.
1242. *Jacques III, coseigneur d'Aubonne*, donzel, fils de Jacques II et
        frère de *Jean I* ; t. xxvi, p. 191 et suiv. ; t. xxviii, p. 150.
1274. *Aymon*, fils de Jacques III et père du bâtard *Guillaume*.
1274. *Jean III*, fils de Jacques III et frère de *Louis*, d'*Aymon* et d'*Ar-
        thaud*, qui fut bailli de Vaud ; t. xxvi, p. 199 et suiv.; p.
        248 ; t. xxx, p. 338.
1350. *Jean IV*, fils de Jean III ; t. xxvi, p. 215 et suiv. ; t. xxviii, p. 155.
1424. *Antoine*, coseigneur d'Aubonne, fils de Jean IV, et père de *Louis*,
        et frère de *Humbert II* (t. xxvi, p. 244 et suiv.) et de *Jac-
        ques*. — Antoine était, en 1430, le dernier de sa race ; t. xxvi,
        p. 246 et suiv. ; t. xxviii, p. 156.
1446. *Marguerite* ou *Margot, codame d'Aubonne*, épouse de Henri,
        seigneur de Montricher ; t. xxvi, p. 261 et suiv.

L'extinction de cette famille eut lieu par la mort de Margot d'Aubonne,
en 1458 ; t. xxxiv, p. 329.

II. *Dynastes d'Aubonne*, branche de Lausanne.

1210. *Jacques I d'Aubonne*, fils de Humbert I ; t. xxvi, tableaux.
1221. *Pierre I d'Aubonne*, fils de Jacques I ; t. xxvi, p. 150.
1281. *Pierre III d'Aubonne*, citoyen de Lausanne, fils de Pierre I ; t.
        xxvi, p. 150 et 151.
1339. *Girard d'Aubonne*, fils de Pierre III ; t. xxvi, p. 151.
1339. *Etienne d'Aubonne*, fils de Pierre III et frère de *Girard*.
1379. *François d'Aubonne*, donzel, citoyen de Lausanne, fils d'Etienne.
1390. *Perret d'Aubonne*, citoyen de Lausanne, peut-être fils de Girard ;
        t. xxvi, p. 151.
1393. *Michel d'Aubonne*, à Lausanne, fils de Perret. Il est le dernier
        connu de sa famille ; t. xxvi, p. 152.

III. Divers *d'Aubonne*.

Armoriaux : de Mandrot, de Joffrey, etc.
1517. *Noble Jean d'Aubonne*, bourgeois de Morges. (*Vevey et ses envi-
        rons*, p. 60.)
1543. *Noble Nicolas d'Aubonne*, de Nyon ; t. xv, p. 134, 247 et 388.
1575. *Jean d'Aubonne*, châtelain ; t. v, 2e livr. p. 147.
1592. *Noble David d'Aubonne*, fils de Nicolas ; t. xv, p. 247.
1592. *Noble Bernard d'Aubonne*, fils de Nicolas ; t. xv, p. 247.
1592. *Noble André d'Aubonne*, fils de Nicolas ; t. xv, p. 247.
1620 *Noble Samuel d'Aubonne*, coseigneur de Goumoëns-le-châtel,

seigneur de Préverenges, châtelain de Morges, fils d'André ;
t. I, p. 355 ; t. v, 2e livr. p. 189 ; t. xv, p. 268 et 739.

1631. *Noble Bernard d'Aubonne*, fils d'André ; t. xv, p. 247.

1631. *Noble François d'Aubonne*, fils d'André ; t. xv, p. 247.

1631. *Noble Jean d'Aubonne*, fils d'André ; t. xv, p. 247.

1644. *Noble Gabriel d'Aubonne ;* t. xv, p. 268.

1673. *Noble David d'Aubonne*, seigneur de Préverenges, lieutenant
baillival et châtelain de Morges, bourgeois de Berne. (*Vevey
et ses environs*, par D. Martignier, p. 60).

1708. *Paul-Bernard d'Aubonne*, colonel, époux de Louise de Tavel.
Diction. biogr. de Montet, t. I, p. 20.

1759. *Paul d'Aubonne*, maréchal de camp, fils de Paul-Bernard ;
diction. biogr. de Montet, t. I, p. 20.

1772. *David-Louis d'Aubonne*, général-major, fils de Paul-Bernard.
Diction. biogr. de Montet, t. I, p. 21.

Non classés :

1408. *Rolet d'Aubonne*, à Lausanne ; t. xii, 3e p. p. 136.

vers 1430. *G. Jean et Pierre de Albona*, à Lausanne ; t. xxxv, p. 150 à 177.

Aulenove. *Voir Saleneuve.*

---

d'Aux. *Voir Daux.*

---

11. d'Avenches.

Armoriaux : de Mulinen ; Manuscr. de la Biblioth. cant. ; de
Mandrot.

1171. *Nantelme d'Avenches*, chevalier ; *diction. Martignier et de
Crousaz, p. 50.*

1251. *Burcard d'Avenches ;* t. xix, p. 293.

1277. *Rodolphe d'Avenches*, chevalier ; t. xix, p. 392 et 432.

1289. *Ulrich d'Avenches*, chevalier ; t. xix, p. 432.

1301. *Conrad d'Avenches*, avoyer de Fribourg. *Diction. biogr. de Montet, t. I, p. 24.*

1325. *Rodulphus de Aventica ;* t. xxii, p. 457.

1339. *Borcard d'Avenches,* donzel et mayor; *diction. Martignier et de Crousaz, p. 47.*
1434. *Noble Pierre d'Avenches;* t. XXII, p. 291 et 292; t. XXXV, p. 154 et 233.
1446. *Guillaume d'Avenches,* seigneur de Cugy, chevalier du saint Sépulcre, châtelain d'Yverdon. *Diction. biogr. de Montet, t. I, p. 23.*
1468. *Messire Antoine d'Avenches,* chevalier, seigneur de Villarepos, lieutenant-général du Pays de Vaud; t. V, 2ᵉ livr. p. 87; t. VIII, p. 132, 199, 423 et 426; *diction. biogr. de Montet, t. I, p. 24.*

La famille *d'Avenches* s'est éteinte vers 1550; *diction. Martignier et de Crousaz, p. 50.*

---

de Bacio. *Voir de Bex.*

---

12. Badel, Badelli.

Armorial de Mandrot.
Les nobles *Badel* ou *Baddel* ont habité Begnins durant plusieurs générations.
1503. *Bonus Badelli,* castellanus Mellionaci; t. XXIII, p. 189.
1646. *Noble Daniel Badel,* de Begnins; t. XXXIV, p. 112.
1646. *Noble Etienne Badel,* de Begnins; t. XXXIV, p. 112.
1646. *Noble Gédéon Badel,* de Begnins; t. XXXIV, p. 112.
1671. *Noble Jean-François Baddel,* seigneur du Martheray; *diction. Martignier et de Crousaz, p. 73.*

---

de Baiz. *Voir de Bex.*

---

13. de Balleyson.

Armorial de Mandrot.
1410. *Georges de Ballexon,* à Lausanne; t. XXXV, p. 137.

1517. *Claudius de Balleysone,* ou Glaudius de Baleisone, baron de Saint-Germain; t. XXIII, p. 220; t. XXVII, p. 336.
 Voir aussi t. VII, p. 697 et t. XXXVI, p. 109 et 263.

---

14. Banderet.

Armorial de Mandrot, etc.
1429. *Will. Banderet,* à Lausanne; t. XXXV, p. 144.
1439. *Pierre Banderet,* bourgeois d'Yverdon; t. XII, 3e p. p. 142 et 143.
1480. *Humbert Banderet,* fils de Guillaume; t. XII, 3e p. p. 147.
1502. *Pierre Banderet,* donzel, à Morrens, fils d'Humbert; t. XII, 3e p. p. 147.
1510. *Claude Banderet,* fils de Pierre; t. XII, 3e p. p. 148.

---

15. Barral.

Armoriaux : de Mulinen; manuscr. de la Biblioth. cant.; de Mandrot.
1302. *Barthélemy Barral,* vidomne de Genève; t. XIX, p. 484 et 485.
1583. *Noble Jean-François Barral,* à Yverdon; t. XIII, p. 132.
1589. *Noble Jean Barral,* coseigneur de Disy, bourgeois de Morges; t. XV, p. 345.
1622. *Noble Isaac Barral;* t. XV, p. 651.

---

16. de Baulmes *(de Balmis),* et de Conay.

Armoriaux : de Mulinen; manuscr. de la Biblioth. cant.; de Mandrot.
 Ancienne famille féodale, dont le dernier rejeton paraît être Vuillerme de Baulmes, vivant en 1470, et dont les biens passèrent aux *de Colombier* puis aux *d'Alinges.* Une branche de la famille de Baulmes a porté le nom de *Conay,* qui est celui d'un quartier du village de Cuarnens. T. XIII, p. 80, 83 et 127. On écrit *Conay* ou *Cognay.*

La famille *de Bretigny* pourrait être une branche de la famille de Baulmes. Voir N° 48.

1200. *Savaric de Baulmes*, chevalier; t. xxviii, p. 358.

1222. *Willelme de Conay*, fils de Savaric de Baulmes, et souche des *Conay*; t. xiii, p. 80. Cité en 1269; t. xxviii, p. 358.

1225. *Renaud, miles de Baulmes*; t. xiii, p. 70; t. xix, p. 221.

1260. *Pierre de Conay*, ou *de Cognay*, donzel; t. xv, p. 338.

1269. *G. de Baulmes*, chevalier; t. xxviii, p. 358.

1286. *Girard de Conay*, fils de Pierre; t. viii, p. 29.

— *Aymon* dit *de Baulmes*, donzel de Cuarnens; t. xv, p. 564.

1320. *Etienne de Baulmes*, chevalier.

1340. *Vuillerme de Baulmes*, donzel, fils d'Etienne; t. xiii, p. 69, 71 et 121.

1377. *Girard de Conay*, ou *de Cognay*, donzel; t. xiii, p. 80 et 121; t. xv, p. 181 et 564.

1392. *Pierre de Baulmes* (de Balmis), à Yverdon; t. xiii, p. 82 et 121; t. xxvii, p. 181.

1400. *Jean de Conay*, donzel; t. viii, p. 107.

vers 1420. *Humbert de Conay*, de Cuarnens, donzel; t. xv, p. 561.

1452. *Nicod de Concx* (*Conay*) donzel à Cuarnens, fils de Humbert; t. xv, p. 561.

1470. *Noble Vuillerme de Baulmes*, seigneur d'Essert-Pittet, dernier rejeton connu de cette famille; t. viii, p. 446; t. xiii, p. 103.

---

17. de la Baume-Montrevel *(de Balma)*.

Armoriaux : de Mulinen; manuscr. de la Biblioth. cant.; de Mandrot, etc.

La maison de la Baume-Montrevel relevait immédiatement de la maison de Savoie. T. viii, p. 501.

1350. *Etienne de la Baume*, dit *le Gallois*, seigneur de Vallufin, époux d'Alix de Châtillon dame de Montrevel; t. xxii, p. 232; t. xxvi, p. 235; t. xxxiv, p. 47.

1360. *Guillaume de la Baume* (*de Balma*), chevalier, époux de Constance Alamandi, seigneur d'Aubonne et de Coppet; fils d'Etienne; t. xxii, p. 174 et 563; t. xxiii, p. 617; t. xxvi, p. 285.

1365. *Philibert de la Balme*, fils de Guillaume de la Baume; t. xxii, p. 234; t. xxiii, p. 640; t. xxvi, p. 235.

1384. *Jean de la Baume*, chevalier, premier comte de Montrevel, sei-

gneur d'Attalens, Valufin, etc., bailli de Vaud, héritier des
Alamandi; fils de Guillaume; t. XXII, p. 169, 234 et 267;
t. XXIII, p. 640 et 651; t. XXVI, p. 235; *diction. biogr. de
Montet, t. I, p. 34.*

vers 1410. *Pierre de la Baume-Montrevel,* fils de Jean et père de Guillaume, de Quentin et de Guy; t. VIII, p. 247.

1450. *Messire Jacques de la Baume,* chevalier; t. XXVIII, p. 130.

1459. *Noble et puissant baron Guillaume de la Baume-Montrevel,*
chevalier, seigneur d'Illens, etc., fils de Pierre et petit-fils
de Jean; décédé en 1490 sans postérité; t. VIII, p. 146,
157 et 247; t. XI, p. 78; t. XV, p. 580; t. XXIII, p. 443;
diction. biogr. de Montet, t. I, p. 34.

1470. *Jean de la Baume;* t. VIII, p. 157.

1475. *Guy de la Baume,* seigneur de la Roche, fils de Pierre; t. VIII,
p. 157; t. XXIII, p. 78.

1533. *Pierre de la Baume-Montrevel,* évêque de Genève, fils de Guy;
t. XI, p. 287; *diction. biogr. de Montet, t. I, p. 35.*
Voir le *diction. Martignier et de Crousaz, p. 15.*

Non classés :

1272. *Jocerand de la Baume,* ou *Jacaudus de Balma,* châtelain des
Clées; t. III, p. 109, 183 et 184.

1423. *Michel de la Balme,* maître de la monnaie de Chambéry;
t. XXXIV, p. 413.

---

18. de Beausobre.

Armoriaux : de Mulinen; manuscr. de la Biblioth. cant.; de
Mandrot, etc.

Les *de Beausobre* appartiennent à une ancienne famille de
Provence établie à Morges.

1689. Egrège et prudent *Pierre de Beausobre,* assesseur baillival, conseiller à Morges; t. XXVI, p. 81.

vers 1720. *Jacques de Beausobre,* colonel; *diction. biogr. de Montet, t. I,
p. 37.*

1761. *Jean-Jacques,* marquis et comte *de Beausobre,* seigneur de Bis-
seuil en Normandie, etc.; fils de Jacques et né à Morges.
Diction. biogr. de Montet, t. I, p. 37.

19. de Begnins.

Armoriaux : de Mulinen; manuscr. de la Biblioth. cant.; de Mandrot.

La famille *de Begnins* est une ancienne famille féodale qu'on peut suivre du douzième au seizième siècle. Les *Mestral* de Begnins sont distincts des nobles de Begnins; les *Sénéchaux de Begnins* paraissent au contraire être une branche des nobles de Begnins; t. XXXIV, p. 67. (Voir *Séchau.*)

1145. *Guigues* et *Amédée de Begnins ;* t. XIX, p. 532 ; voir t. V, 2e livr. p. 473, pour Amédée, et t. V, 1re livr. p. 19, pour Guigues.

1211. *Hugo, miles de Binins ;* t. XII, p. 60 et 201.

1211. *Guigo de Binins*, fils de Hugo; t. XII, p. 60 et 201.

1241. *Girodus de Bignins*, donzel; t. XII, p. 159.

1267. *Etienne de Begnins*, donzel; t. V, 1re livr. p. 55 et 165.

1298. *Guigonet de Begnins*, donzel, châtelain de Mont pour Louis de Savoie, t. XIII, p. 162; t. XXXIV, p. 38.

1493. *Noble Pierre de Begnins ;* t. XXXIV, p. 67.

1502. *Noble Gabriel de Begnins*, propriétaire à Lausanne; t. V, 1re livr. p. 151 ; t. XXXVI, p. 184.

1544. *Noble André de Begnins*, seigneur de Begnins, de Ste-Juillie et Chilliond; t. XXXIV, p. 85 et 86.

---

20. de Bellegarde.

Armoriaux : de Mulinen; manuscr. de la Biblioth. cant.; de Mandrot.

1536. *François de Bellegarde*, seigneur de Mont-le-grand par sa femme; conseiller du duc de Savoie; t. XXVIII; p. 135 et 136; *diction. Martignier et de Crousaz*, p. 747.

---

21. de Bellerive.

Armoriaux : de Mulinen; manuscr. de la Biblioth. cant.; de Mandrot.

---

22. de Belletruche.

Armoriaux : de Joffrey ; de Mulinen ; manuscr. de la Biblioth. cant. ; de Mandrot, etc.

Cette famille est originaire de Chambéry ; une branche a été établie à Vevey et était déjà éteinte en 1660. (*Armorial de Joffrey.*)

1413. *Antoine de Belles-Truches,* coseigneur de Vevey par son mariage avec Catherine de Blonay, donzel de Chambéry ; t. XVIII, 2e p. p. 72.

1457. *Pierre, Jean* et *Gaspard de Belletruches,* fils d'Antoine. (*Vevey et ses environs,* par D. Martignier, p. 61.)

23. de Belmont.

Armoriaux : de Mulinen ; manuscr. de la Biblioth. cant. ; de Mandrot, etc.

Belmont est un village du district d'Yverdon, siège d'une famille de dynastes au treizième siècle. Les sires de Belmont sont une branche de la grande maison féodale des sires de Grandson. Leur nom est écrit *de Belmont, Bellimbntts, de Bellomonte,* etc.

1174. *Jordan de Grandson-La Sarra,* fils de Barthélemy, est la souche des sires de Belmont. Cité encore en 1218 ; t. VI, p. 172 et 672 ; t. XII, 3e p. p. 23, 24 et 109 ; t. XXII, p. 32. Voir en 1227 ; t. I, 3e livr. p. 153.

1235. *Berthold,* donzel, seigneur de Belmont ; t. XII, 3e p. p. 61.

1245. *Richard,* seigneur de Belmont, frère de Berthold ; t. VII, 1re livr. p. 49 ; t. XII, 3e p. p. 63.

1283. *Vuillelme le Roux,* fils de Berthold. Miles, dnus de Palliaco, en 1296. T. I, 3e livr. p. 34 et 174 ; t. XIV, p. 70 ; t. XXII, p. 441 et 442.

1322. *Ebal de Belmont ;* t. XXII, p. 91. — Dès 1308 la terre de Belmont passa dans la mouvance de la maison de Savoie.

En 1394, la terre de Belmont était engagée par Bonne de Bourbon, régente de Savoie, à Guy de la Trémoille, comte de Joigny. (T. XIV, p. 187.) En 1448, Louis, duc de Savoie, vendit la seigneurie de Belmont au prince d'Orange ; t. XIV, p. 220 et 221.

Un rameau de la famille des sires de Belmont, investi de la mestralie d'Yverdon, pourrait avoir subsisté jusques vers 1800. (T. XXXIV, p. 322). Voir *d'Yverdun.*

---

24. Benoict.

Armoriaux : de Mulinen ; manuscr. de la Biblioth. cant. ; de Mandrot.

1498. *Nobilis Petrus Benedicti* de Brussino ; t. III, p. 131, 782 et suiv. Il était fils d'Etienne ; t. III, p. 784.

---

25. de Berchier.

1154. *Petrus, miles de Berchiaco ;* t. XII, 3e p. p. 15.
1230. *Rodulfe de Berchie,* donzel ; t. VI, p. 105.
1299. *Pierre de Berchier.*
1299. *Vuillelme de Berchier ;* t. V, 1re livr. p. 72.
1299. *Jaques de Berchier,* fils de Vuillelme ; t. V, 1re livr. p. 72.

1300. *Henri de Berchier.*
1311. *Humbert de Berchier,* bourgeois de Moudon ; t. XII, 3e p. p. 119.
1324. *Jacques de Berchier,* donzel, fils de Henri ; t. V, 1re livr. p. 89 et 253 ; t. XII, 3e p. p. 123.
1400. *Nicolet de Berchier.*
1404. *Mermet de Berchier,* donzel, fils de Nicolet.
vers 1415. *Louise de Berchier,* héritière universelle de Mermet ; t. V, 1re livr. p. 144.
1419. *Agnès de Berchier ;* t. V, 2e livr. p. 59.
vers 1420. *Girard de Berchier ;* t. XV, p. 222.

---

26. Besson.

Armoriaux : de Mulinen ; manuscr. de la Biblioth. cant. ; de Mandrot.

Le nom de *Besson* paraît avoir appartenu à la famille *Pollens*, qui porta aussi celui de *Mayor*, à cause de la Mayorie d'Arnex.

1521. *Noble Anthoine Besson*, coseigneur de Ligneroules, t. I, 3e livr. p. 366 et 373; t. III, p. 852.

vers 1525. *Jean Besson*, nommé aussi *Pollens* et *Mayor*; Mayor d'Arnex, t. III, p. 48. Voir *Pollens* et *Mayor de Romainmotier*.

27. de Béthusi.

Armorial : de Mandrot.

Famille devenue allemande, dont le nom est *Huc*; marquis dans leur lieu d'origine qui est le Languedoc; bourgeois d'Orbe; seigneurs de Béthusi près Lausanne; créés comtes de l'empire allemand en 1773 par l'électeur de Bavière; *diction. Martignier et de Crousaz, p. 85.*

28. de Bettens, et *Bectens*.

Armoriaux : de Mulinen; manuscr. de la Biblioth. cant.; de Mandrot.

La famille féodale de Bettens remonte très haut. Elle s'est éteinte avant 1550. Une branche de cette maison a porté le nom de *du Marais*. Voir t. VIII, p. 73, et t. XV, p. 408.

vers 1100. *Burcard de Bettens de Betensie*, à Orbe; t. XV, p. 408.

1170. *Albert de Bettens*, fils ou petit-fils de Burcard; t. I, 3e livr. p. 19; t. XV, p. 408.

1184. *Clarembold de Bettens*, chevalier; t. XV, p. 408.

1273. *Borcard de Bettens*, chevalier en 1300, arrière-petit-fils d'Albert; t. XV, p. 408; t. XXVIII, p. 358.

1273. *Huguet de Bettens*, donzel; t. XV, p. 409.

vers 1300. *Vuillerme de Bettens*, donzel; t. XV, p. 411.

vers 1330. *Barthélemy de Bettens*, donzel, frère d'Aymon et fils de Vuillerme; t. XV, p. 411.

vers 1330. *Jaques de Bettens*, donzel, frère du curé de Corcelles; t. XV, p. 412.

vers 1330. *Aymon dou Marest*, donzel, fils de Vuillerme de Bettens; t. VIII, p. 73; t. XV, p. 411.

vers 1360. *Girard de Bettens*, donzel, fils de Jaques; t. XV, p. 412.

1377. *Jaquet de Bettens*, donzel, fils de Girard. Cité encore en 1419 ;
t. v, 2e p. p. 62; t. xv, p. 412.

1377. *François de Bettens*, donzel, fils de Barthélemy; t. v, 1re livr.
p. 97 et 107; t. xv, p. 409, 410, 414, 621 et 720.

vers 1370. *Vuillerme dou Mares de Bettens ;* t. xv, p. 412.

1378. *Aymé* ou *Aymon de Bettens*, donzel, fils de Vuillerme dit du
Marais; t. v, 1re livr. p. 107 ; t. xv, p. 636.

1391. *Jean, Jaquet* et *Hugonet dou Mares de Bettens*, fils de Vuillerme ;
t. xv, p. 412.

vers 1400. *Noble Rolet de Bettens ;* t. xv, p. 414.

1419. *Vuillelme de Bettens*, donzel ; t. v, 2e p. p. 62.

1427. *Guillaume de Bettens*, abbé du lac de Joux ; t. i, 3e livr. p. 75
et 76.

1430. *Jaquet de Bettens*, donzel ; t. viii. p. 73.

1442. *Pierre de Bettens*, donzel, à Cossonay ; fils de Rolet ; t. xv, p. 225
et 414.

1450. *Noble Georges de Bettens*, frère de François ; t. xv, p. 416.

1474. *Noble Louis de Bettens*, cité encore en 1493. Fils de Pierre ;
t. i, 3e livr. p. 94 ; t. v, 2e livr. p. 90 et 92 ; t. xv, p. 414,
416, 432, 701 et 702.

1493. *Noble Jean de Bettens*, à Echandens, fils de Pierre. Cité encore
en 1514 ; dernier de sa race ; t. xv, p. 414, 416 et 621 ;
t. xxiii, p. 498.

La seigneurie de Bettens a été possédée par diverses familles (de Praroman, Gaudard, Loys, etc.). T. xv, p. 407 et suiv.

---

29. de Bex.

Armoriaux : de Mulinen ; manuscr. de la Biblioth. cant. ; de
Mandrot.

La famille féodale *de Bex* (*de Baix, de Bayz, de Bacio*)
paraît avoir été nombreuse ; les documents du Valais en font
souvent mention. Certains chevaliers de cette famille ont été
dits *de Porta.*

1142. *Varnerius de Bex ;* t. v, 1re livr. p. 14 ; t. xxiv, p. 218.

1170. *Hugues de Bex ;* t. xxiv, p. 218 ; t. xxvi, p. 135.

1174. *Dalmace de Bex ;* t. xxvi, p. 135.

1179. *Girard* ou *Girold*, seigneur de Bex ; t. xxiv, p. 201, 213, 217 et
218 ; t. xxvi, p. 134.

1179. *Vernier de Bex*, fils de Varnerius et frère de Girold ; t. xxiv,
p. 201 et 218.

1190. *Clémence de Bex*, fille et héritière de Girold, fait passer la terre de Bex dans la maison valaisanne de *la Tour* ; t. XXIV, p. 217.

1227. *Willermus de Baiz*, miles ; t. XXIX, p. 269 et 549 ; t. XXX, p. 302.

1227. *Sinfredus miles de Baiz*, t. XXIX, p. 264 et 549.

1249. *Petrus de Baiz*, domicellus ; t. XXIX, p. 414.

1250. *Dnus Henricus de Bacio*, miles ; t. XXIX, p. 414 et 463 ; t. XXX, p. 93.

1250. *Dnus Warnerus miles de Bacio*, ou *de Beiz*, dictus de *Porta* ; cité encore en 1271 ; t. XXIX, p. 462 et 549 ; t. XXX, p. 188.

1252. *Séguin, miles de Bacio* ; t. XXIV, p. 225 ; t. XXIX, p. 470 et 471.

1269. *Vinfred de Bex*, chevalier ; t. XXIV, p. 336.

1271. *Willelme, Aymon* et *Nicolas de Beiz*, fils du chevalier Warnerus de Beiz dit *de Porta* ; t. XXX, p. 188.

vers 1280. *Jean de Bex* (de Bacio), donzel ; t. XXXI, p. 33.

1281. *Humbertus de Bacio*, domicellus, fils de feu Willerme ; t. XXX, p. 302 et 370.

1296. *Dnus Guifredus de Bacio*, ou *de Baiz*, miles ; t. XXX, p. 498.

1296. *Dnus Willermus de Porta*, miles ; t. XXX, p. 498.

1302. *François de Bex*, donzel ; cité encore en 1340 ; fils du donzel Jean ; t. XXIV, p. 209 ; t. XXXI, p. 33 ; t. XXXII, p. 291.

1326. *Henricus de Batio*, donzel, à Sion ; t. XXXI, p. 512.

1331. *Agnès de Bex* ; t. XXIV, p. 210.

1340. *Perrod de Bex*, fils de François ; t. XXIV, p. 209.

1342. *Johannes de Bacio*, domicellus, à Sion ; t. XXXII, p. 322.

1502. *Noble Jean de Bex* ; t. XI, p. 207.

----

30. Bickhard.

Armorial de Mandrot.

1675. *Dame Bickart* à Cottens ; t. XV, p. 489.

1690. Mr *Bikart*, coseigneur de Yens ; t. XXVI, p. 75.

----

31. de Bière.

Armoriaux : de Mulinen ; manuscr. de la Biblioth. cant. ; de Mandrot.

1189. *Etienne de Bière*, chevalier; cité encore en 1211 ; t. xii, p. 11 ;
   t. xxviii, p. 16 et 29.

1204. *Harduin de Bière ;* t. v, 1re livr. p. 32.

1211. *Aymon de Bière*, chevalier, frère d'Etienne et de Marcho ; t. xii,
   p. 11 ; t. xxviii, p. 16.

1211. *Marcho de Bieri* ou *de Byeria*, chevalier, frère d'Etienne et
   d'Aymon ; cité encore en 1220 ; t. xii, p, 11 ; t. xix, p. 560 ;
   t. xx, p. 272 ; t. xxviii, p. 16.

1212. *Galcherus de Bieri ;* t. xii, p. 35 ; t. xxvi, p. 183.

1226. *Vmbertus de bieri ;* t. vi, p. 168 et 673.

1238. *Noble Anselme de Bière*, donzel ; t. xii, p. 75 ; t. xxvi, p. 190.

1238. *Noble Etienne de Bière*, donzel ; t. xii, p. 75 ; t. xxvi, p. 190.

1241. *Pierre de Bière*, chevalier ; t. xii, p. 127 ; t. xxviii, p. 37.

1241. *Nicolas de Bière*, donzel, frère de Pierre ; t. xii, p. 127.

1278. *Etienne de Bière*, fils de Pierre ; t. xxviii, p. 37.

1278. *Guillaume de Bière*. fils de Pierre ; t. xxviii, p. 37.

1367. *Girard de Bière*, dit *Gruar*, donzel ; t. xv, p. 394, 565 et 566.

1378. *Noble Louis de Bière (Byeria)*, donzel, puis chevalier (1390) ;
   bailli de Vaud pour le comte de Savoie ; fils de Girard ; t. xv,
   p. 311, 394 et 565 ; t. xii, 3e p. p. 131 ; t. xxiii, p. 650 ;
   t. xxvii, p. 181 ; *diction. biogr. de Montet, t. I, p. 60.*

---

32. de Billens.

Armoriaux : de Mulinen ; manuscr. de la Biblioth. cant. ; de
Mandrot.

 Les *de Billens* sont d'origine très ancienne, fribourgeoise
ou savoisienne ; ils ont joué un rôle dans l'histoire vaudoise.
Billens est le nom d'un village près de Romont.

 Certaines confusions sont possibles entre des membres de
la famille de Billens et des membres de la famille de Vulliens ;
les anciens documents paraissent désigner aussi bien les uns
que les autres par l'orthographe *Villens*. T. xxxi, p. 657.

 La *cour de Billens* était la cour des appellations de la maison de Savoie à Lausanne. Ce nom venait peut-être de *François de Billens*, bailli de Vaud, qui y remplit l'office de juge.
(Errata du t. vii ; voir aussi t. xxxvi, p. 353.)

vers 1200. *Willelmus de Billens*, nobilis vir ; t. xii, 2e p. p. 93 et 234.

1212. *Petrus de Billens*, domicellus ; t. xii, 2e p. p. 50.

1268. *Nantelme de Billens*, miles ; t. xix, p. 361 ; t. xxii, p. 60.

1270. *Pierre de Billens*, chanoine de Lausanne, fils de Nantelme; t. xix, p. 368.

1278. *Guillaume de Billens;* t. xix, p. 394.

1280. *Rodolphe de Billens*, chevalier, bailli de Vaud en 1287 et 1288; t. xv, p. 163; *diction. biogr. de Montet, t. I, p. 61.*

1330. *Jean de Billens;* t. xxii, p. 150.

1346. *Pierre de Billens*, chevalier, fils de Jean; t. xxii, p. 150 et 564; t. xxiii, p. 714.

1346. *Jaquet de Billens*, frère de Pierre et fils de Jean; t. xxii, p. 150; t. xxxiv, p. 12.

1347. *Guillaume de Billens*, chevalier (abbaye de Montheron); t. xii, 3e p. p. 127.

1350. *Humbert de Billens*, miles; t. xxii, p. 468, 506 et 564; t. xxiii, p. 713; t. xxvii, p. 77.

1378. *Nichod de Billens*, donzel; t. xxiii, p. 366.

1379. *Aymon de Billens*, miles, fils d'Humbert; t. xxii, p. 516 et 564; t. xxiii, p. 366.

1392. *Humbert de Billens*, évêque de Sion, fils d'Aymon; t. x, p. 351; t. xxii, p. 242, 516, 564.

1394. *Jaquetus de Billens;* t. vii, 1re livr. p. 272.

1398. *Pierre de Billens*, chevalier, commandeur de Vaud; t. viii, p. 45; t. xv, p. 291.

1476. *François de Billens*, seigneur de Macconens près Romont, bailli de Vaud en 1454, 1455 et 1475; t. viii, p. 355; t. xxiii, p. 420 et 732; t. xxvii, p. 291; *diction. biogr. de Montet, t. I, p. 60.*

1478. *Noble Pierre de Billens*, ancien bailli de Vaud; t. viii, p. 485.

---

33. de Bioley-Magnou.

Armoriaux : de Mulinen; manuscr. de la Biblioth. cant.; de Mandrot.

Bioley-Magnou est un village du cercle de Mollondins, district d'Yverdon, autrefois seigneurie de *Bioley, Biolley, Biolai, Biolei.* — Il existe, en outre, un *Bioley* dans le district fribourgeois de la Veveyse, et un *Bioley-Orjulaz* dans le cercle d'Echallens. T. xii, 2e p. p. 239.

En 1245, Guillaume de Saint-Martin est seigneur de Bioley (t. xii, 2e p. p. 70); en 1267, Ebal et Henri, aussi seigneurs de Bioley, hypothèquent leurs terres de Bioley aux seigneurs de Saint-Martin. (T. xix, p. 357.) Le nom de Bioley peut donc prêter à confusion.

1244. *Guillaume de Biolley;* t. xix, p. 269.
1247. *Henri,* fils de Guillaume de Bioley; t. xix, p. 279 et 357.
1267. *Ebal,* seigneur de Bioley; t. xix, p. 357.

34. de Bionnens.

Armoriaux : de Mulinen; manuscr. de la Biblioth. cant.; de Mandrot.

1394. *Richard de Bionens* ou *de Bionnens,* donzel. Cité encore en 1413; t. vii, 2e livr. p. 487; t. xii, 3e p. p. 138; t. xxii, p. 238.
1400. *Aymonet de Byonens* ou *de Bionens,* donzel, à Lausanne; t. iii, p. 686; t. xxxv, p. 131.
1467. *Noble et égrège Pierre de Bionnens,* docteur dans l'un et l'autre droit; cité encore en 1496; époux de Marie de Mont, héritière d'une branche des sires des Monts, fille du donzel Nicod; t. i, 3e livr. p. 93, 285 et 337; t. viii, p. 97 et 133; t. xv, p. 64, 232 et 396; t. xxvii, p. 288; t. xxxv, p. 206.
1496. *Noble Guillaume de Bionnens,* donzel de Cossonay, époux de Rose de Cossonay et fils de Pierre. Cité encore en 1540. Décédé sans postérité; t. v, 1re livr. p. 150 et 153; 2e livr. p. 122 et 213; t. xv, p. 29, 68, 315 et 396; t. xxvi, p. 51; t. xxxvi, p. 318.

La succession de Guillaume de Bionnens revint à son neveu, *François de Lutry;* t. viii, p. 97 et 103; t. xv, p. 29.

35. Blanc.

Armoriaux : de Mulinen; de Joffrey; manuscr. de la Biblioth. cant.; de Mandrot.

La famille *Blanc (Albi),* de Vevey, ne paraît pas avoir été qualifiée avant l'an 1400; elle s'est éteinte vers l'an 1600 dans celle des Joffrey.

D'après l'armorial de Joffrey, qui date de 1660, les *Blanc* auraient été coseigneurs de Chastel et de Bex.
1405. *Jean Blanc,* de Vevey, achète divers fiefs à Villeneuve. (*Vevey et ses environs,* par D. Martignier, p. 64.)

1525. *Noble Aymon Blanc ;* t. XXXVI, p. 39. En 1539, *noble Aymé Blanc.*
      (*Le bailliage de Vevey et Chillon ;* Vevey 1861, p. 90.)
1536. *Noble Pierre Blanc,* à Vevey ; t. XXXVI, p. 282 et 283.
1559. *Noble François Blanc,* à Vevey. (*Le bailliage de Vevey et Chillon,*
      p. 97.)

36. de Blonay.

Armoriaux : de Joffrey ; de Mulinen ; de Foras ; de Mandrot, etc., etc.

Les origines de l'illustre maison de Blonay font l'objet d'une note insérée dans le tome XX des *Mémoires et documents* publiés par la Société d'histoire de la Suisse romande (p. 249 à 257).

Le nom de *Blonay* est emprunté à une terre de Savoie ; il apparaît pour la première fois en cet usage dans une charte de 1108 où l'on trouve *Amedeus de Blontaco.* Antérieurement à cette date, l'usage des noms de famille n'était pas encore adopté dans nos pays ; il n'est pas douteux que cette famille fût déjà puissante depuis longtemps.

Les possessions de la maison de Blonay se sont étendues au nord et au midi du lac Léman. D'après D. Martignier, l'origine des Blonay serait probablement la même que celle des barons souverains du Faucigny. Lors du démembrement de l'abbaye d'Agaune, après l'an 1000, des seigneurs du pays romand obtinrent les seigneuries de Blonay et d'Oron dont ils devinrent les *Avoués* et dont ils prirent les noms. (*Vevey et ses environs,* par D. Martignier, p. 9 et 65.)

La maison de Blonay est une famille de dynastes, n'ayant relevé dans l'origine que de l'empire. Elle subsiste encore en deux branches, au nord et au midi du lac Léman.

Comme pour les autres familles, nous nous bornerons à citer les membres les plus connus ; surtout de la branche septentrionale ou vaudoise. Elle a possédé les seigneuries de Blonay, Vevey, Burjod, Carouge, Bex, Noville, Corsier, Font, Sales, Vaulruz, Joux, Rahon, la baronnie du Châtelard, etc., et parut toujours fidèle à son origine et à sa race à travers les malheurs de son pays.

Le château de Blonay ne fut construit que vers 1175 ; les actes anciens des sires de Blonay sont datés de Vevey, Chillon,

Corsier et Chexbres; t. xx, p. 255. La famille ici a donné le nom au château.

vers 1090. *Vaucher de Blonay;* t. xx, p. 250.

1108. *Amédée de Blonay;* t. xx, p. 249 et 252.

1142. *Amédée II de Blonay,* avoué de Saint-Maurice; t. xii, 3e p. p. 3 et 86; t. xx, p. 253.

1164. *Vaucher* ou *Gauthier* ou *Gwalterius de Blonay,* chevalier, fils d'Amédée II; t. xii, 2e p. p. 2, 6, 225 et 234; t. xx, p. 251, 253 et 254.

1164. *Willelme I,* chanoine, doyen du chapitre de Lausanne; frère de Vaucher; t. xx, p. 253.

1168. *Guillaume II de Blonay,* fils de Vaucher.

1168. *Pierre de Blonay,* fils de Vaucher. Il fit bâtir le nouveau château de Blonay et lui transmit ce nom. T. xii, 3e p. p. 44 et 86; t. xx, p. 254 et 256.

1221. *Vaulcher de Blonay,* mort en Palestine sans postérité; fils de Pierre; t. vi, p. xxiii et 673; t. xx, p. 256.

1226. *Nicolas,* coseigneur de Blonay, chevalier; t. xxii, p. 31; t. xxix, p. 272.

1245. *Aymon de Blonay,* fils de Guillaume II et frère de *Jean,* de *Willelme* et d'*Henry;* seigneur de Blonay en Chablais. Il hérita seul de tous les domaines de sa famille. Il acheta l'avouerie de Vevey en 1267. T. 1, 1re livr. p. 121; t. vi, p. xi; t. xix, p. 268 et 355; t. xx, p. 257; t. xxii, p. 34 et 52; t. xxix, p. 528.

1268. *Vaucher de Blonay;* t. 1, 3e livr. p. 175.

1272. *Guillaume* et *Aymon de Blonay,* frères, fils de feu Aymon; t. xxx, p. 200 et 589.

1303. *Jean de Blonay,* seigneur de Blonay et Saint-Paul, vidame de Vevey, bailli de Vaud; fils d'Aymon, et souche de la branche vaudoise des Blonay; *diction. biogr. de Montet, t. I, p. 64.*

1334. *Rodolphus de Blonay,* miles, seigneur de Saint-Paul; t. xxii, p. 116 et 139; t. xxxii, p. 382 et 610.

1340. *Jean,* coseigneur de Blonay, seigneur de Roches, bailli de Vaud; fils de Guillaume; *diction. biogr. de Montet, t. I, p. 64.*

1342. *Symon de Blonay,* fils de feu Perrod, coseigneur de Vevey; t. xxxii, p. 322.

1342. *Aymon de Blonay,* coseigneur de Blonay, Corsier et Vevey; t. xviii, 2e p. p. 53.

1354. *Nicolas de Blonay,* chevalier; t. xiv, p. 128; t. xxii, p. 489 et 565.

1377. *Hugo de Blonay,* seigneur de Jouz; t. xxii, p. 210 et 565.

1390. *Noble Jean de Blonay,* chevalier, bailli de Vaud; fils de Rodolphe ; t. xx, p. 461 ; t. xxii, p. 229 et 565 ; t. xxiii, p. 650 ; *diction. biogr. de Montet, t. I, p. 64.*

1405. *Rodolphus de Blonay*, domicellus; t. vii, 2e livr. p. 487.

1420. *Pierre de Blonay*, à Lausanne; t. xxxvi, p. 184.

1420. *Rodolphe de Blonay;* t. xxxvi, p. 184.

1434. *Philibert de Blonay*, à Lausanne, fils de feu Pierre; t. xxxvi, p. 184.

1434. *André de Blonay*, fils de Rodolphe ; t. xxxvi. p. 184.

1438. *François de Blonay*, à Lausanne ; t. xxxvi, p. 185.

1445. *Jean*, sire de Blonay, seigneur de Vaulruz, Roches, etc., fils de Jean et bailli de Vaud (1419 et 1445); t. xxxvi, p. 184; *diction. biogr. de Montet, t. I, p. 65.*

vers 1490. *Georges de Blonay*, à Lausanne; t. xxxvi, p. 32, 33 et 68.

1515. *Jean-François de Blonay*, seigneur de Maxilly, bailli du Chablais; *diction. Martignier et de Crousaz, p. 57.*

vers 1520. *Simon de Blonay;* t. xxxvi, p. 68.

1526. *Georges de Blonay*, fils de Georges ; t. xxxvi, p. 32 et 33.

1526. *Michel de Blonay*, fils de Georges et frère de Georges ; t. xxxvi, p. 32 et 33.

1596. *Gabriel de Blonay*, seigneur du Châtelard. (*Vevey et ses environs*, par D. Martignier, p. 50.)

1610. *Daniel de Blonay*, seigneur du Châtelard ; (idem).

1666. *Philippe de Blonay*, seigneur du Châtelard ; (idem).

*Période bernoise dont les traces sont marquées
dans l'histoire de plusieurs familles.*

La famille de Blonay existe encore en Savoie et dans le canton de Vaud, où elle possède les châteaux de Blonay et de Grandson. La généalogie des barons de Blonay se trouve dans l'armorial de M. de Foras.

37. de Boccard.

Armoriaux : de Mulinen ; manuscr. de la Biblioth. cant. ; de
Mandrot, etc.
Famille fribourgeoise ; établie aussi à Avenches.
Pour mémoire.

---

38. Bolomier.

Armorial de Mandrot.
La famille *Bolomier* est originaire du Bugey.
1437. *Noble Antholne Bolomier*, seigneur de Tullins, la Bastide, etc.;
trésorier général de Savoie ; détenu à Cossonay ; t. v, 2e livr.
p. 107 ; *diction. biogr. de Montet, t. I, p. 69.*
1411. *Noble Guillaume Bolomier*, seigneur de Villars, la Bastie, etc.,
chancelier de Savoie, noyé en 1446 dans le lac Léman ;
t. xxiii, p. 664 ; t. xxvii, p. 240 ; t. xxviii, p. 256 ; *diction.
biogr. de Montet, t. I, p. 69.*
1445. *Pierre de Bolomier*, évêque de Belley, frère de Guillaume.
Diction. biogr. de Montet, t. I, p. 69.
1471. *Petrus Bolomerii*, magister requestarum ; t. xxiii, p. 78.
1478. *Henri Bolomier*, chanoine de Lausanne, frère du chancelier
Guillaume ; t. xxviii, p. 256 ; t. xxxv, p. 212.

---

39. Bonnivard.

Armorial de Mandrot.
1471. *Louis de Bonnivard (Ludovicus Bonivardi)*, seigneur de
Greilly, etc. ; t. viii, p. 435 ; t. xxiii, p. 70 et 733.
1471. *François de Bonnivard*, frère de Louis et de Pierre ; t. viii, p. 435.
1481. *Pierre de Bonnivard*, chevalier, seigneur de Barja, à Chambéry ; t. viii, p. 404 et 435.
1488. *Urbanus Bonnivardi*, episcopus Vercellarum ; t. xxiii, p. 108 et
733.
1492. *Noble Louis de Bonivard*, seigneur de Lunes ; t. xxiii, p. 71 ;
diction. biogr. de Montet, t. I, p. 71.

1514. *Jean-Amédée Bonnivard* ou *Bonlvard*, commendataire des monastères de Payerne, Pignerol et Saint-Victor; frère de Louis et oncle de François; t. XIII, p. 115.

1536. *François Bonnivard* ou *Bonlvard*, patriote genevois emprisonné à Chillon par le duc de Savoie; fils de Louis. Il mourut en 1570. *Diction. biogr. de Montet, t. I, p. 71.*

40. de Bons.

Armoriaux : de Mulinen; manuscr. de la Biblioth. cant.; de Mandrot.

Les *de Bons* ont été du Chablais; t. V, 2e livr. p. 166.

1320. *Girardus de Bons*, à Sion; t. XXXI, p. 315.

1590. *Noble Claude-Hyppolite de Bons*, châtelain de Cossonay; t. V, 2e livr. p. 166 et 183; t. XV, p. 768.

1636. *Noble Christophe de Bons*, à Cossonay; t. V, 2e livr. p. 214.

1663. *Noble Claude-Hyppolite de Bons*, petit-fils de Claude-Hyppolite; t. V, 2e livr. p. 183.

1684. *Noble Barthélemy de Bons; diction. Martignier et de Crousaz*, p. 908.

1750. *François-Louis de Bons*, professeur à Lausanne; *diction. biogr. de Montet, t. I, p. 74.*

1798. *Jean-Louis de Bons*, général de la force armée du canton du Léman; fils de François-Louis; *diction. biogr. de Montet, t. I, p. 74.*

41. de Bonvillars.

Armoriaux : de Mulinen; manuscr. de la Biblioth. cant.; de Mandrot.

Benvilar, aujourd'hui *Bonvillars*, est un village vaudois situé près de Concise.

1174. *Umbertus miles de Binvilar*, ou *de Benuilar*; t. XII, 2e p. p. 36, et 3e p. p. 25.

1174. *Petrus de Binvilar*, fils de Humbert.

1403. *Georgius de Bonovillari*, donzel; t. XXII, p. 291.

1501. *Pierre de Bonvillars-Mézières*, issu d'une famille d'ancienne noblesse vaudoise et président du conseil suprême à Chambéry; *diction. biogr. de Montet, t. I, p. 78.*

1534. *Ludovicus de Bonovillario*, dnus de Messieres; t. XXIII, p. 257 et 709.

1583. *Noble François de Bonvillars ; diction. Martignier et de Crousaz, p. 112.*

---

de Bossonens, voir *d'Oron* et *de La Sarra.*

---

42. de Bottens.

Armoriaux : de Mandrot, etc.

Famille féodale.

1213. *Renaldus dominus de Bottens ;* chevalier; t. VI, p. 144 et 673; t. XII, 3ᵉ p. p. 129.

1330. *Pierre de Bottens*, donzel.

1349. *François de Bottens*, fils de Pierre ; t. XII, 3ᵉ p. p. 127.

1349. *Noble Conod de Bottens*, fils de Pierre de Bottens. Cité encore en 1413 ; t. XII,3ᵉ p. p. 127 et 137.

1377. *Noble Pierre* ou *Patrimand de Bottens ;* t. XV, p. 62 et 753.

1413. *Noble Pierre de Bottens*, neveu de Patrimand ; t. XII, 3ᵉ p. p. 138 et 142.

1413. *Noble Claude de Bottens*, fils de Patrimand ; t. XV, p. 753.

1424. *Jeannette de Bottens*, femme du donzel Girard d'Yvoire ; t. XII, 3ᵉ p. p. 141.

Voir le *diction. Martignier et de Crousaz,* p. *115, 126, 241 et 242.*

---

43. Bourgeois.

Armoriaux : de Mandrot, etc.

1392. *Lancelot Bourgeois*, chevalier, de Gex, vidomne de Morges à cause de sa femme Jaquette du Solier ou du Soleil; t. XV, p. 743; t. XXIV, p. 428.

1422. *Noble Claude Bourgeois*, châtelain de Cossonay; fils de Lancelot ; t. V, 2ᵉ livr. p. 64 ; t. XV, p. 579 et 743.

1595. *François Bourgeois,* seigneur de Bonvillars ; *diction. Martignier et de Crousaz, p. 112.*

---

44. de Bournens.

Famille féodale dont on retrouve de faibles traces de 1100 à 1200.

vers 1150. *Pierre de Brunens* (Bournens). Cartulaire de Hauterêt.

vers 1150. *Ulric de Brunens,* neveu de Pierre ; t. xv, p. 130.

1184. *Bruno de Brunens ;* t. xv, p. 130 et 131.

Pour les armes des nobles de Bournens, voir t. xv, p. 131 ; voir aussi l'armorial de Mulinen et l'armorial manuscrit de la Bibliothèque cantonale.

Après l'extinction des Bournens, il s'est formé un fief à Bournens ; ce fief appartint à diverses familles. (Voir t. xv, p. 130 et suivantes.) En 1674, Abraham et Jean-François Charrière, seigneurs de Mex, étaient coseigneurs de Bournens. En 1732, le personnage qui s'appelait Mr *de Bournens,* était encore un membre de la famille Charrière. (T. 1, 3e livr. p. 477.) En 1773, la seigneurie de Bournens fut achetée par Duveluz et consorts.

---

45. de Boussens et de Bussens.

Armoriaux : de Mandrot, etc.

Les *de Bussens* tenaient des sires de Cossonay leurs fiefs au village de Bussens ou Boussens. Leur famille paraît avoir présenté deux branches ; t. xv, p. 159.

1184. *Reynaud de Bussens ;* t. xv, p. 158.

1218. *Willelme de Bussens,* cité encore en 1230 ; t. vi, p. 151 et 674 ; t. xv, p. 159.

1218. *Cléard de Bussens,* chevalier, cité aussi en 1230 ; t. v, 1re livr. p. 35 ; t. xv, p. 159.

1300. *Jean de Bussens,* donzel ; t. xv, p. 159.

1346. *Henri de Bussens,* donzel, fils de Jean ; t. xv, p. 159.

1377. *Jaquet* ou *Jaques de Boussens,* donzel, fils de feu Henri. Cité encore en 1379. Il fut le dernier mâle de son nom ; t. v, 1re livr. p. 35 et 107 ; t. xv, p. 160.

1420. *Perrissonne de Boussens*, fille de Jaquet et héritière de la famille féodale de Boussens. Elle épousa Pierre de Châtel et Jean Portier; t. v, 1re livr. p. 35; 2e livr. p. 63 et 72; t. xv, p. 163.

Après l'extinction des Boussens, il s'est formé un fief de Boussens qui a appartenu à diverses familles. (Voir t. xv, p. 166 et 174.) En 1617 le personnage qui s'appelait *Mr de Boussens* était un membre de la famille de Saussure. Les de Saussure possédaient encore ce fief lors de la révolution.

---

46. Bouvier.

Armoriaux: de Joffrey; de Mulinen (v. *Bovier*); de Mandrot, etc.

1441. *François Bouvier*, de Villeneuve, bailli du Chablais; *diction. Martignier et de Crousaz*, p. 57.

1587. *Ferdinand Bouvier*, né à Villeneuve de parents nobles, paraît être la souche des barons d'Yvoire. *Vevey et ses environs*, par D. Martignier (Lausanne 1862), p. 67; *diction. biogr. de Montet*, t. I, p. 87.

---

47. Bovard.

Armoriaux: de Mulinen (v. *Bovart*); de Mandrot, etc.

1279. *Guido Bovardi*, châtelain de Chillon; t. viii, appendice, p. 23.

---

48. de Bretigny, alias de Baulmes.

Armoriaux: de Mulinen; manuscr. de la Biblioth. cant.; de Mandrot, etc.

Les *de Bretigny* ou *de Bretignier* ont porté le nom de *de Baulmes* et sont peut-être une branche de la famille de Baulmes; toutefois leurs armes sont différentes; t. xv, p. 564.

1238. *Rodulfe de Bretenjaco* (Britinie); t. vi, p. 673.

1244. *Jean de Bretigny*, chanoine du lac de Joux ; t. i, 3e livr. p. 33
        et 35.

1375. *Noble .... de Bretignyez*, aux Clées ; t. xiii, p. 72.

vers 1430. *Jean de Bretignier*, donzel de l'Isle ; t. xv, p. 561 ; t. xxii, p. 392.

1452. *Noble Pierre de Bretignier*, alias de Baulmes, fils de Jean ; t. xv,
        p. 561.

1496. *Noble Pierre de Bretignier*, fils de Pierre ; t. xv, p. 561.

1546. *Noble Jean de Baulmes*, alias *de Bretigny*, fils de Pierre et petit-
        fils de Pierre ; t. xv, p. 562.

1546. *Noble Guillaume de Baulmes*, alias *de Bretigny*, frère de Jean ;
        t. xv, p. 562.

1586. *Noble Claude de Bretignier*, fils de Jean ; t. xv, p. 563.

1586. *Noble Jean de Bretignier*, fils de Jean ; t. xv, p. 563.

. . . .

1712. *Pierre de Bretigny*, de l'Isle, de l'ancienne famille féodale de ce
        nom ; fournier de la ville de Cossonay. — *Le dernier de Bre-*
        tigny doit avoir été berger à l'Isle et être mort peu après
        Pierre. Ainsi s'éteignit, dans l'obscurité et la pauvreté, cette
        antique maison féodale ; t. xiii, p. 104 ; t. xv, p. 564.

---

49. Brière.

Armoriaux : de Mandrot, etc.
        Famille de Genève et de Saint-Prex.
        Les *Brière* ont été seigneurs du Martheray. Cette famille
        existe encore à Yverdon.

1698. *Ami Brière*, de Genève, seigneur du Martheray ; *diction. Marti-*
        gnier et de Crousaz, p. 73.

1791. *Noble René-Louis Brière*, à Lonay ; *idem*, p. 556.

---

50. de Bruel.

Armoriaux : de Mulinen ; manuscr. de la Biblioth. cant. ; de
        Mandrot, etc.

1214. *Anselmus dol Bruel*, miles ; t. xxix, p. 176.

1440. *Noble François de Bruel ; diction. Martignier et de Crousaz*,
        p. 262.

1448. *Noble Girard de Bruel;* t. xii, 3e p. p. 80. — En 1471, t. viii, p. 133.

1488. *Guillaume de Bruel,* curé d'Eclépens ; t. i, 3e livr. p. 94 et 339.

1495. *Noble André de Bruel,* seigneur de Mont-André, aux Etats de Vaud à Moudon ; t. xxxv, p. 233.

1497. *Philippe de Bruel,* religieux ; t. xxiii, p. 159.

1512. *Maxime de Bruel ;* t. iii, p. 377.

La famille de Bruel existait encore en 1800. Elle a habité Nyon et Payerne ; *diction. Martignier et de Crousaz, p. 230, 668 et 738.*

---

51. de Bursinel ou de Bursinais.

Ancienne famille de chevalerie.

1243. *Pierre de Bursinel,* chevalier ; t. ix, p. 290 ; t. xii, 1re p. p. 11, 82 et 204 ; t. xxviii, p. 77.

1249. *Gaucher de Bursinel,* donzel ; t. xxviii, p. 81.

1251. *Anselme de Bursinel,* donzel ; t. xxviii, p. 81 et 84.

---

de Burtigny, voir *de Greilly*.

---

52. de Bussy.

Armoriaux : de Mulinen ; manuscr. de la Biblioth. cant. ; de Mandrot, etc.

1233. *P. li Bisi de Bussi,* domicellus ; t. vi, p. 129.

1346. *Henry de Bussy ;* decanus de Ogo ; t. xxii, p. 482.

1350. *Aymon de Bussy,* à Lausanne ; t. xxxvi, p. 180.

1396. *Jean de Bussy,* donzel ; t. x, p. 368 ; t. xxii, p. 240 et 566.

1403. *François de Bussy,* donzel, puis chevalier, de Romont ; t. xv, p. 731 ; t. xx, p. 334.

Les cinq personnages qui précèdent sont mal reliés entre eux ; il convient de voir dans leur énumération un renseignement général plutôt que le noyau d'une famille bien définie.

Il y a eu un fief de Bussy. En 1652, le seigneur de Bussy était de la famille Crinsoz.

Carrel, Carelli, voir *Gruz*.

53. de Cerjat, Serjat, Cherjat.

Armoriaux : de Joffrey; de Mulinen; de Mandrot; manuscr. de
   la Biblioth. cant.
vers 1320. *Jaquet Serjeat ;* t. XXVIII, p. 382.
1347. *Rolet Serjeat*, fils de Jaquet ; t. XXVIII, p. 382.
1377. *Jaquenodus Cerjat*, bourgeois de Moudon; t. XXII, p. 512.
1384. *Nicod Serjat*, bourgeois de Moudon; t. III, p. 187; t. XIII, p. 77.
1400. *Noble Rodulphe Cerjat ;* t. III, p. 187; t. XXII, p. 275 et 567.
1420. *Anthene Ceriat ;* t. XXII, p. 551.
1454. *Jaque Cerjat*, escuier ; t. XXIII, p. 54.
1459. *Messire Humbert Cerjat*, chevalier, seigneur de Combremont,
   bailli de Vaud; cité encore en 1480; t. I, 3e livr. p. 289;
   t. VIII, p. 149 et 200; t. XI, p. 78; t. XXIII, p. 439 et 736;
   t. XXVII, p. 291; t. XXVIII, p. 280; *diction. biogr. de Montet,
   t. I. p. 136.*
1468. *Noble Guido Cerjat*, gouverneur de Moudon, frère d'Humbert;
   t. VIII, p. 425; t. XXIII, p. 439.
1478. *Noble Louis Cerjat*, de Moudon, coseigneur de Combremont-le-
   Pictet ;* t. VIII, p. 485; t. XXVII, p. 291; t. XXXV, p. 206 et
   233.
1482. *Noble Jean Cerjat*, à Morges; t. VII, p. 732; t. XXIII, p. 100.
1487. *Humbert Cerjat*, donzel, de Moudon, seigneur de Combremont
   et coseigneur de la Molière; t. VIII, p. 203; t. XII, 3e p. p. 146.
1517. *Jaques Cerjat*, donzel de Moudon; t. V, 2e livr. p. 112.
1521. *Noble Pierre Cerjat*, seigneur de Combremont; t. XI, p. 255.
1546. *Noble Jaques Cerjat*, seigneur de Denezy et d'Allaman, châtelain de Cossonay; t. V, 2e livr. p. 122; t. XV, p. 138, 171 et
   718.
1555. *François Cerjat*, donzel, seigneur de Dinisiez, soit *Mr de Deni-
   siez*, juge des causes des fiefs nobles; t. V, 2e livr. p. 129;
   t. XXIII, p. 316 et 736.
1600. *Noble François Cerjat*, châtelain de Moudon et seigneur d'Allaman ; t. XXVI, p. 9.
1611. *Noble Philippe Cerjat*, seigneur d'Allaman et Rochefort; *diction.
   Martignier et de Crousaz, p. 18.*
La famille *Cerjat* lutta contre l'invasion bernoise. Voir t. VIII, p. 203.

En 1586, la seigneurie de Combremont-le-petit sortit de cette famille; *diction. Martignier et de Crousaz*, p. 230.

Période bernoise dont les traces sont marquées
dans l'histoire de plusieurs familles.

1722. *Noble Nicolas Cerjat*, seigneur de Lignerolles; *diction. Martignier et de Crousaz, p. 18.*

1722. *Noble Michel-Frédéric Cerjat*, seigneur de Mézières; (*idem*).

1723. *Noble Sigismond Cerjat*, seigneur de Bressonnaz; (*idem*).

La maison de Cerjat existe encore en Suisse et en Angleterre; elle possède la bourgeoisie de Berne dès 1793.

Comparer les armes *de Cerjat* avec les armes *de Saint-Cierge*.

---

54. de Ceys ou de Says.

Cette famille est d'origine bourguignonne. Elle doit exister encore; t. III, p. 155 et 156.

1100. *Pierre*, seigneur de Ceys; t. XIV, p. 5.

1194. *Pierre de Ceys*, époux de Bonne de Montfaucon-Montbéliard. Ses fils ont porté le nom de Montbéliard; t. XIV, tableaux généalogiques.

1498. *Noble Jean de Sys*, habitant de Morges; t. XV, p. 434.

---

55. de Chabie, ou Chablie.

Armoriaux : de Mandrot, etc.

Ancienne famille de milites, dont une branche a pris le nom

de *Cuarnens*. (Voir *Cuarnens*.) Le siège de cette famille était un quartier du grand village de l'Isle ; ce quartier se nomme encore *Chabye*.

Les Chabie ont vécu longtemps à Lausanne, où ils ont joué un certain rôle, et où leur famille s'est éteinte en 1580 ; t. I, 3ᵉ livr. p. 150 ; t. III, p. 97 ; t. V, 1ʳᵉ livr. p. 26 ; t. XV, p. 571 ; t. XXVI, p. 59. Ils ont jadis habité Vufflens.

1202. *Vuillelme de Chablie* ou *Chabie*, chevalier ; t. V, 1ʳᵉ livr. p. 75 ; t. VI, p. LXVIII, 103 et 674.

1202. *Nantelme de Chabie* ; t. V, 1ʳᵉ livr. p. 29 et 220.

1202. *Pierre de Chabbie*, cité encore en 1233, fils de Guillaume ; t. I, 3ᵉ livr. p. 153 ; t. V, 1ʳᵉ livr. p. 29 et 220 ; t. VI, p. XIX ; t. XXVI, p. 186.

1239. *Henri de Chabie*, donzel ; t. III, p. 494 ; t. XV, p. 423 ; t. XIX, p. 396.

1251. *Guionet de Chablie*, donzel ; t. XII, p. 144.

1278. *Jaques* ou *Jacob de Chabie*, donzel, fils d'Henri ; t. III, p. 494 ; t. XV, p. 423 ; t. XIX, p. 396.

1315. *Girard de Chable* ou *de Chabie*, chevalier ; t. V, 1ʳᵉ livr. p. 84 et 247 ; t. XV, p. 290 et 425 ; t. XIX, p. 439.

vers 1320. *Jean de Chabie* ; t. XV, p. 423.

1350. *Jeannot* ou *Johannod de Chabie*, donzel, fils de Jean ; t. XV, p. 423, 427, 429 et 461.

1350. *Reymond de Chablier*, donzel ; cité encore en 1378 ; fils de Jean ; t. XV, p. 423, 425, 427, 429 et 461. Il avait des possessions à Vufflens-la-ville.

1378. *Jaques de Chablie*, donzel, fils de Mermet ; t. V, 1ʳᵉ livr. p. 107 ; t. XV, p. 425.

1385. *Noble Pierre de Chabie*, fils de Jaques ; cité encore en 1429 ; t. XV, p. 431 et 453.

1385. *Noble Nicod de Chabie*, fils de Jaques et arrière-petit-fils de Jaques ; cité encore en 1429 ; t. XV, p. 423, 431 et 453.

1475. *Noble Guillaume de Chabie*, à Lausanne ; t. VII, p. 730 ; t. XXVIII, p. 245 ; t. XXXV, p. 213.

1511. *Noble Jean de Chabie*, à Lausanne ; t. XXXV, p. 238.

1532. *Noble François de Chabie*, à Lausanne ; cité encore en 1560 ; dernier de sa race ; t. XV, p. 443 ; t. XXXVI, p. 132 et 356.

L'ancienne famille féodale de Chabie, jadis si nombreuse, se résumait en 1580 dans la personne de Louise, fille et unique héritière de noble François de Chabie, et épouse de noble *Christin Chalon* de Cully ; t. XV, p. 443.

56. de Challant, Chalant ou Challand.

Armoriaux : de Mulinen ; manuscr. de la Biblioth. cant.; de Mandrot, etc.

La maison de Challant relevait jadis immédiatement de la maison de Savoie ; t. VIII, p. 502. Son siège est à Aoste.

Les membres de cette famille mentionnés dans l'histoire vaudoise sont les suivants :

1295. *Boniface de Challant*, évêque de Sion, lequel vendit la vidomie de Montreux à Girard d'Oron ; t. XXIV, p. 382 et 403 ; t. XXX, p. 154 et 592 ; t. XXXI, p. 620.

1297. *Ebal de Challand*, chevalier, frère de l'évêque Boniface ; t. XXX, p. 510 et 593 ; t. XXXI, p. 169.

1297. *Aymon de Challant*, vicomte d'Aoste, fils d'Ebal ; t. XXIII, p. 356 ; t. XXX, p. 436 et 592 ; t. XXXI, p. 21.

1358. *Aymon de Challant;* t. VII, 1re livr. p. 178.

1390. *Jean de Challant*, des vicomtes d'Aoste ; sire de Cossonay à cause de sa femme ; t. V, 1re livr. p. 116 et 127 ; t. XV, p. 218.

1392. *Amédée de Challant*, chevalier, châtelain de Chillon ; t. VIII, appendice, p. 26 ; t. X, p. 351 ; t. XXII, p. 229 et 567 ; t. XXIII, p. 657.

1393. *Boniface de Chalant ;* t. XXII, p. 234 et 567 ; t. XXIII, p 71.

1396. *Noble Ebal* ou *Iblet de Chalant*, chevalier, seigneur de Montjouvet ; t. X, p. 351 ; t. XXII, p. 527 et 567 ; t. XXIII, p. 643 et 651 ; t. XXVI, p. 97.

1414. *François de Challant*, sire de Montjouvet et de Bossonens ; t. V, 1re livr. p. 136 ; t. XXII, p. 235 et 567.

1418. *Le cardinal de Challant ;* t. XXXV, p. 184.

1423. *Guillaume de Challant* ou *de Challand ;* évêque de Lausanne, mourut en 1431 ; t. I, 3e livr. p. 75 ; t. V, 1re livr. p. 138 ; t. XXII, p. 519 ; t. XXIII, p. 9 et 716 ; t. XXXV, p. 138 ; t. XXXVI, p. 132 et 356 ; *diction. biogr. de Montet, t. I, p. 140.*

1459. *Nobles et puissants Louis et Guillaume de Challant*, seigneurs de Villarzel ; t. XI, p. 78.

1471. *Boniface de Challand ;* t. XXIII, p. 76 et 718.

1475. *Le comte de Challans*, à Aoste ; t. VIII, p. 238 ; t. XXIII, p. 487.

1519. *René*, comte de Challant, à Chambéry ; t. XI, p. 254 ; t. XXIII, p. 297.

1550. *Charles*, comte de Challant et seigneur de Villarsel, achète la seigneurie de Montreux et du Chatelard ; t. XI, p. 456 et 459 ; t. XXIII, p. 273 et 736.

1561. *Le comte René de Challant*, seigneur de Valangin ; t. v, 2ᵉ livr. p. 169.
1562. *Georges de Challant* et *Jean* son frère. Vendent la seigneurie du Chatelard en 1571 à la ville de Vevey. (*Vevey et ses environs*, par D. Martignier, p. 49 et 50.)

57. Challet.

Armorial de Mandrot.
1458. *Antoine Challet*, prieur de Bierre ; t. v, 2ᵉ livr. p. 492.
1507. *Nicolas Challeti*, prior Partis Dei ; t. xxiii, p. 538.
1545. *Noble Loys Challet*, seigneur de Saint-George ; t. xxiii, p. 276 et 278 ; *diction. Martignier et de Crousaz. p. 18.*

58. Chalon ou Challon, de Cully.

Armoriaux : de Mulinen ; manuscr. de la Biblioth. cant. ; de Mandrot.

Les *Chalon* de Cully paraissent avoir porté aussi les noms de *Cuynt* et *Cuens*.
1518. *Noble Rodolph Chalon*, de Cully, à Lausanne, donzel de Grandvaux ; t. vii, p. 693 ; t. xv, p. 501.
1521. *Noble Bartholomé Challon* de Cullye ; t. iii, p. 291 et 851.
1530. *Noble Pierre Chalon*, fils de Rodolphe et héritier de François de Saint-Saphorin ; t. xv, p. 238 et 501.
1536. *Noble François Chalon*, coseigneur de Saint-Saphorin ; fils de Pierre et dit François de Saint-Saphorin ; t. xv, p. 501 et 502.
1548. *Noble Christin Chalon*, oncle et tuteur de François ; t. xv, p. 502 et 503.
1560. *Noble François de Challon*, seigneur de Siviriez, héritier de la maison de Sévery ; neveu de Christin ; t. xi, p. 554 ; t. xv, p. 191 ; t. xxiii, p. 344.
1580. *Noble Jacques-Christin*, fils de Christin et héritier des derniers Chabie par sa femme ; t. xv, p. 443 et 504.

En 1600, les nobles Challon de Cully étaient à Sivirier (Sévery). La dernière fut *Claudaz Chalon*, sœur de François ; elle épousa François de Gruyère-Aigremont, de Cossonay, qui devint ainsi seigneur de Sévery par les Chalon ; t. iii, p. 263 ; t. xv, p. 194.

59. de Châlons-Orange.

Armoriaux : de Mulinen ; manuscr. de la Biblioth. cant. ; de
Mandrot, etc.

La maison princière de Châlons a compté parmi les plus illustres qui
aient dominé dans le Pays de Vaud. Elle a recueilli l'héritage des sires
de Montfaucon. *Louis de Châlons-Arlay,* prince d'Orange, qui mourut
âgé en 1463, fut seigneur d'Orbe, Echallens, Bottens, Belmont, Grandson et Montagny-le-Corboz, et suzerain du comté de Neuchâtel. (T. xiv,
p. 7.)

Cette maison se rattache au nobiliaire de France. On en trouvera un
historique au tome xiv des *Mémoires et documents* publiés par la Société d'histoire de la Suisse romande.

---

60. Champion.

Armoriaux : de Joffrey ; de Mulinen ; manuscr. de la Biblioth.
cant. ; de Mandrot, etc.

Famille savoisienne d'ancienne chevalerie, qui relevait immédiatement de la maison de Savoie, et posséda plusieurs
grandes seigneuries dans le Pays de Vaud. La branche vaudoise des Champion s'éteignit vers 1560 dans la personne de
Jaques Champion ; une partie des biens de cette branche revint aux Loys de Lausanne. T. viii, p. 503 ; *armorial de Joffrey ; Vevey et ses environs,* par D. Martignier, p. 68 à 70.

1362. *Noble Antoine I Champion,* de Saint-Michel en Maurienne.
1377. *Noble Antoine II Champion,* fils d'Antoine et frère de Jaques ;
t. vii, 1re livr. p. 261 ; t. xxiii, p. 362 et 676.
1377. *Noble Jaques Champion,* chevalier en 1396, fils d'Antoine et
frère d'Antoine ; t. x, p. 368 ; t. xxii, p. 325 et 567 ; châtelain des Clées ; t. iii, p. 711.
1380. *Jean Champion,* chevalier, châtelain de Morges, fils de feu Antoine ; t. xxiv, p 427 et 428.
1399. *Noble Althaud Champion,* vice-châtelain des Clées ; t. iii, p. 186
et 684.
1418. *Antoine III Champion,* donzel, seigneur de la Bâtie au pays de
Gex, châtelain de Rue ; t. x, p. 395 ; t. xxxv, p. 140.
1418. *Girard Champion,* frère d'Amédée et fils de feu Jaques ; t. xxii,
p. 325 ; t. xxiii, p. 658.

1420. *Amédée Champion*, donzel, seigneur de Vaulruz, fils de Jaques;
     t. XVIII, 2ᵉ p. p. 72 ; t. XXII, p. 325 et 567; t. XXIII. p. 658.

1430. *Jean Champion*, donzel, seigneur de la Bâtie et de Vaulruz,
     bailli épiscopal de Lausanne.

1478. *Noble Jean Champion*, seigneur de Vaulruz ; t. VIII, p. 485.

1484. *Antoine IV Champion*, chancelier de Savoie, évêque de Genève.
     Mourut en 1495; t. XXIII, p. 108, 113, 487, 488 et 495 ;
     diction. biogr. de Montet, t. I, p. 143.

1493. *Pierre Champion*, seigneur de la Bâtie ; t. XXXIV, p. 72.

1493. *Antoine V Champion*, chevalier, docteur ès lois; t. XXXIV, p. 72.

1493. *Jaques Champion*, seigneur de Romanens, Ballaigues et Ligne-
     rolles, frère d'Antoine ; t. XXXIV, p. 72.

1500. *François Champion*, seigneur de Vaulruz ; cité encore en 1536 ;
     t. XXIII, p. 166 et 737 ; t. XXXVI, p. 251 et 295.

1535. *Noble Benoît Champion*, fils de Jean, seigneur de Cheseaux;
     t. XV, p. 386; t. XXVII, p. 313.

1543. *Noble Aimé Champion ;* t. I, 3ᵉ livr. p. 385.

1546. *Claudaz Champion*, fille de Benoît et épouse de Benoît Ravier
     et de Ferdinand Loys.

1550. *François Champion* vend les seigneuries de la Bâtie et de Mont-
     le-grand ; il était déjà ruiné à ce moment; t. XI, p. 457.

1553. *Jaques Champion*, fils de François ; t. XXVIII, p. 139.

---

61. de Champvent.

Armoriaux : de Mulinen ; manuscr. de la Biblioth. cant. ; de
Mandrot.
     Champvent, près Yverdon, derrière Chamblon, s'écrivait
aussi *Chanvent, Chanvenz*, etc.
     Les sires de Champvent sont un rameau des sires de Grand-
son. (Voir *Grandson*.)

1237. *Henri, sire de Champvent*, de la maison de Grandson ; fils d'Ebal
     IV de Grandson-La Sarra, et frère de l'évêque de Genève
     Aymon; cité encore en 1261 ; t. I, 3ᵉ livr. p. 34 et 173 ;
     t. V, 1ʳᵉ livr. p. 62; t. VI, p. 609 ; t. XXII, p. 58 ; t. XXVIII, p. 19.

1260. *Pierre*, fils d'Henri, sire de Champvent, et frère de *Gaucher*,
     d'*Othon*, de *Girard* et de *Guillaume ;* t. XIV, p. 55.

1260. *Gaucher*, fils d'Henri, sire de Champvent.

1260. *Girard*, fils d'Henri, sire de Champvent.

1300. *Guillaume de Champvent*, évêque de Lausanne de 1273 à 1302;

fils d'Henri; t. xxii, p. 67 et 581; t. xxxvi, p. 76 et 385; *diction. biogr. de Montet, t. I, p. 143.*

1310. *Otton de Champvent,* évêque de Lausanne de 1310 à 1312, fils d'Henri et frère de l'évêque Guillaume; t. xxii, p. 80; t. xxxvi, p. 390; *diction. biogr. de Montet, t. I, p. 144.*

1315. *Jean de Champvent,* donzel; t. xix, p. 522.
1323. *Hugo de Champvent,* decanus Viviaci; t. xxii, p. 455.

Champvent devint plus tard une seigneurie possédée par divers. En 1414, Pierre de Vergy ou de Vergier était seigneur de Champvent; t. xxii, p. 318 et 319.

Chandelley, voir *Ravier.*

---

62. de Chandieu.

Armoriaux : de Mandrot, etc.

La maison de Chandieu est une des plus anciennes de la noblesse dauphinoise; elle descend des *milites* de Chandieu, du onzième siècle.

Le mariage d'Isaïe de Chandieu avec Marie de Dortans fit passer la seigneurie de l'Isle dans cette maison française, dont une branche s'établit alors dans le Pays de Vaud.

1570. *Antoine de Chandieu,* baron et coseigneur de Chandieu, seigneur de Poule, Proprières, Chabottes, Grivilly, Vieillecourt, La Roche et Folleville, ministre du saint Evangile, professeur à Genève, aumônier du roi Henri de Navarre; connu sous le nom de *Saadel ;* t. xv, p. 594; *diction. biogr. de Montet, t. I, p. 145.*

1590. *Jacques de Chandieu,* seigneur de Lurbigny, fils d'Antoine; *diction. biogr. de Montet, t. I, p. 147.*

1627. *Noble et puissant Isaye de Chandieu,* seigneur de Chabottes en Mâconnais; fils d'Antoine et époux de Marie de Dortans; t. xv, p. 195 et 594.

1650. *Noble et puissant Paul de Chandieu,* seigneur de l'Isle et de Corcelles, époux de Louise Polier; t. xv, p. 203 et 604.

1673. *Noble Daniel de Chandieu*, seigneur de La Chaux et autres lieux, dit *Mr de Grevilly*; t. v, 1re livr. p. 197 ; 2e livr. p. 222 et 248 ; t. xv, p. 43 et 304; t. xxvi, p. 39.

1690. *Messire Charles de Chandieu-Villars*, seigneur de l'Isle, maréchal de camp ; fils de Paul. Mourut en 1728. *Diction. biogr. de Montet, t. I, p. 148.*

1707. *Frédéric de Chandieu*, seigneur de Chabottes et de Cuarnens. Sa postérité mâle était éteinte en 1800 ; ses biens parvinrent par alliance à noble Auguste-Victor de Senarclens ; t. xv, p. 309 et 310 ; t. xxvi, p. 38.

1745. *Noble Esaïe de Chandieu-Villars*, seigneur de l'Isle, maréchal de camp ; fils de Charles. Mourut en 1776 ; t. xv, p. 605 ; *diction. biogr. de Montet, t. I, p. 149.*

1766. *Noble Benjamin de Chandieu*, fils de Charles. Il mourut en 1784, sans postérité mâle ; t. xv, p. 605 et 606.

1767. *Charles Barthélemy de Chandieu*, brigadier ; fils d'Esaïe. Il mourut en 1773 sans postérité mâle ; t. xv, p. 605 ; *diction. biogr. de Montet, t. I, p. 149.*

1787. *Charles-Esaïe de Chandieu*, dit de Chabottes, seigneur de La Chaux. Mourut en 1787, dernier mâle de sa famille, laissant une fille ; t. xv, p. 606.

Chantonnay voir Châtonnay.

---

63. de Charrière.

Armoriaux : de Mulinen ; manuscr. de la Biblioth. cant. ; de Mandrot, etc.

La famille Charrière a occupé une grande position à Cossonay ; ses membres ont été quelquefois désignés par le nom d'une seigneurie, ce qui introduit quelque difficulté dans la lecture de l'histoire. (*Mr de Mex, Mr de Penthaz, Mr de Bournens, Mr de Sévery,* etc.)

En 1387 on trouve *Dnus Jacobus de Charreriis* (t. xxiii, p. 714), et en 1485, *Petrus Charreyres* (t. xxiii, p. 489), dont les noms présentent quelque analogie avec le nom de *Charrière.*

1510. *Noble Claude Charrière ;* t. v, 2e livr. p. 111.

1544. *Noble François Charrière*, châtelain de Cossonay ; t. v, 2e livr. p. 122 ; t. xv, p. 52.

1576. *Noble Pierre Charrière*, frère de François; t. v, 1re livr. p. 153, 194 et 195, 2e livr. p. 140; t. xv, p. 242.

1617. *Noble François Charrière*, dit M^r d'Itens; seigneur de Senarclens; fils de Pierre; t. v, 2e livr. p. 197; t. xv, p. 245, 250 et 315; t. xxvi, p. 32.

1618. *Noble Claude-André Charrière*, coseigneur de Penthaz; t. v, 2e livr. p. 197.

1624. *Noble Georges-François Charrière*, seigneur de Mex, dit Mr de Mex; banneret de Cossonay; fils de Pierre; t. v, 2e livr. p. 134 et 153; t. viii, p. 103; t. xv, p. 52, 259 et 730.

1638. *Noble Jean-Jacques Charrière*, coseigneur de Bournens; fils de Georges-François; t. xv, p. 142.

1640. *Noble Jean-Michel Charrière*, seigneur de Senarclens; fils de François et frère de Samuel; t. xv, p. 250 et 257.

1640. *Noble Samuel Charrière*, fils de François; t. xv, p. 250; t. xxvi, p. 32.

1663. *Noble Georges-François Charrière*, seigneur de Senarclens; t. xv, p. 52.

1663. *Noble Christophe-François Charrière*, seigneur de Senarclens; fils de Jean-Michel; t. xv, p. 257; t. xxvi, p. 28.

1670. *Noble Abraham Charrière*, dit Mr de la Robélaz; fils de Samuel; t. v, 2e livr. p. 236; t. xv, p. 258, 267 et 271.

1670. *Noble Jean-Emmanuel Charrière*, fils de Samuel; t. v, 2e livr. p. 236; t. xv, p. 258, 267 et 271.

1674. *Noble Jean-François Charrière*, seigneur de Penthaz, dit Mr de Penthaz; fils de Jean-Jaques; t. v, 1re livr. p. 192; 2e livr. p. 229; t. xv, p. 44, 142 et 259.

1674. *Noble Sébastien Charrière*, seigneur de Senarclens; fils de Jean-Jacques, et époux d'Elisabeth de Gruyère qui lui apporta en 1667 la seigneurie de Sévery; t. xi, p. 274 et 556.

1692. *Noble Jaques-Charles Charrière*, seigneur de Sullens; t. v, 2e livr. p. 286; t. xv, p. 125.

1698. *Nobles Georges-François* et *Jean-Baptiste Charrière*, seigneurs de Senarclens; t. v, 1re livr. p. 142; t. xv, p. 265 et 273; t. xxvi, p. 28.

1710. *Noble Pierre Charrière*, fils de Georges-François; t. xv, p. 274.

1724. *Noble César Charrière*, coseigneur de Bournens et de Mex; t. v, 1re livr. p. 197; t. xv, p. 144.

1728. *Noble Joseph-Henri Charrière*, seigneur de Sévery; t. xv, p. 829.

1734. *Noble Rod.-Christ. Charrière*, seigneur de Senarclens; fils de Sébastien; t. v, 2e livr. p. 434; t. xv, p. 275.

1742. *Noble Henri Charrière*, dit Mr de Penthaz; fils d'Abraham; t. v, 2e livr. p. 282.

1748. *Noble Henri Charrière*, major-général de l'armée sarde ; fils de Rodolphe-Christophe ; t. XV, p. 280 ; *diction. biogr. de Montet, t. I, p. 154.*

1750. *Noble Auguste Charrière*, seigneur de Bournens, dit Mr de Bournens ; fils de César ; t. I, 3e p. p. 477 ; t. V, 2e livr. p. 282 ; t. XV, p. 150.

1751. *Noble et généreux Ferdinand de Charrière*, châtelain de Cossonay ; t. XV, p. 283.

1767. *Noble Daniel Charrière*, fils d'Abraham-Louis ; t. XV, p. 285.

1780. *Noble Samuel Charrière*, seigneur de Sévery, etc. ; fils de Joseph-Henri ; t. XV, p. 516 et 517.

1784. *Noble et généreux Benjamin Charrière*, seigneur de Croze ; t. XXVI, p. 26.

1784. *Noble et généreux Charles Charrière*, seigneur de Croze ; fils de Benjamin ; t. XXVI, p. 26.

1790. *Noble Salomon Charrière*, neveu de Samuel et fils de Frédéric ; t. XV, p. 517 ; *diction. biogr. de Montet, t. I, p. 155.*

1798. *Noble Guillaume-Benjamin-Samuel Charrière*, seigneur de Sévery à la révolution ; fils de Salomon ; t. XV, p. 517.

---

64. Charvin.

Armoriaux : de Joffrey, de Mandrot, etc.
Pour mémoire.

---

65. de Chatel.

Armoriaux : de Joffrey, de Mandrot, etc.
L'armorial de Joffrey donne cette famille comme originaire de Morges, et comme éteinte déjà en 1660.

1400. *Pierre de Châtel* (de Castello) ; t. XV, p. 106.

1407. *Estienne de Chastel*, à Lausanne ; t. XXXV, p. 175.

1422. *Jaques de Chatel*, à Boussens ; t. V, 2e livr. p. 63.

— *Noble Aymon de Châtel ;* t. XV, p. 536.

Vers 1520. *Etienne de Chastel*, à Grancy ; t. XV, p. 363.

1539. *Noble Loys Chastel. (Le bailliage de Vevey et Chillon, Vevey 1861, p. 90.)*

On ne peut dire si les six personnages ci-dessus sont d'une seule et même famille.

---

de Chatillon, voir *Cottens*.

---

66. de Chatonnay.

Armoriaux : de Mulinen ; manuscr. de la Biblioth. cant. ; de Mandrot.

Ce nom s'écrit aussi *Chatonay, Chastonay, Chantonay,* etc.
Sur le vidomnat de Morges, voir t. XXIV, p. 425 et suivantes.

vers 1300. *Pierre Chantonay* ou *Chamtonay*, premier vidomne de Morges connu ; t. XXIV, p. 427.
1315. *Willelmus Chantonay* ou *Guillaume Chanconay*, chevalier, cité déjà en 1305 ; t. XXIII, p. 635 ; t. XXVIII, p. 45.
vers 1320. *Richard de Chantonay*, donzel ; t. XXVI, p. 223.
1344. *Aymon de Chastonay*, chevalier, bailli épiscopal de Lausanne ; frère de Barthélemy ; t. XXII, p. 142 et 568 ; t. XXVIII, p. 340 ; t. XXXII, p. 485.
1350. *Barthélemy de Chatonay*, prieur de Rougemont ; t. XXII, p. 485.
1371. *Henricus de Chastonay*, prieur à Lausanne ; t. XXXVI, p. 188.
1380. *Jacob de Chastonay*, donzel ; t. XXII, p. 522.
vers 1500. *Aymon de Chastonay*, chevalier ; t. XXIII, p. 709.
1535. *Noble Rodulphus de Chastonay*, fils de feu Aymon ; t. XXIII, p. 709.
1535. *Jacob de Chastonay* ; t. XXIII, p. 709.

On ne peut dire si les personnages ci-dessus sont d'une seule et même famille ; quelques-uns paraissent appartenir à Fribourg ou au Valais.

---

67. de Chavornay.

1096. *Otton de Chavornay* ; t. III, p. 159.
1200. *Lodoycus de Chavornay*, chevalier ; t. XIX, p. 558.
1227. *Uldricus de Chavornay* ; t. I, 3e livr. p. 153.
1234. *Nicolas de Chavornay*, chanoine de Lausanne ; t. VI, p. 64 et 674 ; t. VII, 1re livr. p. 37 (fondation du village de Saint-Prex) ; t. XXII, p. 33, 46 et 47.

1254. *Johannes de Chavornay*, chanoine de Lausanne ; t. XXII, p. 58.
1488. *Noble François de Chavornay ;* t. I, 3ᵉ livr. p. 345.

68. de Cheseaux ou de Chesaux.

Armoriaux : de Mulinen ; manuscr. de la Biblioth. cant. ; de
    Mandrot.
1174. *Cono, miles de Chesaut ;* t. XII, 3ᵉ p. p. 25.
1202. *Pierre de Chesaut ;* t. V, 1ʳᵉ livr. p. 30.
1246. *Johannes Chesauz, miles ;* t. XXIX, p. 394.
1274. *Pierre de Cheseaux*, à Lausanne, chevalier ; t. XIV, p. 58 et 307 ;
    t. XIX, p. 378.
1291. *Girard de Cheseaux*, damoiseau, fils de Pierre et petit-fils de
    Pierre ; t. XIV, p. 73 et 366 ; en 1307, t. XII, 3ᵉ p. p. 117,
    118 et 119.
1293. *Vuillerme de Cheseaux*, donzel ; t. XV, p. 59.
1293. *Jean de Cheseaux*, fils de Guillaume ; t. XII, 3ᵉ p. p. 115.
1307. *Pierre de Cheseaux*, chevalier ; t. XII, 3ᵉ p. p. 119.
1322. *Jeannod de Cheseaux ;* diction. *Martignier et de Crousaz, p. 907.*

    Les *de Cheseaux* ont porté le surnom d'*Assentiz ;* diction. *Martignier
et de Crousaz, p. 193.* En 1437, on trouve encore un *noble Claude de
Cheseaux ; idem. p. 907.*

69. de Chissier ou de Chissey.

Armoriaux : de Joffrey ; de Mulinen ; de Mandrot, etc.
    On a écrit *Chissier, Chissey, Chissiez, Chissy* et *Chessié ;* en
    latin *Chesslaco.* L'armorial de Joffrey, qui porte cette famille
    comme éteinte en 1660, mentionne que plusieurs de ses mem-
    bres furent châtelains de Vevey.
1404. *Noble Henri de Chissey*, époux de Jaquette, fille et héritière de
    Jean de Gumoens le Châtel ; t. XIV, p. XIX et 377 ; voir aussi
    p. XL.
Vers 1460. *Noble François de Chissey ;* t. XV, p. 342.
1494. *Amédée de Chissiez, ou de Chissie, ou de Chissey*, donzel de Sal-
    lanches et bourgeois de Lausanne ; fils de François ; t. VII,
    p. 730 ; t. XV, p. 76, 342, 728 et 730 ; t. XXXV, p. 224.

1510. *Noble Louis de Chissiez* ou *de Chissey*, donzel, coseigneur de
   Mex; fils de feu Amédée; t. XIV, p. XLII, ; t. XV, p. 76, 343
   et 730; t. XXXIV, p. 17.
1544. *Noble Georges de Chissiez*, coseigneur de Mex; fils de Louis;
   t. XV, p. 76, 77 et 730.
1544. *Noble Claude de Chissiez*, donzel de Sallanches; frère de Georges; t. XXVI, p. 80.
1548. *Noble Françoise de Chissy*, dernière religieuse de l'abbaye de
   Bellevaux sur Lausanne; sœur de Louis; t. XXXIV, p. 17.

---

70. de Cicon.

L'ancienne et noble maison de Cicon tirait son origine du
château de ce nom, entre Pontarlier et Ornans. Voir t. XIV, p. 156.

Originaires de la Franche-Comté, les *milites de Cicon* s'établirent à Orbe avant l'an 1100, puis dans le district d'Echallens.

Une branche des Cicon paraît avoir porté le nom de *Gumoens*,
une autre branche a pris celui de *Willafans*, et a donné plusieurs châtelains à Echallens.

1177. *Willelmus de Cicun* ; t. XIV, p. XXXIII.
1226. *Willelme de Cicon*, miles de Gumoens; t. VI, p. 537 et 538;
   t. XIV, p. XXI. Le titre de *miles de Gumœns* indique simple-
   ment la possession d'un fief de chevalier à Gumoens-la-ville;
   t. XIV, p. XXXI.
1271. *Renaud de Cicon*, châtelain d'Orbe; t. XIV, p. 53 et 71.
1275. *Hugues de Cicon* ; t. XIV, p. XXI et 70; t. XXXIV, p. 136.
1285. *Messire Barthélemy de Cicon, dit de Gumoens;* t. XIV, p. 313;
   t. XIX, p. 418; t. XXXIV, p. 136.
1291. *Perrin de Vuillafans*, châtelain d'Echallens; t. XIV, p. XXXIII.
1317. *Jean de Vuillafans*, châtelain d'Echallens; t. XIV, p. 71.

En 1450, on trouve un Pierre de Vuillafans, receveur de Montagny;
t. XIV, p. 399. Les Vuillafans existaient encore après l'an 1500 à Eclagnens et à Chavannes, quoique bien déchus de leur ancienne fortune;
t. XIV, p. XXXIII.

---

de Saint-Cierge, voir lettre S.

71. Clavel.

Armoriaux : de Mulinen ; manuscr. de la Biblioth. cant. ; de
     Mandrot.

     Il y a plusieurs familles Clavel ; celle qui est qualifiée paraît
     originaire de Lavaux.

1481. *Noble Stephanus Clavelli,* à Lausanne; t. vii, p. 730.
1531. *Seigneur Francey Clavel,* citoyen de Lausanne; t. xxxvi, p. 121.
1770. *Jacques-Abram-Elie-Daniel Clavel,* seigneur de Brenles, juris-
     consulte et professeur à Lausanne; *diction. biogr. de Mon-
     tet, t. I, p. 173.*
1798. *Samuel-François-Louis-César Clavel de Brenles,* fils du précé-
     dent ; mourut en 1843 sans postérité; *diction. biogr. de
     Montet, t. I, p. 173.*
1799. *Jacques-Auguste-François-Louis Clavel de Brenles,* chef de ba-
     taillon, frère du précédent; *diction. biogr. de Montet, t. I,
     p. 174.*

     Les nobles *Clavel* à Cully sont nommés aussi *Allamand ; diction.
Martignier et de Crousaz, p. 297.* Ils ont été seigneurs de Ropraz ;
idem, p. 810 et 841.

---

72. de Clermont.

1500. *Noble Amédée de Clermont (de Claramonte);* t. xv, p. 539 et
     736.
1547. *Noble Jean de Clermont,* fils d'Amédée, à Pampigny; t. xv, p. 539.
1547. *Vénérable dom Claude de Clermont,* fils d'Amédée; t. xv, p. 539.

---

de Coinsins, voir de Greilly.

---

73. de Cojonnex ou Gojonay.

Armoriaux : de Joffrey ; de Mulinen ; manuscr. de la Biblioth.
     cant. ; de Mandrot.

     Cojonnex est un village situé au-dessus de Vevey, non loin
     du château de Blonay.

1160. *Arluinus, miles de Coïenay ;* t. XII, 2e p. p. 194.
1160. *Cono de Coïenay,* fils d'Arluinus ; t. XII, 2e p. p. 194.

1458. *Noble Jacques de Cojonay,* syndic de Lausanne en 1420 ; t. XV, p. 453.
1490. *Noble Nicod de Cojonay,* à Lausanne ; t. VII, p. 637, 638 et 736. Cité encore en 1520 ; seigneur de Chavannes-le-Chêne, etc., bailli épiscopal de Lausanne ; t. XXXV, p. 224 et 238.
1490. *Noble François de Cojonay* ou *de Gojonay* à Lausanne ; t. VII, p. 637 et 638 ; t. XXVIII, p. 250 ; t. XXXV, p. 209.
1533. *Noble et puissant Henri de Cojonay,* seigneur de Chavannes et de Saint-Martin-le-Chêne, seigneur de Montricher, chevalier de la Cuiller ; t. V, 2e livr. p. 169 ; t. XI, p. 255 et 287 ; t. XXXVI, p. 33 et 357 ; *diction. biogr. de Montet, t. I, p. 179.* Il était fils de Nicod et frère de Nicod, et mourut en 1537.
1537. *Gaspard de Cojonay,* fils d'Henri. Il mourut sans postérité vers 1537.
1545. *Noble et puissant seigneur Jean de Cojonay,* fils de Nicod et frère d'Henri, vend la terre de Montricher à messire Ravier ; t. XV, p. 545 ; *Vevey et ses environs,* par D. Martignier, p. 70 à 72. Il fut le dernier mâle de sa famille.

---

74. de Collombier ou de Colombier.

Armoriaux : de Joffrey ; de Mulinen ; manuscr. de la Biblioth. cant. ; de Mandrot, etc.

Il ne faut pas confondre la famille *de Colombier* ou *de Colomberio,* qui est de Colombier-sur-Morges, avec une famille de Colombey en Valais, qui porte ce même nom de *Colomberio* ou *Columberio.*

1281. *Noble Girard de Villars-le-Terroir,* donzel, et souche des Colombier ; t. XII, 3e p. p. 113 ; t. XV, p. 678. (Voir *Villars.*)
1300. *Noble François de Colombier,* donzel, fils de Girard de Villars-le-Terroir ; cité de 1281 à 1331 ; t. III, p. 83 ; t. V, 1re livr. p. 89 et 253 ; t. XII, 3e p. p. 120 et 123 ; t. XIV, p. XXVIII ; t. XV, p. 677 et 678.
1300. *Noble Jaques de Colombier,* donzel, frère de François ; t. V, 1re livr. p. 89 et 253 ; t. XII, 3e p. p. 120 et 123 ; t. XIV, p. XXVIII, t. XV, p. 677 et 678.

1340. *Guillaume de Colombier*, donzel, époux de Guillemette de Duin
    qui lui apporte la seigneurie de Vuillerens; t. XV, p. 678;
    t. XXIV, p. 210.
1370. *Humbert de Colombier* (de Collomberio), chevalier, seigneur de
    Vuillerens, baillif de Vaud; cité encore en 1388; t. VII,
    1re livr. p. 264; t. XII, 3e p. p. 129 et 130; t. XIV, p. XXIX;
    t. XV, p. 615 et 679; t. XVIII, 2e p. p. 135; t. XXII, p. 505 et
    569; *diction. biogr. de Montet, t. I, p. 181.*
1390. *François de Colombier*, fils d'Humbert; t. XV, p. 615.
1390. *Henri de Colombier*, fils d'Humbert; t. XV, p. 615.
1390. *Humbert de Colombier*, fils d'Humbert; t. XV, p. 615.
1418. *Antoine de Colombier*, fils de François et mort sans postérité;
    t. XV, p. 615.
1430. *Noble et puissant Richard de Collombier*, fils d'Henri et de Ja-
    quette de Duin; t. XV, p. 616; t. XXII, p. 381.
1437. *Noble Guillaume de Colombier*, seigneur de Vuillerens, fils
    d'Henri; t. XV, p. 616. Baillif de Vaud en 1450.
1448. *Henri de Colombier*, donzel, seigneur de Vuillerens, bailli de
    Vaud; fils d'Humbert; t. V, 1re livr. p. 106; *diction. biogr.
    de Montet, t. I, p. 182.*
1457. *Noble et puissant Richard de Collumberio*, dnus de Vufflens;
    t. XXIII, p. 438. (Voir ci-dessus.)
1467. *Humbert de Colombier*, chevalier, fils de Guillaume; t. I, 3e livr.
    p. 289; t. XV, p. 617.
1470. *Henri de Colombier*, chevalier, seigneur de Vuillerens; t. VIII,
    p. 147 et t. XXXV, p. 186. (Voir ci-dessus.)
1480. *François de Collombier*, abbé de Hautecombe; fils d'Humbert;
    t. XV, p. 617.
1509. *Noble et puissant Louis de Collombier*, chevalier, seigneur de
    Vullicrens; fils d'Humbert; t. XII, 3e livr. p. 147; t. XV,
    p. 85, 188 et 617.
1519. *Noble Jean de Collombier*, seigneur de Colombier; fils d'Hum-
    bert; mourut sans postérité; t. I, 3e livr. p. 360; t. XV, p. 188
    et 680; t. XXXV, p. 233.
1527. *Noble Bernard de Colombier*, seigneur de Vuillerens, fils de
    Louis. Il fut le dernier mâle de sa maison; t. I, 3e livr.
    p. 107 et 378; t. XV, p. 617 et 618.
1540. *Noble Philibert de Colombier*, de la branche des seigneurs de
    Vufflens-le-châtel; décédé sans postérité; t. XV, p. 471.

Marguerite, dame de Colombier, sœur de Bernard, épousa François
d'Alinges. La seigneurie de Colombier passa ensuite aux Joffrey, puis
aux Crinsoz; t. V, 2e livr. p. 122; t. XV, p. 684 et suiv.

75. de Combremont.

Armoriaux : de Mandrot, etc.
1177. *Willelmus, miles de Cumbremont ;* t. xii, 3e p. p. 30.
1177. *Stephanus, miles de Cumbremont ;* t. xii, 3e p. p. 30 et 33.
1230. *Rodulfus, miles de Cumbremunt ;* t. vi, p. 164 et 675 ; t. xii, 3e p. p. 61.
1380. *François de Combremont,* chevalier ; t. xii, 3e p. p. 128, 129 et 130.

---

76. de Compey ou de Compois.

Armoriaux : de Joffrey, de Mandrot, etc.
La maison *de Compey (Compeys, Compois, Compoys, de Compesio)* était une des premières du Genevois et de la Savoie ; une branche de cette famille a habité le Valais ; les armes de ces diverses branches sont différentes.
1285. *Girard de Compeys,* donzel, châtelain des Clées ; t. iii, p. 92 ; t. xxviii, p. 173.
1341. *Guillelme de Compeys* ou *de Compois,* chevalier, seschallus Lausan.; t. vii, 1re livr. p. 159 ; t. xxii, p. 135 ; t. xxiii, p. 360 ; t. xxviii, p. 340 ; t. xxxv, p. 161.
1394. *Pierre de Compey* ou *de Compois,* sénéchal de l'évêque de Lausanne ; t. vii, 1re livr. p. 273.
1404. *Noble Jean de Compey* à Etagnières, fils de Simon, seigneur de Denens ; t. xiv, p. 174.
1425. *Jean de Compesio (Compeys),* miles ; t. xxii, p. 341 ; t. xxiii, p. 664 ; t. xxvii, p. 245.
1433. *Puissant homme Ludovic de Compesio ;* t. xxii, p. 401 et 403.
1475. *Jean de Compeys,* chancelier de Savoie, évêque de Turin ; mourut en 1492 ; t. viii, p. 251 ; *diction. biogr. de Montet,* t. I, p. 183.
1475. *Phïlibert de Compeys,* seigneur de Chapelle, frère de Jean et fils de Jean ; t. viii, p. 252 et 440; *diction. biogr. de Montet,* t. I, p. 183.
1475. *Amédée de Compeys,* seigneur de Gruffy, frère de Jean ; t. viii, p. 252 et 440.
1476. *Louis de Compey-Torrens,* fils du seigneur d'Aigle ; t. viii, p. 233 et 435.

1491. *Philippe de Compesio*, protonotaire apostolique, chanoine de
Lausanne; t. xxxv, p. 206 et 224.
1512. *Noble Urbain de Compois*, chevalier, sire de Grandcour, Prangins et Gland; t. iii, p. 135.

Les t. xxxi et xxxii des *Mém. et doc.* font de fréquentes mentions
des Compey du Valais, qui s'éteignirent en 1410 (t. xx, p. 463). En
1476, Jean de Compey, seigneur de Thorens, fut tué à Vevey (t. xxviii,
p. 302); en 1660, l'armorial de Joffrey donnait la branche vaudoise
comme éteinte aussi.

---

77. Comte.

Armorial de Mandrot.
1558. *Noble Benoît Comte* ou *Benoys Le Conte*, seigneur de Mex, citoyen de Lausanne; t. xv, p. 76 et 730; t. xxiii, p. 297, 302
et 601; t. xxvi, p. 80.
1581. *Noble Hugues Comte*, seigneur de Mex, fils de Benoît et époux
de Suzanne Loys. Ruiné par les Bernois en 1589 pour cause
politique; t. xv, p. 732; t. xxvi, p. 80.

---

de Conay, voir *de Baulmes*.

---

de Conflans, voir *de Duin*.

---

78. Conod, alias Pellis.

Armoriaux : de Mulinen; manuscr. de la Biblioth. cant.; de
Mandrot, etc.
Voir *Pellis*.

Les nobles *Conod* sont des Clées et descendent d'*Aymon Pellis*, alias
Cognod qui vivait en 1500; peut-être aussi de *Jean Pellis*. Ce dernier,
vice-châtelain des Clées, était gardien et protecteur du prieuré de Ro-
mainmotier à l'époque du prieur François de Savoie, oncle du duc
Charles; Aymon Pellis remplissait ces fonctions à l'époque des prieurs
Michel de Savoie et Claude d'Estavayer; t. iii, p. 290 et 849.

Un jugement du tribunal civil de Lausanne, de l'an 1858, rend certaine l'identité des descendants d'Aymon Pellis à travers les variations de nom. Il se pourrait d'ailleurs qu'Aymon Pellis ou Conod descendît de *Conod*, alias *d'Arnay* et donzel à Arnay, qui fit hommage au prieur de Romainmotier en 1252 et 1258 ; t. III, p. 27, 28 et 545 ; t. XIX, p. 319.

Il existe, en outre, dans le Pays de Vaud, diverses familles qui portent le seul nom de *Conod* et sont mentionnées sans qualification. Ce nom provient du prénom *Cono* ou *Cuno* ; on le trouve écrit *Conod* et *Cunod*, *Cognod* et *Cugnod*.

---

79. Constant.

Armorlaux : de Mandrot, etc.

Les *Constant* sont une famille noble originaire de l'Artois, seigneurs de Rebecque, émigrés au Pays de Vaud.

1634. *Philibert Constant de Rebecque.*

1700. *Jean Constant de Rebecque*, médecin, fils de Philibert ; mourut en 1730 ; *diction. biogr. de Montet, t. I, p. 186.*

1700. *David Constant de Rebecque*, ministre du saint Evangile, fils de Philibert ; mourut en 1733 ; *diction. biogr. de Montet, t. I, p. 187.*

1742. *Noble Samuel Constant*, baron de Rebecque, seigneur de Villars-Mendraz et d'Hermenches, lieutenant général d'infanterie ; fils de David. Enseveli en 1756 dans la cathédrale de Lausanne. *Diction. biogr. de Montet, t. I, p. 188 ; diction. Martignier et de Crousaz, p. 445.*

1750. *David-Louis, baron de Constant-Rebecque*, seigneur de Villars-Mendraz et d'Hermenches, maréchal de camp, fils aîné de Samuel. Mourut en 1785 ; *diction. biogr. de Montet, t. I, p. 188.*

1750. *Noble Philippe-Germain Constant de Rebecque*, colonel, second fils de Samuel. Enseveli en 1756 dans la cathédrale de Lausanne ; *diction. biogr. de Montet, t. I, p. 189.*

1750. *Noble Arnold-Louis-Juste de Constant de Rebecque*, colonel en Hollande, fils de Samuel ; *diction. biogr. de Montet, t. I, p. 189.*

1750. *Marc-Samuel-François de Constant-Rebecque*, major, quatrième fils du général Samuel ; *diction. biogr. de Montet, t. I, p. 190.*

1793. *Guillaume-Anne, baron Constant-Rebecque de Villars*, général d'infanterie, fils de David-Louis ; mourut en Hollande en 1838 ; *diction. biogr. de Montet, t. I, p. 191.*

1795. *Henri-Benjamin Constant de Rebecque*, publiciste, fils d'Arnold-Louis-Juste; *diction. biogr. de Montet, t. I, p. 192.*

80. de Constantine.

Armoriaux : de Mulinen; manuscr. de la Biblioth. cant.; de Mandrot.

1498. *Noble Pierre de Constantine*, seigneur d'Orsens; t. XXIII, p. 522.

81. de Corbière.

Les *de Corbière* sont de Fribourg. Il convient cependant de citer les suivants, au point de vue de l'histoire vaudoise :

1250. *Guillaume de Corbières ;* t. XIX, p. 289.

1263. *Henri de Corbières*, donzel, de Lausanne, fils de Guillaume; t. XIX, p. 289; t. XXVI, p. 193.

1285. *Richard de Corbières*, bailli impérial de Rod. de Habsbourg, roi des Romains, à Lausanne; t. XIII, p. 155; t. XIV, p. XLVIII; t. XIX, p. 410.

1327. *Mermet de Corbière*, donzel, seigneur de Bioley près d'Yverdon; t. XII, 3e p. p. 123.

1380. *Noble Girard de Corbière*, père d'Antoine; t. XII, 3e p. p. 132 et 133.

1392. *Noble Antoine de Corbière*, donzel, propriétaire à Lonay; t. XII, 3e p. p. 133.

82. de Corcelles.

Armoriaux : de Mandrot, etc.

1221. *Petrus de Corcales ;* t. VI, p. 154 et 675.

1221. *Otto de Corceles*, chevalier; t. VI, p. 224 et 482.

1325. *Henri de Corcelles*, donzel; confirme des donations à l'abbaye de Montheron sur Lausanne; t. XII, 3e p. p. 123.

Cornillat, voir *Curnilliat.*

83. de Cossonay.

Armoriaux : de Mulinen; manuscr. de la Biblioth. cant. ; de
Mandrot, etc.
    Les sires de Cossonay ont été sires de Prangins jusqu'à la
séparation des deux familles, en 1240.
    Il convient d'indiquer séparément :
        I.   Les dynastes de Cossonay.
        II. Les bâtards de Cossonay.
        III. Les *milites* de Cossonay.

I. *Dynastes de Cossonay.*

    La nuit du temps enveloppe l'origine de la maison des sires
de Cossonay et Prangins.

1096. *Uldric, sire de Cossonay,* frère de *Seybold* et de *Willelme ;* t. v,
    1re livr. p. 7 ; t. xiii, p. 70.

1130. *Humbert I,* fils d'Uldric et frère de *Willelme ;* t. v, 1re livr. p. 11 ;
    t. xiii, p. 148.

1170. *Pierre,* fils de Humbert I et frère de *Girold* et de *Willelme ;* t. v,
    1re livr. p. 18. Voir le dessin de son sceau à la fin de la 1re
    livr. du t. v.

1220. *Jean I,* fils de Pierre et frère de *Jacomed ;* t. v, 1re livr. p. 25.
    Voir les dessins de son sceau à la fin de la 1re livr. du t. v.

1220. *Ulric, Rodolphe, Thomas* (t. vi, p. 675) et *Richard* ont été con-
    temporains de Jean I et membres de sa famille.

1240. *Humbert II* (t. v, 1re livr. p. 45), fils de Jean I et frère de *Wil-
    lelme* qui fut la souche de la maison de Prangins, frère de
    Jean qui fut évêque de Lausanne de 1244 à 1273 (t. xxii,
    p. 54, 433 et 581; t. xxxvi, p. 178 et 358; *diction. biogr.
    de Montet, t. I, p. 205*), et frère d'*Amédée* (t. v, 1re livr.
    p. 43). Voir le dessin du sceau de Humbert II à la fin de la
    1re livr. du t. v.

1256. *Jaques* (t. v, 1re livr. p. 54), fils de Humbert II et frère de Jean ;
    t. xiii, p. 149, 150 et 151 ; t. xix, p. 312.

1300. *Jean II* (t. v, 1re livr. p. 60), fils de Jaques et contemporain de
    Henri et d'*Amédée*, membres de sa famille; t. v, 1re livr.
    p. 69, et t. xiii, p. 151.

1320. *Louis I* (t. v, 1re livr. p. 82; t. xxii, p. 86 et 515), fils de Jean II
    et frère d'*Aymon* qui fut évêque de Lausanne de 1355 à 1375
    (t. I, 3e p. p. 52; t. v, 1re livr. p. 78; t. xxii, p. 156 et 570;

t. XXIII, p. 713 ; *diction. biogr. de Montet, t. I, p. 205*), et frère d'*Humbert*. Ils furent contemporains de Jean de Cossonay, abbé, membre de leur famille.

1350. *Jean III* (t. v, 1re livr. p. 94), fils de Louis I, et frère de *Guillaume*, de *Louis III*, sire de Cossonay et de Berchier (t. v, 1re livr. p. 118 ; t. XXII, p. 505, 515 et 570 ; t. XXXVI, p. 185 ; *diction. biogr. de Montet, t. I, p. 206*), et de *Girard de Cossonay*, chevalier, sire de l'Isle. (Voir le dessin du sceau de Girard à la fin de la 1re livr. du t. v.)

1370. *Louis II de Cossonay*, seigneur de Berchiez, cité encore en 1390, fils de Jean III et frère de *Jean IV*. Ils furent les derniers mâles de leur maison ; t. v, 1re livr. p. 104 ; t. XIV, p. 145 ; t. XVIII, 2e p. p. 135 ; t. XXII, p. 221 et 570 ; t. XXIII, p. 650 et 654.

1406. *Jeanne de Cossonay* (t. v, 1re livr. p. 128), fille de Louis II et sœur de *Louise* (t. v, 1re livr. p. 127), de *Claudine* et de *Nicolette* (t. v, 1re livr. p. 116).

La maison de Cossonay avait d'ailleurs été dépossédée en 1293 par la maison de Savoie.

II. *Bâtards de Cossonay.*

Les bâtards de Cossonay descendent probablement du prieur de Payerne, Guillaume de Cossonay. Ils commencent à *Aymon*, donzel, en 1383 et finissent à *François*, seigneur de Rurey, qui mourut en 1520.

1383. *Aymon*, bâtard de Cossonay, donzel ; t. v, 1re p. p. 140.

1445. *Pierre*, donzel (t. v, 1re p. p. 145), fils d'Aymon, et frère de *Rodolphe* (lequel eut un fils nommé Humbert).

1452. *Pierre de Cossonay*, donzel, seigneur de Rurey, fils de Pierre. Il fut tué au château des Clées par les Suisses en 1475 ; t. v, 1re p. p. 146 ; *diction. biogr. de Montet, t. I, p. 206*.

1452. *Jean de Cossonay*, donzel, seigneur de Rurey et d'Ornans-les-granges, fils de Pierre ; t. v, 1re p. p. 149 ; t. XXXV, p. 233.

1514. *François de Cossonay*, écuyer, seigneur de Rurey, fils de Jean ; t. v, 1re p. p. 150.

Vers 1500. *Guillaume de Cossonay*, fils de Jean. Il mourut jeune ; t. v, 1re p. p. 150.

1548. *Rose de Cossonay*, sœur de François et de Guillaume, fut la dernière vivante des bâtards de Cossonay ; t. v, 1re p. p. 153.

III. *Milites de Cossonay.*

Vers 1100. *Amédée de Coseinlaco*; miles, t. XV, p. 5.

1142. *Pierre, miles de Cossonay ;* t. XV, p. 6.

vers 1180. *Nantelme de Cossonay* (voir *Sévery*); t. xv, p. 493 ; t. xix, p. 228.
1184. *Gaucher de Cossonay ;* t. xv, p. 6.
1214. *Cuanun de Cossonay*, chevalier, cité encore en 1236 ; t. xv, p. 7 ;
       t. xxvi, p. 183.
1227. *Etienne de Cossonay*, chevalier; t. xv, p. 7.
1239. *Hugues de Cossonay*, chevalier; t. xv, p. 8.
1239. *Pierre de Cossonay*, fils de Hugues; t. xv, p. 8.

---

84. Costable.

Armoriaux : de Mandrot, etc.

Il y a eu un fief *Costable* à Vufflens-la-ville ; il se reconnaissait en arrière-fief du château de Lausanne, à cause de l'évêché. Il était procédé des nobles Costable; t. xv, p. 453.

1400. *Girard Costable*, receveur de Montagny ; t. xiv, p. 155 et 399.
1534. *Johannes Costabilis ; noble homme Jehan Coustable*, lieutenant de bailliage de Lausanne ; t. vii, p. 746 ; t. xxxvi, p. 152 et 269.
1547. *Noble Jean Costabloz.* d'Orbe ; peut-être le même que le précédent ; t. xv, p. 455.
1600. *Noble Hugues Costable*, gentilhomme de Vufflens-la-ville, fils de Jean ; t. xv, p. 39 et 455.

---

85. de Cottens.

On trouve dans l'histoire les traces d'une famille féodale de *Cottens, Cotens, Chotens* ou *Coctens ;* t. xv, p. 463.

1177. *Cono, miles de Cotens ;* t. xii, 3e p. p. 31.
1219. *Willelme de Cottens ;* t. xix, p. 201.
vers 1300. *Girard de Cottens*, donzel ; t. xv, p. 463.
1321. *Jean de Cottens*, fils de Girard ; t. xv, p. 463.
1321. *Perrod de Cottens*, fils de Girard ; t. xv, p. 463.

En 1350 et 1400, la terre de Cottens appartenait à une branche des nobles Châtillon (de Chastallion), de France, alliée aux Senarclens. Antoine de Châtillon, donzel, cité en 1377 et 1419, ne laissa qu'une fille, *Agnès*, qui épousa Claude Mestral, souche des Mestral de Cottens. Ces Châtillon sont distincts des sires de la Tour-Châtillon, mayors de Sion, lesquels ont fait l'objet d'une notice importante contenue dans le t. XXIV des *Mém. et doc.* p. 177 à 424.

En 1585, la seigneurie de Cottens passa des *Mestral* aux *Crinsoz*, qui ont conservé ce fief jusqu'à la fin du régime féodal ; t. XV, p. 472.

---

de Courtilles, voir *de Curtilles*.

---

86. Couvreu de Deckersberg.

Armoriaux : de Mulinen ; manuscr. de la Biblioth. cant. ; de Mandrot.

1698. *Jean-Martin Couvreu de Deckersberg*, banquier, est reçu bourgeois de Vévey ; *diction. biogr. de Montet, t. I, p. 209.*

1772. *Noble Jaques Couvreu de Deckersberg*, seigneur de Corcelles sur Chavornay, banneret de Vevey ; *le bailliage de Vevey et Chillon*, Vevey 1861, p. 113 ; *diction. Martignier et de Crousaz, p. 240.*

Les *Couvreu* ont été alliés aux *Bondell*, barons du Châtelard.

---

87. de Crassy ou de Cracye.

Les *de Crassy* paraissent avoir été des vassaux des sires de Prangins ; t. V, 1re livr. p. 157.

1238. *Etienne, chevalier de Crassier* ; t. XIX, p. 540.

1245. *Girard de Cracye*, chevalier ; t. V, 1re livr. p. 157.

1245. *Jean, donzel de Cracye* ; t. V, 1re livr. p. 157.

---

88. Crinsoz.

Armoriaux : de Mulinen ; manuscr. de la Biblioth. cant. ; de Mandrot, etc.

La famille Crinsoz apparaît à Apples vers l'an 1450 ; en 1561 on trouve un notaire Jean Crinsoz, et à la même date un

Nicolas Crinsoz, qui fut acquéreur de la seigneurie de Cottens. Dès lors cette famille est qualifiée dans les actes publics ; t. xv, p. 503 ; t. xxvi, p. 58.

1560. *Jean Crinsoz*, notaire ; t. xv, p. 503.

1560. *Nicolas Crinsoz*, châtelain de Cottens, puis seigneur de Cottens dès 1585 (voir *Mestral de Mont*), fils de Jean ; t. xv, p. 472 et 478.

1561. *Noble Etienne Crinsoz* ; t. xxvi, p. 59.

1575. *Noble Jean Crinsoz*, châtelain de Cossonay, fils de Nicolas ; t. v, 2ᵉ livr. p. 148 ; t. xv, p. 473.

1584. *Noble Jaques Crinsoz*, à Cossonay, frère de Jean et fils de Jean ; t. v, 2ᵉ livr. p. 154 ; t. xv, p. 473.

1600. *Noble Jacob Crinsoz*, fils de feu Nicolas et frère d'Abraham ; t. xv, p. 473.

1600. *Noble Abraham Crinsoz*, coseigneur de Cottens ; fils de feu Nicolas ; cité encore en 1637 ; t. xv, p. 194, 195, 198, 473 et 478.

1600. *Noble Pierre Crinsoz* ; t. xv, p. 361 ; t. xxvi, p. 49.

1617. *Noble Jean Crinsoz*, coseigneur de Cottens, fils de feu Jean ; t. v, 2ᵉ livr. p. 195 et 198, t. xv, p. 473 et 478.

1628. *Noble Jaques Crinsoz*, frère de Jean et fils de Jean ; t. xv, p. 478 ; t. xxvi, p. 57. (Voir ci-dessus.)

vers 1640. *Noble Nicolas Crinsoz*, fils de Jaques ; t. xv, p. 489.

1652. *Noble Antoine Crinsoz*, seigneur de Bussy ; fils d'Abraham ; cité encore en 1662 ; t. v, 2ᵉ livr. p. 200 ; t. xv, p. 72, 112 et 877 ; t. xxvi, p. 52.

vers 1655. *Noble Jaques-André Crinsoz*, fils de Jean ; t. xv, p. 490.

1664. *Noble Pierre Crinsoz*, seigneur de Cottens et de Colombier ; frère d'Antoine ; cité encore en 1674 ; t. v, 2ᵉ livr. p. 263 ; t. xv, p. 198 et 484 ; t. xxvi, p. 51.

1675. *Noble Isaac Crinsoz*, fils de Nicolas ; cité en 1690 ; t. xv, p. 200 et 486 ; t. xxvi, p. 55.

1675. *Noble et prudent Pierre Crinsoz*, châtelain de Cottens ; fils de Jaques ; t. xv, p. 489 et 696.

1675. *Noble Jacques Crinsoz*, fils de Jaques-André ; t. xv, p. 490.

1675. *Noble François-Gaspard Crinsoz*, fils de Jaques-André ; t. xv, p. 490.

1690. *Noble Pierre-François Crinsoz*, fils de feu Pierre et petit-fils de Jaques ; t. xxvi, p. 57.

1714. *Noble Jean-Jaques Crinsoz*, seigneur de Colombier, Cottens, etc., fils de Pierre ; cité en 1736 ; t. xv, p. 203, 204, 490, 696 et 877 ; t. xxvi, p. 25 et 77.

1740. *Noble Etienne-Vespasien Crinsoz de Cottens*, fils de Jean-Jaques ; t. xv, p. 490.

1740. *Noble César Crinsoz*, seigneur de Colombier, fils de Jean-Jaques;
       t. xv, p. 696.
1740. *Noble Benjamin-Antoine Crinsoz*, fils de Jean-Jaques; t. xv,
       p. 696.
1750. *Théodore Crinsoz*, seigneur de Cottens et de Bionnens, né en
       1690, mort en 1765; *diction. biogr. de Montet, t. I, p. 214.*
1765. *Noble Jean-Frédéric Crinsoz*, mort prisonnier des Bernois à
       Aarbourg; fils de César; t. xv, p. 697 et 698.
1777. *Noble Jean Crinsoz*, seigneur de Givrins; *diction. Martignier et
       de Crousaz, p. 873.*
1798. *Noble Théodore-Louis-Jean-Samuel-Georges Crinsoz*, dernier
       seigneur de Cottens, petit-fils d'Etienne-Vespasien; t. xv,
       p. 490.

---

89. de Crissier.

Ancienne famille de chevaliers, éteinte dès longtemps.
1174. *Albertus, miles de Crissie;* t. xii, 3ᵉ p. p. 24.
1177. *Richardus, miles de Crissie;* t, xii, 3ᵉ p. p. 30; t. xxii, p. 20.
1217. *Wulelmus, miles de Crissie,* cité en 1230; t. vi, p. 148, 166 et
       302; t. xix, p. 227; t. xxviii, p. 89.
1220. *Uldricus de Crissie,* chevalier; t. xix, p. 560; t. xx, p. 272.
1221. *Haimo,* villicus de Crissie; t. vi, p. 224.
1226. *Rodulfus,* dominus de Crissie; t. xx, p. 272.
1270. *Humbert de Crissier,* donzel; t. xii, 3ᵉ p. p. 112; t. xv, p. 159.
vers 1320. *Thomas de Crissier,* donzel; t. xii, 3ᵉ p. p. 126.
1338. *Jean de Crissier,* fils de Thomas; t. xii, 3ᵉ p. p. 126 et 134; t. xv,
       p. 23.
1338. *Nicolet de Crissier,* fils de Thomas; t. xii, 3ᵉ p. p. 126 et 134;
       t. xv, p. 23.
vers 1350. *Jaquet de Crissier,* fils de feu Rolet; t. xii, 3ᵉ p. p. 77; t. xv,
       p. 161.
1360. *Mermet de Crissier,* donzel; t. xxvi, p. 229 et 234.

---

de Croisilles, de Crousilles, voir *Masson*.

90. de Crousaz *(Chexbres)*.

Armoriaux : de Mulinen; manuscr. de la Biblioth. cant.; de Mandrot, etc.

On rencontre en 1279 trois personnes de la même famille et nommées *de Chexbres, dit de Crousa. Crosa* ou *Crousa* est une localité de la commune de Chexbres. D'après D. Martignier (*Vevey et ses environs*, Lausanne 1862, p. 72 à 74), la lettre *z* aurait été ajoutée par la famille de Crousaz à son nom vers l'an 1520. — Consulter le *diction. Martignier et de Crousaz, p. 202*. pour divers renseignements sur cette famille.

1279. *Nicolas, Rodolphe* et *Guillaume de Chexbres*, dits *de Crousa ;* t. XII, 3ᵉ p. p. 113.

1437. *Jean de Crosa*, fils de Pierre, notaire; *Vevey et ses environs,* p. 73.

1450. *Provide Henri de Crosa*, banderet de Vevey en 1454; notaire et bourgeois de Vevey; *Vevey et ses environs*, p. 73.

1470. *Pierre de Crosa*, dernier de cette famille qui ait habité Vevey; *Vevey et ses environs*, p. 73.

1500. *Noble Georges de Crousaz;* t. I, 3ᵉ livr. p. 113.

1573. *Noble Georges de Crousaz*, châtelain de Glérolles; fils de Georges.

1576. *Noble Isbrand de Crousaz*, fils du précédent. (*Vevey et ses environs*, p. 74.)

1576. *Noble Claude de Crousaz*, fils de Georges et frère d'Isbrand, est la souche de tous les *de Crousaz* d'aujourd'hui. (Idem.)

1608. *Noble Georges de Crousaz*, fils de Claude; reçu bourgeois de Lausanne.

1650. *Noble Abraham de Crousaz*, fils du précédent; lieutenant baillival.

1693. *Etienne de Crousaz*, banneret de Saint-Saphorin ; *diction. biogr. de Montet*, t. I, p. 218.

1695. *François de Crousaz*, châtelain de Glérolles; *diction. biogr. de Montet*, t. I, p. 218.

1702. *Noble David de Crousaz*, seigneur de Mézery, bourgmestre de Lausanne, fils d'Abraham. Mourut en 1733.

1740. *Noble Jean-Pierre de Crousaz*, professeur; fils d'Abraham; enseveli en 1750 dans la cathédrale de Lausanne. *Diction. biogr. de Montet*, t. I. p. 216 ; *Vevey et ses environs*, p. 74.

1750. *Daniel de Crousaz*, fils d'Etienne; major général; mourut en 1761; *diction. biogr. de Montet*, t. I, p. 218.

1752. *Frédéric de Crousaz*, colonel; *diction. biogr. de Montet*, t. I, p. 220.

1752. *François-Noé de Crousaz*, général-major, fils de François ; mourut célibataire en 1768 ; *diction. biogr. de Montet, t. I, p. 218.*

1793. *Daniel-Noé-Louis de Crousaz*, fils de Jean-François-Gamaliel ; général-major ; mourut en 1811 ; *diction. biogr. de Montet, t. I, p. 219.*

1796. *Auguste-Abraham-Daniel de Crousaz*, bourgeois de Berne, fils de Frédéric ; mourut en 1798 ; *diction. biogr. de Montet, t. I, p. 220.*

Deux branches de la famille de Crousaz existent aujourd'hui à Lausanne. Il existe, en outre, d'autres familles *De Crousaz*.

91. Crousaz *(à Lutry)*.

Armoriaux : de Mandrot, etc.

Famille de Lutry, dont les armes ont de l'analogie avec celles des *de Crousaz*. Une branche des *Crousaz* a porté le nom de de *Prélaz* ; *diction. Martignier et de Crousaz, p. 765.* Les *Crousaz* furent seigneurs de Corsier, d'Hermenches et de Correvon.

1641. *Noble François Crousaz* ; *diction. Martignier et de Crousaz ; p. 445.*

1689. *Noble Albert Crousaz*, seigneur d'Hermenches ; *idem.*

1764. *Pierre-François Crousaz*, de Corsier sur Lutry, général-major en Hollande ; mourut en 1770 ; *diction. biogr. de Montet, t. I, p. 220.*

Le dernier des *Crousaz* a donné le château de Lutry à la ville de Lutry ; *diction. Martignier et de Crousaz, p. 249.*

Note. Il y a un domaine seigneurial de *Croze, Croussit* ou *Crousaz* près Cossonay ; les seigneurs de ce lieu sont absolument distincts des familles *de Crousaz* et *Crousaz*.

La seigneurie de Croze, près Cossonay, appartenait en 1400 à l'ordre de Saint-Jean de Jérusalem ; t. v, 2e livr. p. 120 ; t. viii, p. 54.

En 1623, *noble Jean du Gard* était seigneur de Crousaz, près Cossonay ; t. v, 2e livr. p. 203.

En 1675, *noble Jean-Pierre Thomasset* était seigneur de Croze et portait le nom de *Mr de Croze.*

92. Cuanet et Cuénet.

Armoriaux : de Mandrot, etc.

Les nobles *Cuaneti* possédaient de toute ancienneté un manoir au haut du village de Goumoens-la-ville; t. XIV, p. XXVI. Les hoirs de noble François Cuénet vendirent en 1447 ce manoir à François de Goumoens, qui l'adopta comme maison seigneuriale de Gumoens-le-Jux, sous le nom de Châtel-dessus. Ce manoir passa vers 1619 aux Chalon de Cully.

Les *de Haller*, de Berne, derniers seigneurs de Gumoens-le-Jux, furent ainsi les derniers successeurs de l'antique et noble famille Cuénet à Gumoens.

vers 1400. *Noble Pierre Cuénet*, donzel de Gumoens; t. XV, p. 405.

vers 1400. *Noble Jean Cuénet*, de Gumoens-la-ville; t. XV, p. 65.

vers 1430. *Noble François Cuaneti;* t. XIV, p. XXVI.

1495. *Noble Pétremand Cuénet,* fils de Jean; t. XV, p. 65 et 738.

1495. *Noble Jean Cuénet*, neveu de Petremand et fils de Pierre; t. XV, p. 65, 70 et 738.

---

93. de Cuarnens et de Moiry.

On rencontre en 1230 un *Ricardus, miles de Cornens* qui paraît être un chevalier de Cuarnens; t. VI, p. 315. Ce personnage est isolé.

Un siècle plus tard on rencontre un *Girard de Cuarnens;* celui-ci était fils de *Girard de Moiry*, lequel était fils de *Jaques de Chabie.* Cette famille changeait alors de nom à chaque génération, paraît-il; t. XV, p. 567.

1278. *Jaques de Chabie*, donzel.

1296. *Girard de Moiry*, donzel, fils de Jaques de Chabie; t. XV, p. 567; t. XXVIII, p. 45.

1296. *Guy de Moiry*, fils de Jaques de Chabie; t. V, 1re livr. p. 73.

1367. *Girard de Cuarnens*, appelé aussi *Girard de Moyrie*, chevalier, fils de Girard de Moiry; t. V, 1re livr. p. 96; t. XV, p. 566 et 567.

1367. *Jaques* ou *Jaquet de Cuarnens*, dernier mâle de sa famille; donzel, fils de Girard de Cuarnens; t. XV, p. 566.

---

94. de la Cuisine.

Armoriaux : de Mandrot, etc.
       Famille de Morges.
1457. *Noble Pierre de Coquina,* propriétaire à Morges ; t. XXIII, p. 438.
vers 1480. *Noble Jean de la Cuisine,* bourgeois de Morges.
1494. *Noble Meyre de la Cuisine,* à Vufflens ; t. XV, p. 432.

---

95. de Cully.

Armorial de Mandrot.
vers 1280. *Maurice de Cully ; diction. Martignier et de Crousaz, p. 296.*
vers 1430. *Noble Jaques de Cully,* héritier des Disy, père de Jaquette ; t. XV,
       p. 343.
1490. *Noble Rolet de Cully,* dernier de sa famille ; *diction. Martignier
       et de Crousaz, p. 296.*

Les nobles *de Cully* paraissent être la souche des *Muriset* et des
Robellin ; idem.

---

96. Curnilliat ou Cornillat.

Armoriaux : de Joffrey ; de Mulinen ; de Mandrot, etc.
1352. *Jean Curnilliat,* bourgeois de Vevey ; t. XVIII, 2ᵉ p. p. 59.
1394. *Henri Curnilliat,* donzel, époux de Mermette de Blonay ; fils de
       Johannod Curnylliat de Vevey. (*Vevey et ses environs,* par
       D. Martignier, p. 75.)
1420. *Rodolphe Curnilliat,* donzel de Vevey et de Lausanne, fils de
       Henri. (Idem.)
1458. *Bérard Curnilliat,* à Lausanne ; t. XXXV, p. 180.
1460. *Noble Girard* ou *Gérard Curnilliat,* à Lausanne ; enseveli en
       1482 dans l'église de Saint-François ; t. VII, p. 637 ; t. XXVIII,
       p. 261 ; t. XXXV, p. 142 et 188.
1482. *Noble Bernard Curnilliat ;* t. VII, p. 660.

*Période bernoise dont les traces sont marquées
dans l'histoire de plusieurs familles.*

1708. *Nicolas Curnilliat*, fils de Jean-Benoît, seigneur de Dullit,
  prouve sa descendance de Girard et reçoit de Berne une
  reconnaissance de noblesse, à Nyon. (*Vevey et ses environs*,
  p. 76.)
1770. *Jean-Emmanuel Curnilliat*, banneret de Nyon, meurt en 1789,
  célibataire et dernier mâle de sa famille. (Idem.)

---

97. de Curtilles ou de Courtilles.

Armoriaux : de Joffrey ; de Mandrot, etc.
1172. *Petrus, miles de Curtili* ; t. XXII, p. 20.
1225. *Rodolfus de Curtilia*, miles ; t. VI, p. 160 et 675.

1370. *Jacques de Curtilles*, à Vevey ; t. XVIII, 2ᵉ p. p. 61.
1431. *Pierre de Curtilles*, docteur ès-lois à Vevey, fils du notaire
  André et époux de Marguerite de Moudon ; t. XV, p. 527 ;
  Vevey et ses environs, par D. Martignier, p. 77.
vers 1450. *Yblet de Curtilles*, fils de Pierre.
1453. *Dnus de Curtilla*, de Viviaco ; t. XXIII, p. 419.
1506. *Claude de Curtilles*, donzel de Vevey, seigneur de Villaraboud
  et bailli épiscopal à Vevey. Dernier mâle de cette famille.
  Vevey et ses environs, par D. Martignier, p. 77. *Armorial
  de Joffrey. Curtilles* est un village près de Lucens.

---

98. de Daillens.

Armoriaux : de Mandrot, etc.
  Les *milites de Daillens* avaient conservé leur immédiateté
  à Daillens ; ils relevaient, sous la maison de Savoie, du bailliage de Vaud. Les familles féodales de Disy, de Boussens, de
  Senarclens et de Daillens ont peut-être leur origine, vers
  l'an 1090, dans les chevanciers du château de Cossonay ; t. V,
  1ʳᵉ livr. p. 10 ; t. XV, p. 714.
1230. *Hugo de Dallens*, chevalier ; t. XV, p. 337 et 714.
1236. *Falco de Dallens*, domicellus ; t. VI, p. 241 et 676 ; t. XV, p. 714.
1336. *Jean de Daillens* ; t. I, 3ᵉ livr. p. 51.

1350. *Pierre de Daillens*, donzel; t. xv, p. 62.

1369. *Jordan de Daillens*; t. xv, p. 714.

1400. *Guionetus de Dalliens* ou *de Daglens*, donzel; condnus de Moleria; t. iii, p. 686; t. xxii, p. 275 et 284; en 1407 à Cossonay; t. viii, p. 55; t. x, p. 395; t. xv, p. 67.

1421. *Claude de Daillens*, donzel, petit-fils de Jordan; t. xv, p. 714.

1437. *Noble Antoine de Daillens*; t. v, 2e livr. p. 73 et 77; t. xv, p. 224.

1440. *Noble Louis de Daillens*.

1461. *Noble Henri de Daillens*, fils de Louis; t. v, 2e livr. p. 85; t. xv,
p. 108 et 347; t. xxiii, p. 420.

1461. *Jaques de Daillens*, donzel, fils de Henri; t. v, 2e livr. p. 57, 85
et 90; t. xv, p. 108.

1494. *Noble Pierre de Daillens*, fils de Jaques; t. v, 2e livr. p. 89;
t. xv, p. 66 et 108. Il mourut sans postérité, et avec lui s'é-
teignit la branche de sa famille qui habitait Cossonay; t. xv,
p. 109.

1500. *Nicod de Dalliens*, donzel, châtelain de Montsalvens, laissa sa
terre en 1503 à son bâtard Jaques. Cette terre passa ensuite
aux nobles Denizat de Chavornay; t. xi, p. 176; t. xv, p. 714;
t. xxiii, p. 166 et 740.

1503. *Jacobus* bastardus Nycodi de Dalliens; t. xxiii, p. 536.

Après l'extinction des nobles de Daillens, la seigneurie de Daillens
passa à divers; t. xv, p. 714 et suivantes.

---

99. Darbonnier ou d'Arbonnier (ou *d'Arsan*).

Armoriaux : de Mulinen; manuscr. de la Biblioth. cant.; de
Mandrot.

1398. *André de Darbonnay*, sire de Cossonay (probablement époux de
Louise de Cossonay); t. v, 1re livr. p. 127.

vers 1590. *Noble Georges Darbonnier*, d'Orbe; t. xv, p. 256 et 351.

1639. *Noble Joseph Darbonnier*, seigneur de Disy, à Cossonay; fils de
Georges; t. v, 2e livr. p. 218; t. xv, p. 256, 351 et 879.

1672. *Noble Louis-Frédéric d'Arbonnier*, seigneur de Disy, lieutenant
baillival et châtelain d'Orbe, petit-fils de Joseph; t. v, 1re
livr. p. 196; t. xv, p. 41, 170, 267, 346 et 879. Son père se
nommait Georges; t. xv, p. 345 et 351.

vers 1700. *François d'Arbonnier*, coseigneur de Disy; *diction. biogr. de
Montet, t. I, p. 11.*

1748. *Louis-Frédéric d'Arbonnier de Disy*, maréchal de camp, fils de François ; *diction. biogr. de Montet, t. I, p. 11*.
Voir l'*Histoire de la ville d'Orbe*, par F. de Gingins, p. 76 et 168.

100. Daux ou d'Aux.

Armoriaux : de Mulinen ; manuscr. de la Biblioth. cant.
1434. *Aymon Daux*, commissaire des extentes à Lausanne ; t. XXVIII, p. 256.
1439. *Jaquet d'Aux*, alias Jacobus de Alpibus, à Lausanne ; t. XXVIII, p. 256.
1469. *Girard Daux* à Lausanne ; t. XXVIII, p. 256.
1476. *Guillaume Daux*, mercator, à Lausanne ; t. XXVIII, p. 256.
1477. *Lud. Daux*, notaire ; t. XXIII, p. 478.
1509. *Rodolphe Daux*, syndic, à Lausanne ; t. XXVIII, p. 256.
1519. *Jean Daux*, mayor de Crissier ; *diction. biogr. de Montet, t. I, p. 226*.
1587. *Noble Ysbrand d'Aux*, bourguemaistre de Lausanne et mayor de Crissier, fils de Jean ; t. XXVIII, p. 256 ; *diction. biogr. de Montet, t. I, p. 226*.
1587. *Georges Daux*, coseigneur de Prilly, grand sautier de Lausanne, fils d'Ysbrand ; *diction. biogr. de Montet, t. I, p. 227*.
vers 1590. *Noble Adrien d'Aux*, à Cossonay ; t. XV, p. 50.
Voir *de Rovéréa.*

des Degrés, voir *Pontherouse.*

Deloës, voir *de Loës.*

Deluz, voir *Dulliz.*

101. Denizat.

Armoriaux : de Mulinen ; manuscr. de la Biblioth. cant. ; de Mandrot.

Les nobles *Denizat* sont de Chavornay ; la terre de Daillens leur est parvenue par alliance avec les nobles de Daillens ; t. xv, p. 714.

---

de Denisiez, voir *Cerjat*.

Dessous-la-tour, voir *Soz-la-tor*.

---

102. de Disy.

Armoriaux : de Mulinen ; manuscr. de la Biblioth. cant. ; de Mandrot.

Cette ancienne famille féodale, éteinte aujourd'hui depuis plus de quatre siècles, tenait le fief de Disy près Cossonay en franc-alleu, mais se soumit avec le temps à la mouvance du château de Cossonay ; t. xv, p. 339.

1150. *Guillaume I*, soit *Villelme de Disy*, chevalier ; t. v, 1re livr. p. 36 ; t. xv, p. 336 et 337.

1221. *Guillaume II*, soit *Wulelme de Disy*, chevalier, fils de Guillaume I et frère de Humbert ; t. iii, p. 259 ; t. vi, p. 295 et 676 ; t. xv, p. 337 ; t. xix, p. 212 ; t. xxvi, p. 204.

1230. *Humbert de Disy*, chevalier, frère de Guillaume II ; t. iii, p. 259 ; t. vi, p. 564 et 676.

1254. *Pierre de Disy*, donzel, fils de feu Humbert ; t. xv, p. 337.

1257. *Guillaume III de Disy*, chevalier, fils de Guillaume II ; t. xv, p. 63 et 337.

1274. *Girard* et *Pierre de Disy*, frères, chevaliers ; t. v, 1re livr. p. 60 ; t. xix, p. 380.

1300. *Marguerite de Disy*, femme de Jaques de Sévery ; t. iii, p. 390.

1305. *Nicolas de Disy*, chevalier ; cité encore en 1349 ; t. xv, p. 338 et 564.

1315. *Vauthier de Disy*, chevalier ; t. v, 1re livr. p. 84 ; t. xv, p. 290.

1320. *Henri* et *Etienne de Disy*, fils de Guillaume III, à Cossonay ; t. viii, p. 33 ; t. xv, p. 338 et 340.

1323. *Mermod de Disy*, donzel à Cossonay ; t. viii, p. 97.

1324. *Guillaume IV* ou *Vuillelmus de Disy*, dit *Challet* ; t. i, 3e livr. p. 203 ; t. viii, p. 43.

1359. *Henri de Disy*, donzel, fils de Girard ; t. xv, p. 59 et 60 ; t. xxvi, p. 99.

1378. *Jean de Disy*, chevalier, bailli épiscopal de Lausanne en 1363 ;
       fils de Nicolas ; t. v, 1re livr. p. 107 ; t. xv, p. 338 et 339 ;
       t. xxii, p. 517 ; t. xxviii, p. 340.

1410. *Aymon de Disy*, donzel, fils de feu Aymon ; t. viii, p. 45 ; t. xv,
       p. 342.

1414. *Etienne de Disy ;* t. v, 2e p. p. 51.

1420. *Jean de Disy*, donzel, fils de Jean et dernier membre connu de
       la famille de Disy ; t. xv, p. 342.

Après l'extinction des *Disy*, la seigneurie de Disy appartint aux Vuippens, aux Chissey, etc. Les Darbonnier d'Orbe furent seigneurs de Disy
de 1603 à 1730 ; à cette époque, la fille unique de Louis-Frédéric Darbonnier, épouse de François-Louis de Pesmes, apporta cette terre à son
mari et par là aux Mestral de Saint-Saphorin qui la possédaient en
1798 ; t. xv, p. 342 à 354.

---

103. de Dommartin.

Armoriaux : de Mandrot, etc.

vers 1130. *Albertus*, villicus de Domno-martino ; t. xii, 2e p. p. 174.

1150. *Bourcard de Dommartin ;* t. xii, 2e p. p. 172.

1217. *P. de Don Martin*, miles ; t. vi, p. 103 et 676.

Pour les *Mayors* de Dommartin, voir le *diction. Martignier et de
Crousaz*, p. 313 et 314.

---

104. de Dompierre.

Armoriaux : de Mulinen ; manuscr. de la Biblioth. cant. ; de
       Mandrot.

1227. *Giroldus de Donpero*, chevalier ; t. vi, p. 330 et 676 ; t. xii, 3e p.
       p. 61.

1230. *Cono de Domno-Petro*, miles, frère de Giroldus ; t. xii, 3e p. p. 61.

1230. *Willerme de Donperro*, donzel, créé chevalier par l'évêque Bo-
       niface à Lausanne ; t. vi, p. lxxiii, p. 47 et 676.

1250. *André de Dom-Pierre*, chevalier ; t. i, 3e livr. p. 35.

1392. *Dnus Petrus de Dompno Petro*, miles ; t. x, p. 368 ; t. xxii,
       p. 231 et 571 ; t. xxiii, p. 276 et 740.

1413. *Noble Loys de Domppierre*, fils de Pierre ; t. x, p. 431 ; t. xxiii,
       p. 276 et 740.

Il existe une famille *de Dompierre*, de Payerne, sans liaison connue avec les personnages ci-dessus.

105. de Donneloye.

Armoriaux : de Mulinen ; manuscr. de la Biblioth. cant. ; de Mandrot.

1174. *Amedeus*, miles de Donneloia ; t. XII, 3e p. p. 24 et 87.
1227. *Petrus de Domnelue*, miles ; t. XXII, p. 33.
1230. *Vmbertus de Donneluja*, miles ; t. VI, p. 214 et 217.
1277. *Reymond de Donneleu*, donzel ; t. XIX, p. 391.

Les *de Donneloye* ont été vidomnes de Moudon. (*Mandrot.*)

106. de Dortans.

Armoriaux : de Mulinen ; manuscr. de la Biblioth. cant. ; de Mandrot, etc.

1498. *Claude I de Dortans*, chevalier, seigneur de l'Isle et de Berchier ; t. V, 1re livr. p. 150 ; t. XV, p. 183 et 588. Originaire du Bugey.
1528. *Noble Claude de Dortans*, ou Claude II, fils de Claude I ; t. XV, p. 588 et 591.
1546. *Noble Pierre I de Dortans*, fils de Claude I ; t. I, 3e livr. p. 113 ; seigneur de l'Isle ; t. V, 2e livr. p. 124 et 134 ; t. XV, p. 189 et 589 ; t. XXVI, p. 14.
1546. *Noble Henri de Dortans*, fils de Claude I ; t. XV, p. 189, 588 à 591.
1577. *Noble et généreux Claude III de Dortans*, seigneur de Saint-Cierge, fils de Pierre 1 ; t. I, 3e livr. p. 432.
1580. *Noble Pierre II de Dortans*, seigneur de Bercher, fils de Pierre I ; t. XV, p. 593.
1586. *Noble Albert de Dortans*, dit *Mr de l'Isle*, fils de Pierre I ; t. V, 2e livr. p. 157 ; t. XV, p. 35, 193, 593.
1600. *Noble François de Dortans*, fils de Pierre II ; t. XV, p. 35.
1600. *Noble Pierre III de Dortans*, fils de Pierre II ; t. XV, p. 35.
1675. *Noble et vertueuse Elisabeth de Dortans*, dame de Grancy, mère de noble Henri de Senarclens ; t. XV, p. 376.

107. Doxat.

Armoriaux : de Mulinen ; manuscr. de la Biblioth. cant. ; de Mandrot.

1737. *Nicolas Doxat,* seigneur de Démoret, feld-maréchal d'Autriche, né à Yverdon, décapité en 1738 ; *diction. biogr. de Montet,* t. I, p. 243.

Les *Doxat* sont une famille d'Yverdon, dont les membres ont été seigneurs de Champvent et de Démoret. Elle possède une lettre de noblesse de l'empereur Ferdinand III (1647) ; *diction. Martignier et de Crousaz, p. 303.*

---

108. Du Bochet.

Armoriaux : de Joffrey, de Mandrot, etc.

Famille originaire de Chernex, dans la seigneurie du Chatelard.

avant 1328. *Rolet dou Boschet,* donzel ; *Vevey et ses environs,* par D. Martignier, p. 67.

1339. *Rodulphus de Boscheto,* domicellus, à Lausanne ; t. XXXII, p. 250.

1425. *Jaquet* dit *dou Bochex,* donzel de Chernex, indiqué comme fils de Richard de Dompierre ; *Vevey et ses environs,* p. 67.

1536. *Nycod Du Bochet,* de Mutru, à Lausanne ; t. XXXVI, p. 320.

Les *Du Bochet* existent encore à Montreux.

---

109. de Duin ou de Duyn.

Armoriaux : de Mulinen ; manuscr. de la Biblioth. cant. ; de Mandrot, etc.

La famille de Duin (*Duyn, Duyns, Duens, Duing* et *Duyng*) est originaire de Savoie.

1225. *Pierre,* sire de Duin ; t. VI, p. 163 et 676 ; t. XV, p. 612.

1274. *Richard de Duyns* ; t. XIX, p. 380.

1290. *Richard de Duin ou de Duyns,* seigneur de Vufflens, fils de Richard ; t. V, 1re livr. p. 77 ; t. XIX, p. 491 et 567.

1290. *Guillaume de Duens* dit *de Conflans*, en Savoie, évêque de Genève ; *diction. biogr. de Montet, t. I, p. 185.*

1293. *Aymo de Duyn*, t. I, 3e livr. p. 187.

1300. *Reymond de Duyn*, chanoine de Lausanne ; t. xv, p. 80.

1305. *Pierre de Duin*, chevalier, seigneur de Vuillerens, fils de Richard et frère de Richard ; t. v, 1re livr. p. 82 ; t. xv, p. 410 et 614 ; t. xix, p. 491 ; t. xxii, p. 151.

1355. *Hugonin de Duin*, fils de Richard ; t. xv, p. 131.

1366. *Richard de Duin*, chevalier, sire de Vufflens-le-chatel, seigneur de la Val d'Isère ; t. I, 3e livr. p. 63 ; t. xiv, p. 174 ; t. xv, p. 131.

1413. *Jean de Duyn*, coseigneur de Bex ; t. xviii, 2e p. p. 72.

1414. *Richard de Duyng*, dnus vallis Ysire, donzel ; t. xxii, p. 321.

1448. *Robert de Duin*, coseigneur de Vufflens, seigneur de Sauveillam ; t. xv, p. 616 et 667.

1448. *Bertrand de Duin*, seigneur de Val d'Isère, coseigneur de Conflans, seigneur de Sauveillame, bailli de Vaud en 1455 et 1456 ; t. xv, p. 616 et 667 ; *diction. biogr. de Montet, 1, 1, p. 185.*

1473. *Pierre de Duyn* ou *de Duin*, coseigneur de Vufflens-le-château ; t. v, 2e livr. p. 106 ; t. xv, p. 84.

1504. *Bertrand de Duin*, châtelain de Chillon ; t. viii, appendice, p. 24.

1518. *Noble et puissant François de Duin*, fils d'Amédée, seigneur de Chasteauvieux ; t. xv, p. 84.

.   .   .   .   .   .

Période bernoise.

.   .   .   .   .   .

110. de Dullit, Dulyz et de Pleasie.

Armoriaux : de Mulinen ; manuscr. de la Biblioth. cant. ; de Mandrot.

Famille originaire de Rolle. Le nom de *Deluz* a été porté par un donzel de Dullit. Les *de Pleasie* semblent appartenir à la famille de Dullit, issue elle-même de celle d'Arnex-Nyon ; t. v, 1re livr. p. 180.

1202. *Pierre de Plasei, Playsie* ou *Plaisie*, miles ; cité encore en 1219 ;

      t. v, 1ʳᵉ p. p. 33; t. vi, p. 104 et 464; t. xii, 1ʳᵉ p. p. 62; t. xv, p. 356.

1284. *Jean de Duluyna*, fils de *Willerme de Pleasie;* t. iii, p. 261 et 263.

1301. *Jacques Deluz*, donzel; t. xxxiv, p. 40.

1318. *Jaquet Dulyz*, donzel, peut-être le même que Jacques Deluz. Voir le dessin de son sceau ; t. xxviii, p. 228; châtelain de Rolle; t. xxviii, p. 183 et 184; t. xxxiv, p. 56.

1331. *Nicolet de Dulict ;* t. iii, p. 133.

1360. *Hugonet de Dulict*, donzel, fils de Jaques; t. iii, p. 134; t. xv, p. 356 et 370.

1363. *Vuillelme de Dullit*, donzel, fils de Hugonet; t. xv, p. 370.

1377. *Jean de Dullict*, donzel, t. iii, p. 134 et 138 ; t. xv, p. 357.

1377. *Noble Pierre de Dullit*, fils de Jean et de Marguerite Ferrel ; t. xv, p. 356 et 370.

1427. *Jeannette de Dullit*, apporte la coseigneurie de Dullit à son époux Guillaume de Senarclens; t. v, 1ʳᵉ livr. p. 145.

1450. *Noble Pierre de Dullit;* t. xv, p. 187.

1474. *Noble Jean de Dullit*, à Grancy; cité encore en 1496; fils de Pierre ; t. v, 2ᵉ livr. p. 90; t. xv, p. 187.

1536. *Noble Etienne de Dullit*, coseigneur de Grancy, fils de Jean, fait sa soumission aux bernois à Cossonay; t. xv, p. 361.

1540. *Philiberte de Dullit*, fille d'Etienne et épouse de François Mestral d'Aruffens; t. xv, p. 361.

---

111. d'Echallens ou d'Escharlens.

Ancienne famille de milites.

1170. *Borcardus*, miles de Escharlens ; t. xxii, p. 20 et 572.

1177. *Vldricus*, miles de Escharlens ; fils de Borcard ; t. xii, 3ᵉ p. p. 30; t. xxii, p. 20 et 572.

1220. *Raimundus*, miles de Escharlens ; t. xxii, p. 30.

1220. *Borcardus*, domicellus de Escharleins ; t. xxii, p. 29.

1220. *Petrus*, miles de Escharleins ; t. xxii, p. 30.

---

112. d'Echandens ou d'Echagnens.

Armoriaux : de Mulinen; manuscr. de la Biblioth. cant. ; de Mandrot.

Un document de 1481 rend non douteux que *Eschagnens*
ne soit *Echandens*, près Morges ; t. III, p. 108.

1223. *P. de Eschanens* ; t. VI, p. 299 et 677.

1270. *Jaques Moschet*, d'Echannens, chevalier ; t. XIII, p. 164 ; t. XIX,
p. 383.

1291. *Jean Moschet*, donzel, fils de Jaques ; t. XIX, p. 444. Voir aussi
t. III, p. 618.

Les *Moschet* étaient une branche de la famille féodale d'Echandens ;
on ignore pourquoi elle avait pris ce nom ; t. V, 1ʳᵉ p. p. 373 et 374.

---

113. d'Eclépens ou de Sclepens.

Armoriaux : de Mulinen ; manuscr. de la Biblioth. cant. ; de
Mandrot.

Cette ancienne famille de chevalerie pourrait être la même
que celle des *Grasset*.

1154. *Thurumbert d'Eclépens ;* t. XII, **3ᵉ** p. p. 16.

1187. *Guillaume d'Eclépens ;* t. XII, **3ᵉ** p. p. 108.

1230. W. *desclepeins*, peut-être le même que W. *Grassez* (voir *Grasset*) ; t. VI, p. 85 ; t. XII, **3ᵉ** p. p. 62.

1235. Drogo de Sclepens, miles ; t. XII, 3ᵉ p. p. 62.

1235. *Jordanus de Sclepens*, miles ; t. XII, 3ᵉ p. p. 62 et 92.

1260. *Girardus de Esclepens ;* t. I, 3ᵉ livr. p. 173.

vers 1260. *Aymonet d'Eclépens*, chevalier, fils de Girard ; t. V, 1ʳᵉ livr. p. 73.

1269. *Amauri d'Eclépens*, donzel ; t. XXVIII, p. 358.

1293. *Wullielmus de Esclepens ;* t. I, 3ᵉ livr. p. 187.

1300. *Jaques d'Eclépens*, donzel, père de Jaquet de La Sarra, donzel ;
t. XII, 3ᵉ p. p. 120. Voir *de La Sarra.*

La seigneurie d'Eclépens appartint plus tard à divers ; en 1624, noble
Albert de Gingins était seigneur d'Eclépens.

---

114. d'Ecublens.

Armoriaux : de Mulinen ; manuscr. de la Biblioth. cant. ; de
Mandrot.

Ancienne maison féodale.

1142. *Petrus, miles de Escublens ;* t. XII, 3ᵉ p. p. 7.

1142. *Raymundus, miles de Escublens;* t. XII, 3e p. p. 7.

1142. *Uldricus, miles de Escublens;* t. XII, 3e p. p. 8.

1142. *Humbert de Escublens;* t. XII, 3e p. p. 8.

1161. *Nantelmus de Escoblens,* chanoine de Lausanne, évêque de Sion, 1196-1203; t. VI, p. 677; t. XII, 2e p. p. 18, 19 et 235; t. XXIX, p. 137 et 563; *diction. biogr. de Montet, t. I,* p. 267.

1181. *Guillaume d'Ecublens,* évêque de Sion *avant* Nantelme. Il mourut en 1196; t. XIX, p. 124 et 563; *diction. biogr. de Montet, t. I, p. 267.*

1212. *Guido, miles de Escublens;* t. XII, 1re p. p. 38.

1215. *Ebalus de Escublens;* t. I, 3e livr. p. 148.

1222. *Guillaume d'Ecublens,* évêque de Lausanne de 1222 à 1229; fils de Pierre; t. VI, p. 47 et 677; *diction. biogr. de Montet, t. I, p. 267.*

1237. *Guillaume d'Ecublens,* chevalier, dit *parvus;* t. XXII, p. 40 et 41.

1249. *Guillaume d'Ecublens,* chevalier, dit *magnus;* t. I, 3e livr. p. 33 et 172; t. XX, p. 272; t. XXII, p. 40 et 41.

1262. *Rodolphe d'Ecublens,* cité encore en 1291; fils de Guillaume; t. XIX, p. 333 et 447.

1274. *Jean et Wullelme d'Ecublens,* chevaliers; t. XIX, p. 381.

1290. *Nicolas d'Ecublens,* donzel à Etagnières; t. XIV, p. 72 et 315; t. XIX, p. 437.

1394. *Pierre d'Ecublens,* donzel; t. VII, 1re livr. p. 272.

1405. *Anthonius de Escublens,* domicellus; t. VII, 2e livr. p. 487.

1494. *Noble Jean d'Ecublens,* donzel à Ecublens; t. XV, p. 703.

---

115. d'Ependes ou d'Espindes.

Ancienne famille de chevalerie, éteinte dès longtemps.

1172. *Hugo de Espindes,* miles; t. XIX, p. 131; t. XXII, p. 20 et 22.

1174. *Petrus, miles de Espinnes;* t. XII, 3e p. p. 24; t. XIX, p. 131.

1174. *Albertus, miles de Espinnes;* t. VI, p. 137; t. XII, 3e p. p. 24.

1174. *Conrad, Guy et Henri d'Ependes;* t. XIX, p. 131.

1217. *W. de Espindes,* miles; t. VI, p. 120.

1217. *R. de Espindes,* miles, fils de W.; t. VI, p. 120.

1278. *Pierre d'Ependes;* t. XIX, p. 395.

1278. *Jacques d'Ependes;* t. XIX, p. 395.

La terre d'Ependes a été érigée en seigneurie par les Bernois, dans le seizième siècle, en faveur de la famille *du Plessis;* t. I, 3e livr. p. 113.

---

116. Evrard.

Armoriaux : de Mulinen ; manuscr. de la Biblioth. cant. ; de Mandrot.

vers 1480. *Mermet Evrard,* donzel de Brussins (Bursins); t. III, p. 130 et 758.

1489. *Noble Anthoine Evrard,* de Lausanne, fils de feu Mermet; t. III, p. 130 et 758.

---

117. Eynard.

Armoriaux : de Mandrot, etc.

Les *Eynard* sont issus d'une famille noble du Dauphiné ; ils existent encore à Rolle. Voir t. XI, p. 342.

1480. *Raymond Eynard,* seigneur de Monteynard; t. XI, p. 342 et 343.

1489. *Lantelme,* fils aîné de Raymond. (Idem.)

1500. *Pierre Eynard,* frère de Lantelme. (Idem.)

1500. *Hector Eynard,* seigneur de Chalençon, Montfort, etc. (Idem.)

1512. *Louis Eynard,* fils d'Hector.

1528. *Catherine de Monténard, Monthenard, Montaynard* ou *Monteynard;* t. XI, p. 342 et 343.

---

118. Farel.

Armorial de Mandrot.

1529. *Guillaume Farel,* de Gap en Dauphiné, réformateur. Mourut en 1565; t. XXXVI, p. 101 et 361; *diction. biogr. de Montet, t. I,* p. 296.

1550. *Noble Claude Farel,* gentilhomme français établi à Senarclens, frère du réformateur Guillaume; t. V, 1re livr. p. 153.

1550. *Noble Gauchier Farel*, frère de Guillaume et de Claude, achète
avec Claude la maison forte de Senarclens; t. v, 1re livr.
p. 153; t. xv, p. 241 et 315; t. xxvi, p. 32.
1581. *Noble Jaques Farel*, à Boussens; t. xv, p. 166.
1620. *Noble Pierre Farel*, bourgeois de Cossonay; cité encore en 1642;
t. v, 2e livr. p. 194 et 220.
1697. *Catherine* et *Louise Farel*, filles de Pierre, moururent à Cossonay dans la pauvreté, derniers rejetons des nobles Farel.

119. Fatio.

Armorial de Mandrot.
1650. *Jean-Baptiste Fatio*, originaire de Chiavenna; acheta la seigneurie de Duiller; *diction. biogr. de Montet, t. I, p. 302.*
1706. *Jean-Christophe Fatio de Duiller*, fils de Jean-Baptiste; *diction·
biogr. de Montet, t. I, p. 304.*
1707. *Nicolas Fatio*, seigneur de Duiller, fils de Jean-Baptiste; mourut en Angleterre en 1753; *diction. biogr. de Montet, t. I,
p. 302.*

120. de Faucigny.

Armoriaux : de Mulinen; manuscr. de la Biblioth. cant.; de
Mandrot.

La maison des sires de Faucigny appartient à la Savoie et
ne trouve pas sa place ici. Elle paraît toutefois avoir possédé
des droits féodaux sur la rive septentrionale du Léman. Voir
de Blonay, de Lucinge, et t. vi des *Mém. et doc.*, p. 41 et 678.

Il a existé, en outre, à Vevey, une famille *de Faucigny* qui
doit être tout à fait distincte, de petite noblesse, et dont les
armes n'ont aucun rapport avec celles des barons souverains
de Faucigny. Ces *de Faucigny*, jadis bourgeois de Vevey et
que l'armorial de Mandrot donne comme étant de Fribourg et
de Payerne, paraissent s'être transportés à Fribourg avant
1454. Voir *Vevey et ses environs*, par D. Martignier, p. 77 et 78.
1358. *Aymon de Faucigny*, notaire.
1417. *Aymon de Faucigny*, châtelain de Corsier pour les nobles de
Compey; *Vevey et ses environs*, p. 78.

121. Favre (ou Fabre) de Begnins.

Armoriaux : de Mulinen ; manuscr. de la Biblioth. cant. ; de Mandrot.

1397. *François Fabre de Bignins,* notaire ; t. xv, p. 726.

1411. *Pierre Fabri,* fils de Girod Fabri, seigneur de Begnins ; d'origine savoisienne ; chanoine de Genève, évêque de Riez de 1411 à 1415 ; *diction. biogr. de Montet, t. I, p. 296.*

1529. *Jean Fabre,* de Bignyn, héritier de Sébastien de Sévery ; t. III, p. 401.

1531. *Noble Jacques Fabre* (Fabry), de Begnins ; t. xxxiv, p. 83 et 85.

1531. *Noble Pierre Fabre* ou *Favre,* de Begnins ; t. xxxiv, p. 83 et 85.

1544. *Noble Urbain Favre ;* t. xxxiv, p. 85.

1589. *Noble Jean Favre de Bignyn,* seigneur du Martheray ; t. xv, p. 476 et 670.

---

122. Ferlin ou Fellyn.

Armoriaux : de Mulinen ; manuscr. de la Biblioth. cant. ; de Mandrot.

1226. *G. de Ferlens ;* t. vi, p. 538.

vers 1360. *Uldriodus de Fellens,* donzel ; t. xxiii, p. 367 et 368.

vers 1360. *Willelme de Fellens,* donzel ; t. xxiii, p. 367 et 368.

1393. *Aymon de Fellens,* fils de feu Willelme ; t. xxiii, p. 367 et 742.

1393. *Perrodus de Fellens,* donzel, fils de feu Uldriodus ; t. xxiii, p. 367 et 368.

1393. *Johannes de Fellens,* donzel, fils de feu Uldriodus ; t. xxiii, p. 367 et 368.

1413. *Richard de Ferlins,* à Montagny-le-Corboz ; cité de 1392 à 1437 ; t. xiv, p. 155, 371 et 399.

1415. *Yvonet Fellyn,* châtelain de Jougne, écuyer ; t. xiii, p. 87.

1470. *Aymond Ferlin,* châtelain de Jougne ; t. xiv, p. 257 et 261.

1505. *Guillaume Fellin* (Ferlin), donzel de Jougne ; t. xxviii, p. 429.

1523. *Noble Jaques Ferlin ;* t. xxiii, p. 564 et 569.

1553. *Noble André Ferlin,* châtelain d'Aubonne ; t. xv, p. 471 ; t. xxiii, p. 304 et 601.

1562. *Noble Claude Ferlin,* seigneur d'Orsens ; *diction. Martignier et de Crousaz, p. 708.*

1604. *Noble Jean Ferlin*, châtelain de Jougne, seigneur d'Orsens.
(*Idem.*)

L'armorial de Mandrot donne les *Ferlin* comme *seigneurs de Yens*.

---

123. Ferrel.

Les *Ferrel* (*Ferecz*, *Ferrex*, *Ferrens*, et peut-être *Ferrel*) étaient une importante famille de chevalerie, qui pourrait être la même que celle des *de Penthalaz*. Un *Reymond de Pentala*, chevalier, est mentionné vers 1220 au cartulaire de Lausanne; t. XV, p. 8, 9, 56 et 57.

1180. *Turumbert Ferrel*; t. XV, p. 100.
1180. *Willelme Ferrel*, fils de Turumbert; t. XV, p. 100 et 356.
1180. *Narduin Ferrel*, fils de Turumbert; t. XV, p. 100 et 356.
1180. *Pierre Ferrel*, à Sullens, neveu de Turumbert; t. XV, p. 100 et 101.
1180. *Hugues Ferrel*, à Sullens, neveu de Turumbert; t. XV, p. 100 et 101.
1220. *Guillaume Ferecz* ou *Ferrex*, chevalier à Penthallaz; t. V, 2e livr. p. 475; t. XV, p. 57.
1264. *Ferrel*, de Cossonay, gentilhomme; t. XIII, p. 154.
1270. *Jaquet Ferrel*, donzel; t. XV, p. 356.
1300. *François Ferrel*, de Grancy, fils de Jaquet; t. V, 2e livr. p. 476; t. XV, p. 356.
1330. *Marguerite Ferrel*, fille de François et épouse de Jean de Dullit, fait passer l'héritage des Ferrel aux donzels de Dullit; t. XV, p. 57 et 356.

---

124. Ferret.

Armorial de Mandrot. (*Ferret*, seigneurs de Grancy.)
Cette famille est peut-être la même que celle des *Ferrel*.
1216. *Willermus de Ferretes*; t. VI, p. 136; peut-être le même que Guillaume Ferrel.

125. de la Fléchère.

Armoriaux : de Mulinen; manuscr. de la Biblioth. cant. ; de
 Mandrot.
1728. *Guillaume de la Fléchère,* banneret à Nyon.
1757. *Louis-Frédéric de la Fléchère,* à Nyon.
1778. *Jean-Guillaume de la Fléchère,* fils de Guillaume; *diction. biogr.
 de Montet, t. II, p. 22.*
1798. *André-Urbain de la Fléchère,* sénateur de la République helvé-
 tique ; fils de Louis-Frédéric ; *diction. biogr. de Montet, t. II,
 p. 23.*

126. de Font ou de Fonz.

La seigneurie de Font est sur le bord oriental du lac de Neuchâtel, au canton de Fribourg ; t. XVIII, 2e p. p. 106 ; t. XIX,
p. 357 et 358.
1154. *Berlin de Fons;* t. XXVI, p. 144.
 — *Amaldric, miles de Font;* t. XXVIII, p. 11.
1200. *Guillaume de Font.*
1218. *Petrus de Fonz;* t. VI, p. 122; chevalier; t. XXII, p. 28.
1223. *Aymon de Font,* dit *le Roux,* fils de Guillaume, fait une conven-
 tion avec l'abbaye de *Théla,* soit Montheron sur Lausanne ;
 t. XII, 3e p. p. 109.
1223. *Ulric de Font,* cousin d'Aymon le Roux ; t. XII, 3e p. p. 109.
1223. *Aymon de Font,* cousin d'Aymon dit le Roux ; t. XII, 3e p. p. 109.
1228. *Dominus Raymundus de Fonz;* t. VI, p. 2 et 678; t. XXII, p. 28.
La seigneurie de Font appartint plus tard à la famille *de la Mollère ;*
en 1011 elle appartenait déjà à la maison d'Estavayer.

127. de Foras.

Armoriaux : de Mulinen ; manuscr. de la Biblioth. cant. ; de
 Mandrot.
Les comtes de Foras ont habité Lausanne.

128. Forel.

Armoriaux : de Mandrot, etc.
1429. *Jaquetus de Forel*, condnus de Fon; t. XXII, p. 557.

Famille *Forel* de Morges et de Cully, seigneurs de Bussy, de Chavannes et de Roman-dessous :
1651. *Jean-Emmanuel Forel*, à Morges; t. XV, p. 256.
1689. *François Forel*, lieutenant baillival de Morges; t. XV, p. 708.
1736. *François Forel*, docteur en droit, banneret de Morges; t. XXVI, p. 77.
1795. *Jean-Emmanuel Forel*, seigneur de Chavannes-sur-le-Veyron, fils de François, détenait la dite seigneurie à la révolution; t. XXVI, p. 77.

---

129. Frelions.

Il a existé une ancienne famille féodale du nom de *Frelions;* t. V, 1re livr. p. 73.
1177. *Willelmus, miles de Vilar-Frelon;* t. XII, 3e p. p. 30.
1177. *Raimundus*, frère de Willelmus; t. XII, 3e p. p. 30.
1217. *Freluns*, miles; t. VI, p. 120.
1219. *Lodouicus de Vilar Frelun;* t. VI, p. 122.
1291. *Aymonnet Frelions*, donzel, à Villars-Boson; t. XV, p. 559.
vers 1300. *Girard* dit *Freylion* de Cuarnens, chevalier; t. XV, p. 560.
vers 1350. *Jaques*, fils de Girard; t. XV, p. 560.
1377. *Aymonet Freylion*, de Cuarnens, donzel, fils de feu Jaques; probablement le même qu'*Aymon Freylon*, de Cuarnens, donzel en 1364; t. V, 1re livr. p. 107; t. XV, p. 560; t. XXVIII, p. 391.
— *François Freylon*, de Cuarnens, fils d'Aymon; cité en 1364; t. XXVIII, p. 391.

Villar-Frelon, situé entre Suchy et Essertines, se nomme aujourd'hui *le Villaret;* t. VI, p. 3.

---

de Fresneville, voir *du Gard.*

130. Frossard.

Armoriaux : de Mulinen; manuscr. de la Biblioth. cant.; de Mandrot.

On rencontre des *Frossard* dans plusieurs parties du Pays de Vaud : à Baulmes en 1432, t. XIII, p. 90 ; à Brenles en 1513, t. XXVII, p. 328 ; à Moudon en 1531, t. XXXVI, p. 110.

Une famille *Frossard* de Nyon a donné naissance à deux généraux autrichiens; *diction. biogr. de Montet. t. I, p. 326 et 327.*

Les *Frossard de Saugy* sont de Moudon.

1604. Honorable *Jaques Frossard*, bourgeois de Moudon; t. V, 2e livr. p. 184.

1751. *Denis-Guérard Frossard de Saugy*, à Moudon; *diction. biogr. de Montet, t. I, p. 324.*

1798. *Daniel-Louis Frossard de Saugy*, sénateur, né à Moudon en 1752, fils de Denis-Guérard. Mourut à Vinzel en 1808; *diction. biogr. de Montet, t. I, p. 324.*

Les *Frossard de Saugy* ont été coseigneurs de Brenles; *diction. Martignier et de Crousaz, p. 124.*

---

131. Gachet ou Gaschet.

Armoriaux : de Mulinen; manuscr. de la Biblioth. cant.; de Mandrot.

1266. *Hugo* dit *Gaschet d'Orbe*, chevalier ; t. III, p. 34 et 107.

On rencontre des *Gachet* et *Gaschet* en Gruyère, où ils sont clercs, notaires et bannerets; t. XI, p. 425, en 1550, et déjà en 1402; t. XXII, p. 541 ; t. XXIII, p. 54, 397, 479, 579, etc.

1496. *Jaquet Gaschet*, à Cottens; t. XV, p. 469.

1531. *Loys Gachet*, à Lausanne; t. XXXVI, p. 121.

1648. *Noble seigneur Nicolas Gatschet*, bailli de Nyon; t. I, 3e livr. p. 468.

Une famille *Gatschet* possède la bourgeoisie de Berne dès 1558. Voir le *diction. Martignier et de Crousaz, p. 788,* pour les *Gaschet* à Payerne.

132. de Gallera.

Armoriaux : de Mulinen ; manuscr. de la Biblioth. cant. ; de Mandrot.

Les *de Gallera* sont une ancienne famille noble des Clées, t. XIII, p. 72.

1390. *Nicod de Gallera,* de Cletis ; t. XXIII, p. 651. *Nicod* senior et *Nicod* junior, t. I, 3e livr. p. 238.

vers 1395. *Jean de Gallera,* époux de Marguerite Grasset ; t. XV, p. 395 ; père de Claude.

1396. *George de Gallera;* t. I, 3e livr. p. 238 ; en 1436, t. XIII, p. 96.

1444. *Aymonet de Gallera,* donzel, à Cossonay ; t. VIII, p. 62 et 67 ; probablement le même que *noble Aymon de Gallera,* des Clées, châtelain de Cossonay, cité en 1447, t. V, 2e livr. p. 80.

vers 1460. *Guidon de Gallera;* t. XV, p. 395 ; fils de Claude et petit-fils de Jean.

1475. *Noble Hugues de Gallera,* condamné à la décapitation, aux Clées, par les Suisses ; t. V, 1re livr. p. 148 ; *diction. biogr. de Montet, t. I, p. 331.*

1488. *Noble Guillaume de Gallera,* châtelain de Lignerolles ; t. I, 3e livr. p. 93 et 337 ; probablement le même que *Guillaume de Gallera,* seigneur de Chantrans, bailli de Vaud, cité en 1471, t. VIII, p. 441 ; t. XXXV, p. 206 ; châtelain de l'Isle ; t. V, 2e livr. p. 91.

1493. *Noble François de Gallera,* fils de Claude et oncle de Claude ; t. XV, p. 322, 395 et 402 ; t. XXVIII, p. 429. Il était frère de Guy ou Guidon.

1493. *Noble Claude de Gallera,* fils de feu Guidon ; t. XV, p. 322, 395 et 402.

1521. *Noble Jaques de Gallera,* de Ligneroules ; t. III, p. 852.

1521. *Noble Benedict de Gallera,* de Ferreyres ; t. III, p. 852 ; t. XV, p. 536.

1538. *Noble Jean de Gallera,* fils de feu Claude, donzel de Ferrières (Ferreyres) ; t. XV, p. 323. Vente de la mestralie de Rances ; *diction. Martignier et de Crousaz, p. 779.*

Période bernoise.

133. du Gard.

Armoriaux : de Mulinen; manuscr. de la Biblioth. cant.; de
Mandrot.

1540. *Noble Robert du Gard de Fresneville,* ou *de Freyneville,* seigneur de Sansoex en Picardie, gentilhomme français de religion réformée, achète la terre de la Chaux à Cossonay;
t. xv, p. 293 et 401.

1587. *Noble Robert Du Gard* ou *du Gal de Fresneville,* seigneur de
La Chaux; neveu de Robert; t. v, 1re livr. p. 194; 2e livr.
p. 122, 154 et 184; t. xv, p. 297 et 299.

1610. *Noble Antoine Du Gard,* seigneur d'Echichens, fils de Robert et
frère de Pierre; cité encore en 1628; t. v, 2e livr. p. 209;
t. xv, p. 299; t. xxvi, p. 7.

1610. *Noble Pierre du Gard,* seigneur de La Chaux, banderet de Cossonay, fils de Robert; mourut sans laisser de fils; t. xv,
p. 299, 300 et 304.

1623. *Noble Jean Du Gard,* seigneur de Croze ou de Crousaz, fils de
Robert; son petit-fils noble Jean-Pierre Thomasset fut son
héritier; t. v, 2e livr. p. 203; t. xv, p. 140.

1674. *Noble Théodore du Gard,* seigneur d'Echichens, fils d'Antoine;
t. xv, p. 306 et 722.

134. Gaudard.

Armoriaux : de Mandrot, etc.

La famille Gaudard de Lausanne a obtenu des reconnais-
sances de noblesse de Berne et de Fribourg, et possède, dès
1620, la bourgeoisie de Berne.

1547. *Honorable personne Jean Goudard,* d'Echallens, citoyen de Lausanne, fils de feu Pierre; t. xv, p. 417.

1555. *Honorable Mayre Goudard,* coseigneur de Bettens, citoyen de
Lausanne, fils de feu Pierre; t. xv, p. 417 et 419.

1669. *Magnifique seigneur Samuel Gaudard,* commissaire général de
la ville de Berne; t. I, 1re livr. p. 374, et 3e livr. p. 457 et
458.

de Genollier, voir *de Mont.*

135. de Genthod.

Armoriaux : de Mulinen ; manuscr. de la Biblioth. cant. ; de
Mandrot.
   de Genthod, de Genthoux, de Genio.
vers 1450. *Noble Jean de Genthod,* de la terre de Gex ; t. xv, p. 528.
   1496. *Noble Claude-François de Genthod,* donzel, fils de Jean ; t. xv,
      p. 528.
   1496. *Noble Jean-François de Genthod ;* t. xv, p. 528.

---

de Saint-Georges, voir lettre *S.*

---

de Saint-Germain, voir lettre *S.*

---

de Giez, voir *de Pierre.*

---

136. Gignillat ou Genilliat.

Armoriaux : de Joffrey, de Mulinen, de Mandrot, etc.
   Les *Genilliat, Gegnilliat, Gignillat, Gignilliat,* etc., sont de
   Vevey, originaires de Saint-Saphorin.
   1403. *J. Gignialeti,* notaire ; t. xxii, p. 300.
   1522. *Jo. Gignilliatti,* notaire ; t. xxiii, p. 229 et 745 ; t. xxxvi, p. 363.
   1536. *François Gignillat,* notaire ; t. xxxvi, p. 257.
vers 1690. *Noble Louis Genilliat,* assesseur baillival à Vevey. *Le bailliage
   de Vevey et Chillon,* Vevey 1861, p. 102.

---

137. de Gillarens.

Armorial de Mandrot.
   1225. *Walcherus de Gislarens* et *de Gillarens,* miles ; t. vi, p. 160 et
      181.

---

de Gilliers voir *Mangerot*.

---

138. Gimel ou Gimelli.

Armoriaux : de Mulinen ; manuscr. de la Biblioth. cant. ; de
Mandrot.

La famille *Gimel* ou *Gimelli* était l'une des anciennes familles de Lausanne les plus considérées.

1382. *Perronet Gimelli*, prieur à Lausanne ; t. XXVIII, p. 254.

1390. *Girardus Gimelli*, jurisperitus ; t. XXIII, p. 653. Cité jusqu'en
1416 ; t. III. p. 686 ; t. XII, 3e p. p. 138.

1399. *Nycolas de Gimel* ; t. III, p. 187.

1435. *Urbain Gimelli*, donzel ; t. XXXV, p. 165.

1460. *Humbert Gimelli*, à Lausanne ; t. XXVIII, p. 254.

1481. *Noble Ludovicus Gimelli*, fils d'Humbert, à Lausanne ; t. VII,
p. 730 et 732 ; t. XXVIII, p. 254.

1534. *Noble François Gemel* ou *Gimel*, coseigneur de Prilly, bailli
épiscopal de Lausanne de 1528 à 1536 ; t. VII, p. 686 ;
t. XXVIII, p. 254 ; t. XXXVI, p. 152, 252 et 363.

1542. *Noble Loys Gemel*, bourgmestre de Lausanne ; t. VII, p. 782 ;
t. XXXVI, p. 212 et 215.

1566. *Noble Pernette Gimel* ; t. XV, p. 35.

Il y a peut-être simple coïncidence entre la suppression des mentions
de la famille Gimel et le commencement de la période bernoise.

Nycolas de Gimel pourrait appartenir à une autre famille.

---

139. de Gingins.

Armoriaux : de Joffrey ; de Mandrot ; manuscr. de la Biblioth.
cant. ; etc., etc.

La noble et puissante maison de Gingins, village du district
de Nyon, est l'une des plus anciennes de la haute noblesse
indigène.

1140. *Etienne de Gingins*, frère du sire de Divonne ; t. XXVIII, p. 469.

1180. *Pierre de Gingins*, fils d'Etienne.

1212. *Aymon de Gingins*, chevalier, sire de Gingins, fils de Pierre ;
t. I, 1re livr. p. 113 ; t. XXVIII, p. 470 et 472.

1250. *Henriod de Gingins*, fils d'Aymon et époux de Marie de Coucy ;
t. XXVIII, p. 472.

1293. *Jean de Gingins*, dit Isabelle, fils d'Henriod et frère de *Jacques ;*
t. XXVIII, p. 472 et 473.

1300. *Jean I*, seigneur de Gingins, dit l'aîné, fils de Jean dit Isabelle ;
t. XXVIII, p. 472.

1320. *Perronet de Gingins*, seigneur de Gingins, fils de Jean I ; t. XXVIII,
p. 472.

1374. *Jacques I de Gingins*, seigneur de Gingins, Belmont, etc., chevalier, fils de Perronet, épouse Aymonette de Joinville, fille
du seigneur de Divonne. Ses descendants ont, dès lors,
écartelé leurs armes ; voir les figures 4 et 7 à la fin du tome
XXVIII. — T. XXVIII, p. 475.

1415. *Jean II de Gingins*, chevalier, seigneur de Gingins, Divonne, etc.,
fondateur de la baronnie du Châtelard ; fils de Jacques I et
époux de Marguerite de La Sarra-Montferrand ; t. XXVIII,
p. 476 ; *diction. biogr. de Montet, t. I, p. 358.*

1454. *Jacques II*, seigneur de Gingins, conseiller du duc de Savoie ;
fils de Jean II et père d'*Antoine ;* t. VIII, p. 407 ; t. XXIII,
p. 469 et 521 ; *diction. biogr. de Montet, t. I, p. 360 ;* de
Jean III, de *Claude* et de l'évêque de Genève Amé. (T. XI,
p. 224 ; t. XXIII, p. 199.) Jacques II est la souche de la
branche aînée des Gingins qui s'éteignit en 1659 ; t. XXVIII,
p. 479 à 481 ; *diction. biogr. de Montet, t. I, p. 359.*

1476. *Pierre de Gingins*, seigneur du Chatelard, fils de Jean II et frère
de *Jaques II* et d'*Amédée*, lequel Amédée était seigneur de
Belmont en Sémines et n'eut que des filles. (T. VIII, p. 152
et 153 ; t. XXIII, p. 482 ; *diction. biogr. de Montet, t. I,
p. 359.*) Pierre fut tué en défendant la Tour-de-Peilz ;
t. XXVIII, p. 483 ; *diction. biogr. de Montet.*

1498. *François I de Gingins*, seigneur du Chatelard, capitaine de
Chillon, fils de Pierre et frère de Jacques III et de Claude ;
t. I, 3º livr. p. 105 ; t. VIII, p. 415 ; t. XXIII, p. 166 et 745 ;
t. XXVIII, p. 486.

1525. *François II*, souche des Gingins-La Sarra et frère de Hugues.
Hugues mourut sans postérité ; t. XXVIII, p. 487.

1536. *Aymon de Gingins*, chanoine de Lausanne et de Genève, prieur
de Nyon ; t. XXXVI, p. 262 et 307.

Gingins-La Sarra.

1525. *François II* (voir ci-dessus) était seigneur du Châtelard et de
Divonne, devint baron de La Sarra par son mariage avec

Claude de Gilliers, veuve de Michel Mangerot (voir *La Sarra-Montferrand*). François II était fils de François I ; t. xxviii, p. 489 et suiv.

1583. *Michel-Cathelin de Gingins*, baron de La Sarra et de Divonne, seigneur de Cuarnens et de Moiry, etc., eut pour fils *François III, Pierre* et *Antoine ;* leur postérité mâle s'éteignit en 1808 ; t. xxviii, p. 496 et suiv. Il était fils de François II.

1562. *Jean-François I de Gingins*, baron de La Sarra et de Divonne, fils aîné de François II ; t. xxiii, p. 297 ; t. xxviii, p. 496 et suiv.

1600. *Joseph I*, fils de Jean-François I ; t. xxviii, p. 500 et suiv.

1624. *Sébastien de Gingins*, baron de La Sarra et seigneur de Ferreyres, fils de Joseph I et frère de Jean-François II, d'Albert seigneur d'Eclépens, et de Joseph II qui est mort sans postérité ; t. xxviii, p. 508 et suiv.

1648. *François IV*, fils de Sébastien ; t. xxviii, p. 511 et suiv.

1700. *François-Louis I de Gingins*, baron de La Sarra, fils de François IV ; t. xxviii, p. 512 et suiv. — François-Louis I eut trois fils, tous morts sans postérité (François-Louis II, Albert-Amédée et Victor-Rodolphe). Il eut, en outre, une fille nommée Anne, qui épousa, en 1728, Gabriel-Henri de Gingins, de la branche des seigneurs d'Orny.

Branche des Gingins, seigneurs d'Orny.

1650. *Jean-François II de Gingins*, seigneur d'Orny, fils de Joseph I et frère de Sébastien.

1680. *Joseph III de Gingins*, seigneur d'Orny, fils de Jean-François II.

1700. *Jean-Rodolphe*, quatrième fils de Joseph III.

1728. *Gabriel-Henri de Gingins*, coseigneur d'Eclépens, seigneur de Lussery et de Villars, second fils de Jean-Rodolphe et époux d'Anne de Gingins qui lui apporta la baronnie de La Sarra ; t. v, 2ᵉ livr. p. 434.

1764. *Charles de Gingins*, baron de La Sarra, membre du conseil souverain de Berne, fils de Gabriel-Henri et frère d'*Amédée-Philippe* dont il hérita ; t. xxviii, p. 515.

1795. *Charles-Louis-Gabriel de Gingins*, baron de La Sarra, membre du conseil souverain de Berne, fils de Charles ; t. xxviii, p. 515 et 516. Il eut pour fils *Henri-Victor-Louis, Frédéric-Charles-Jean, Alexandre-Charles, Charles-Alexandre-Frédéric-Louis* et *Albert ;* ces quatre derniers décédèrent sans postérité.

(Extrait des tableaux généalogiques du t. XXVIII des *Mémoires et documents.*)

---

140. Girard des Bergeries.

> *Armoriaux :* de Mulinen; manuscr. de la Biblioth. cant.; de Mandrot.
> Famille originaire du Berry.

1590. *Simon Girard des Bergeries,* reçu bourgeois de Lausanne; *diction. biogr. de Montet, t. I, p. 364.*

1613. *Nicolas Girard des Bergeries,* docteur, fils de Simon; *diction. biogr. de Montet, t. I, p. 365.*

---

141. de Gland.

> *Armoriaux :* de Mulinen; manuscr. de la Biblioth. cant.; de Mandrot.
> Le Pays de Vaud contient deux localités du nom de Gland; toutes deux ont été le siège d'une famille féodale. L'une de ces localités est Gland près Prangins, relevant des sires de Prangins; l'autre est Gland près Vullierens. Il paraît y avoir aussi une famille de Gland originaire de Savoie.
> Voici, rangés par ordre chronologique, divers personnages appartenant à l'une ou à l'autre de ces familles :

1241. *Aymon de Glans,* à Lausanne; t. XXXVI, p. 183 et 363.

1330. *Amédée de Gland,* proche de Vuillerens, donzel; t. XV, p. 614. Voir aussi t. VIII, p. 105.

1344. *Jean de Gland* ou *de Glancz,* donzel; t. XXVI, p. 227.

1349. *Reymondus de Glant,* domicellus; t. XXVIII, p. 196.

1369. *Aymon de Gland,* donzel; t. XXVI, p. 237.

1396. *Johannes,* dictus *Bastard de Gland;* aux Clées; t. I, 3ᵉ livr. p. 237.

1403. *Nycodus, Bastardus de Gland;* t. III, p. 692.

1415. *Guillaume de Gland,* donzel à Lignerolles; t. XXVI, p. 237.

1457. *Noble Jean de Gland,* à Morges; t. XXIII, p. 438.

En 1462, il y avait une famille *de Gland* aux Clées; t. XIII, p. 104.

1489. *Hugonin de Gland,* donzel à Brussins ; t. III, p. 130.
1525. *Noble Jean-François de Gland,* à Saint-Vincent près Gilly ;
      diction. Martignier et de Crousaz, p. 935.
1576. *Noble François de Gland,* à Saint-Vincent. (*Idem.*)

142. de Glérens ou de Glarens.

Armoriaux : de Mulinen ; manuscr. de la Biblioth. cant. ; de
      Mandrot.

vers 1420. *Noble André de Glérens ;* t. XV, p. 583.
1434. *Noble Humbert de Glérens,* seigneur de Glérens en Bresse, de
      Surpierre et de Berchier, chevalier, frère d'André ; cité en-
      core en 1450 ; t. XIV, p. 187 ; t. XV, p. 580 ; t. XXVIII, p. 418 ;
      t. XXXVI, p. 186.
1450. *Noble et puissant Claude de Glérens,* chevalier, fils d'André ;
      t. XV, p. 583 ; t. XXVIII, p. 418 et 419.
1467. *Noble Georges de Glérens,* seigneur de Berchier, fils de Hum-
      bert ; t. XII, 3ᵉ p. p. 146 ; t. XXXVI, p. 186.
1471. *Nicod,* seigneur de Glérens et châtelain des Clées ; t. VIII, p. 440.
1472. *Noble François de Glérens,* seigneur de Berchier et de l'Isle, fils
      de Humbert et époux de Marie de Neuchâtel-Vaumarcus ;
      t. V, 1ʳᵉ livr. p. 192 ; 2ᵉ livr. p. 90, 91 et 95 ; t. VIII, p. 129,
      444 et 505 ; t. XI, p. 59 ; t. XII, 3ᵉ p. p. 146 ; t. XV, p. 107,
      132, 179, 581, 582 et 600 ; t. XXVIII, p. 418.
1476. *Noble François de Glérens,* fils de François. Il mourut jeune et
      sans postérité ; t. XV, p. 183 et 583 ; t. XXVIII, p. 418.
1486. *Noble Louis de Glérens,* seigneur de l'Isle et de Berchier, fils de
      Humbert, succéda à son frère François et fut le dernier
      mâle de sa maison. Il laissa deux filles ; t. XII, 3ᵉ p. p. 146 ;
      t. XV, p. 183 ; t. XXVIII, p. 418.
Le nom de *Glérens* s'est écrit *Lyarens* et *Gleyrens.*

143. de Gléresse.

Armoriaux : de Mulinen ; manuscr. de la Biblioth. cant. ; de
      Mandrot.
La famille de Gléresse a été riche et considérée. La sei-

gneurie de *Gléresse* (*Liereste, Gleyresse, Glerescyz,* etc.) est située sur les bords du lac de Bienne; t. xv, p. 380.

vers 1370. *Ulrich de Gléresse,* chevalier; t. xv, p. 380.

vers 1370. *Jean de Gléresse,* frère d'Ulrich; t. xv, p. 380.

1388. *Henri de Gléresse* ou *de Liereste,* chevalier; t. xv, p. 380; t. xxvi, p. 96.

1434. *Noble Bernard de Gléresse,* coseigneur de Bavois, Lussery, etc.; t. xv, p. 221 et 380.

1445. *Jean de Gléresse,* donzel, à Cossonay; t. v, 2e livr. p. 80.

vers 1450. *Noble François de Gléresse,* seigneur de Bavois; t. xv, p. 229.

vers 1470. *Noble Claude de Gléresse;* t. xv, p. 386.

1470. *Noble Louis de Gléresse,* coseigneur de Bavois, fils de François et époux de Rolette de Daillens; t. xv, p. 110, 229 et 385.

1475. *Jaques de Gléresse,* donzel, seigneur de Bavois et bourgeois de Berne; cité encore en 1505. A cette époque, la famille de Gléresse posséda près de Senarclens un fief qui a pris son nom; t. viii, p. 187; t. xv, p. 40 et 385; t. xxiii, p. 688 et 691; t. xxviii, p. 429.

1494. *Noble Antoine de Gléresse,* fils de Louis; t. xv, p. 40, 110, 186, 229 et 386.

1527. *Noble Pierre de Gléresse,* seigneur de Lussery et coseigneur de Bavois; connu sous le nom de Mr de Bavoy; fils d'Antoine; t. v, 2e livr. p. 116 et 117; t. viii, p. 85; t. xv, p. 386. Dernier mâle de sa famille.

1543. *Nobles Jaquème* et *Marie de Gléresse,* filles de Pierre, épouses de Nicolas d'Aubonne et de Claude d'Arnex, firent passer les biens de la famille de Gléresse aux d'Aubonne et aux d'Arnex; t. v, 2e livr. p. 268; t. xv, p. 134.

---

de Gojonay, voir *de Cojonnex.*

---

144. Golliez, Gollie.

Armoriaux : de Mandrot, etc.

Les *Gollie* ou *Golliez* sont d'anciens bourgeois de Cossonay qui se sont élevés à l'état de noblesse. Ils possédaient des censes à Senarclens, Penthalaz et Cossonay; t. xv, p. 50.

1442. *Pierre Golly* (*Gollié*), bourgeois de Cossonay, juge des causes féodales; t. xv, p. 225.

145. de Goumoëns ou de Gumoëns.

Armoriaux : de Mulinen; manuscr. de la Biblioth. cant.; de Mandrot, etc.

Le nom de *Goumoëns* (*Gomens, Gumoyns, Gomoans,* etc.), est celui de localités situées près d'Echallens. On rencontre un assez grand nombre de personnages portant ce nom de terre avant l'an 1200 déjà; il est difficile d'affirmer qu'ils aient tous appartenu à une seule et même famille.

Le nom de Goumoëns a été porté en outre par la famille *Goumoëns* de Lausanne, et par quelques membres de la famille *de Cicon.*

La famille féodale de Gumoëns, aux douzième et treizième siècles, était en même temps vassale de l'évêché de Lausanne pour ses possessions au Jorat, des sires de Belmont pour ses biens à Pailly, et des sires de Montfaucon, dont elle était le plus important feudataire, pour ses domaines d'Echallens.

La famille de Gumoëns comprend plusieurs branches.

I. *Origines, de l'an 1000 à l'an 1300.*

1060. *Littold de Gumoëns;* t. XXXIV, p. 125. Il apparaît à *Orbe.*

1090. *Albert, miles de Gumoëns,* neveu de Littold; t. XXXIV, p. 126 et 127.

1096. *Burcard de Gumoëns,* vidomne; t. III, p. 72, 73, 179 et 250; t. XXXIV, p. 126 et 127.

1097. *Pierre de Gumoëns,* neveu de Littold; t. XXXIV, p. 126.

1097. *Cono* ou *Cuanon I de Gumoëns,* neveu de Littold; t. XXXIV, p. 126 et suiv.

1140. *Gui I,* ou *Guido* ou *Widon* de Gumoëns, dit *Barata,* neveu de Littold; t. XXVI, p. 144; t. XXXIV, p. 126, 133 et suiv.

1140. *Aymon, Rodolphe* et *Albert,* fils de Cuanon I; t. XXXIV, tableaux généalogiques.

1141. *Louis de Gumoëns;* t. XXXIV, p. 139.

1142. *Petrus de Gumuens (de Turre, de la Tour),* miles; t. XII, 3e p. p. 7.

1142. *Philippe de Gumuens,* frère de Pierre; t. XII, 3e p. p. 13 et 21.

1142. *Jaques* et *Girard de Gumuens,* fils de Pierre de la Tour; t. XII 3e p. p. 7 et 55.

1154. *Narduinus de Gommens,* miles; t. XXXIV, p. 135.

1154. *Rainaldus*, fils d'Albert ; t. XII, 3e p. p. 13 et 21 ; t. XXXIV, p. 135.

1154. *Theuvinus de Gummens ;* t. XII, 3e p. p. 13 et 21.

1154. *Uldric de Gumoëns*, fils de Gui I ; t. XII, 2e p. p. 184 ; 3e p. p. 8, 21 et 89.

1154. *Wuillelme* et *Landri*, fils de Gui I et frères d'Uldric.

1154. *Henri I, miles de Gumoëns*, probablement fils de Cuanon I ; t. XXXIV, p. 139.

1184. *Gui II de Gumoëns*, fils d'Uldric ; t. XII, 3e p. p. 9, 43 et 89 ; t. XIV, p. XXIII.

1184. *Pierre de Gumoëns*, fils d'Uldric ; probablement la souche des *Gumoëns-le-châtel ;* t. XXXIV, p. 134 et suiv.

1184. *Vuillème*, fils d'Uldric et frère de Gui II et de Pierre.

1190. *Giroldus de Gumuens ;* t. XII, 3e p. p. 42 et 55 ; t. XXXIV, p. 136.

1190. *Guido III*, probablement fils de Gui I ; t. V, 1re p. p. 29 ; t. VI, p. XVIII, et t. XIV, p. XXIII.

1217. *Cuanon II*, chevalier, probablement frère de Henri II et père de Henri III, de Renaldus et d'Étienne ; t. VI, p. 102 et 679 ; t. XXXIV, p. 136 et 137.

1218. *Henri III, miles de Gumoëns ;* t. I, 3e p. p. 31 et 163 ; t. VI, p. 105, 156, 158 et 679 ; t. XII, 3e p. p. 58 et 109 ; t. XIX, p. 200 ; t. XXXIV, p. 136.

1220. *Girard de Gumoëns*, chevalier, seigneur de Gumoëns-le-châtel ; t. I, 1re p. p. 203 et 3e p. p. 153 ; t. XXXIV, p. 138.

1221. *Wuillelme* soit *Guillaume* dit *le Roux*, fils de Henri III ; t. VI, p. 122, 158 et 679 ; t. XII, 3e p. p. 58, 66, 67 et 110 ; cité en 1254 ; t. XXXIV, p. 138 ; t. XXXVI, p. 176. Guillaume le Roux est considéré comme la souche des *Gumoëns-le-Jux* qui furent forestiers du Jorat pour l'évêque de Lausanne.

1231. *Pierre*, fils de Henri III ; t. I, 3e p. p. 31 et 163 ; t. XVIII, 2e p. p. 95 ; t. XXXIV, p. 137.

1265. *Ebald*, fils de Jaques de Gumoëns-le-châtel ; t. III, p. 219 ; t. XIV, p. XVIII et XIX.

1275. *Jean de Gumoëns-le-Jux*, donzel, forestier du Jorat, fils de Guillaume le Roux ; t. XIV, p. XXII et 59 ; t. XIX, p. 397 ; t. XXXIV, p. 135.

1300. *Jaques de Gumoëns-la-ville*, chevalier, souche des *Goumoëns-la-ville* dont il est le plus ancien membre connu ; t. XIV, p. 118.

II. *Branche des Gumoëns-le-Jux, forestiers du Jorat.*

Cette branche des Gumoëns, aujourd'hui éteinte, tenait en fief de l'église de Lausanne le domaine forestier du Jorat ; ses membres avaient leur sépulture dans l'église abbatiale de Théla (Montheron sur Lausanne); ils étaient avoués héréditaires et gardiens de cette abbaye; t. xii, 3e p. p. iv, viii et xvii.

On a vu ci-dessus que *Guillaume le Roux* est à l'origine de la branche des *Gumoëns-le-Jux*, et que son fils se nommait *Jean*. Les descendants de Jean sont les suivants :

1313. *Jaquet* soit *Jaques de Gumoëns-le-Joux*, donzel, fils de Jean et frère de Girard et d'Antoine I ; t. xii, 3e p. p. 73 et 76; t. xiv, p. xxii ; t. xxxiv, p. 134.

1313. *Girard de Gumoëns-le-Jux,* fils de Jean et père d'Antoine II, qui fut le père de Humbert II ; t. xxxiv, tableaux généalogiques.

1360. *Perrod* soit *Pierre-de-Gumoëns-le-Jux*, chevalier, fils de Jaquet ; t. xii, 3e p. p. 73 et 89; t. xiv, p. 118 ; t. xxii, p. 173, 174 et 176.

1360. *Mermet de Gumoëns-le-Jux*, fils de Jaquet.

1360. *Jean de Gumoëns-le-Jux*, fils de Perrod ; t. xxxiv, tableaux généalogiques.

1385. *Humbert I de Gumoëns-le-Jux*, fils de Perrod ; mourut sans postérité.

1394. *Antoine II de Gumoëns-le-Jux*, cousin germain d'Humbert et fils de Girard ; t. xii, 3e p. p. 75, 88 et 128.

1448. *Humbert II de Gumoëns-le-Jux*, fils d'Antoine II ; t. xii, 3e p. p. 79 ; t. xiv, p. 223 ; t. xxxiv, tableaux généalogiques ; t. xxxvi, p. 176.

Humbert II donna au pape le château de Gumoëns-le-Jux, dit *le Crau;* t. xiv, p. 223.

La branche des Gumoëns-le-Jux s'éteignit à peu près à cette époque.

III. *Branche des Gumoëns-le-châtel* ou *Gumoëns-Saint-Barthélemy.*

Le château de Saint-Barthélemy, près d'Echallens, se nommait jadis Gumoëns-le-châtel. Dès 1518 il a été désigné de préférence sous le nom de Saint-Barthélemy, qui est celui d'une chapelle voisine.

Parmi les personnages qui forment les origines de la maison de Gumoëns, on trouve en 1184 un Pierre de Gumoëns qui est la souche probable des Gumoëns-le-châtel. Dès lors on rencontre encore :

Vers 1350. *Iblet* ou *Ebald de Gumoëns-le-châtel ;* t. xiv, p. 58.

1373. *Girard*, coseigneur de Gumoëns-le-châtel, fils de feu Iblet, t. xiv, p. 58.

1373. *Willelme de Gumoëns-le-châtel*, fils de feu Iblet; t. xiv, p. 58.

Vers l'an 1404, la famille de Gumoëns-le-châtel était divisée en deux branches, qui s'éteignirent bientôt toutes deux; t. xiv, p. 172 et 173.

IV. *Branche des Gumoëns-la-ville.*

Cette branche est la seule qui existe encore; elle comprend les seigneurs de *Bioley-Magnou.*

1300. *Pierre de Gumoëns-la-ville*, écuyer, fils du chevalier Jaques; t. xiv, p. 118; t. xxxv, p. 232.

1414. *Noble et puissant François Gumoëns*, seigneur de Biolley; t. xxii, p. 321, 381 et 390; cité encore en 1457; t. xxiii, p. 438.

1448. *Noble Anthoine de Gumens*, t. xii, 3ᵉ p. p. 81 et 88; t. xv, p. 416.

1475. *Loys de Goumoëns*, à Payerne; t. viii, p. 217.

1480. *Noble Pierre de Gumoëns*, seigneur de Bioley-Magnod; t. v, 2ᵉ p. p. 109; t. xiv, p. xlvi.

1480. *Noble François de Gumoëns*, seigneur de Bioley-Magnod; t. v, 2ᵉ p. p. 109; t. xiv, p. xlvi; t. xxxv, p. 233.

1518. *Noble François de Gumoëns*, coseigneur de Bioley-Magnoud, fils de François; t. xiv, p. xxv.

1588. *Noble Pierre de Gumoëns*, seigneur de Correvon, de Lavigny, etc., coseigneur d'Aubonne; t. xxvi, p. 294 et 295.

1618. *Noble Claude de Gumoëns*, fils de Pierre; mort sans postérité; t. xxvi, p. 295.

1666. *Noble Frédéric de Goumoëns*, seigneur de Goumoëns-la-ville; *diction. biogr. de Montet, t. I, p. 388.*

1670. *Noble Jean-François de Goumoëns*, époux de Marguerite Loys.

1709. *Jaques-François de Goumoëns*, seigneur de Corcelles et d'Oppens, brigadier en Hollande, fils de Frédéric; *diction. biogr. de Montet, t. I, p. 389.*

1729. *Georges de Goumoëns*, seigneur de Goumoëns-la-ville, d'Orsoud, etc., colonel, fils de Jean-François; *diction. biogr. de Montet, t. I, p. 389.*

1787. *Nicolas-Théodore de Goumoëns*, général-major en Hollande, mort à Orbe en 1800; *diction. biogr. de Montet, t. I, p. 390.*

1797. *Sigismond-Emmanuel de Goumoëns*, né à Lonay sur Morges en 1753, membre du conseil souverain de Berne; massacré en 1798; *diction. biogr. de Montet, t. I, p. 391.*

Les *de Goumoëns* sont bourgeois de Berne dès 1638.

146. Goumoëns.

Armoriaux : de Mulinen ; manuscr. de la Biblioth. cant.; de Mandrot.

    Cette famille est de Lausanne et paraît tout à fait distincte de la famille *de Goumoëns.*

vers 1400. *Jourdain Gumoëns,* de Lausanne ; t. XII, 3ᵉ p. p. 142.

1455. *Mermet Gumuens,* à Lausanne ; t. XXXV, p. 147.

1518. *Noble Claude Goumoëns,* à Lausanne ; t. VII, p. 687.

1581. *Noble Jean Gumoëns,* citoyen de Lausanne ; t. XV, p. 166 et 175.

---

de Gradibus, voir *de Pontherouse.*

---

de Grailly, voir *de Greilly.*

---

de Graisier, voir *de Greysier.*

---

147. Grand.

Armoriaux : de Mulinen ; manuscr. de la Biblioth. cant. ; de Mandrot.

vers 1290. *Guillaume Grant,* d'Ecublens, chevalier ; t. XII, 3ᵉ p. p. 116.

1303. *Jean Grant,* clerc d'Ecublens, fils du chevalier Guillaume ; t. XII, 3ᵉ p. p. 116.

1303. *Henri Grant,* fils du chevalier Guillaume Grant ; t. XII, 3ᵉ p. p. 116.

1475. *Jean Grant,* clerc, bourgeois de Lausanne ; t. VIII, p. 479 ; t. XXVIII, p. 245.

1500. *Dominus Petrus Grant,* à Lausanne ; t. VII, p. 737.

1515. *Dnus Johannes Grant,* jurisdoctor ; t. XXIII, p. 214.

1520. *Jean Grant,* chanoine à Lausanne ; t. XXXVI, p. 21 et 363.

1523. *Gérard Grand,* docteur en droit civil et canon ; t. XXXVI, p. 43 et 363.

1526. *Etienne Grand,* hospes leonis, syndic de Lausanne ; t. XXXVI, p. 47, 156 et 363.

1531. *Anthoine Grant* ou *Grand*, à Lausanne; t. XXXVI, p. 303 et 363.

vers 1540. *Messire Girard Grand*, chanoine de Lausanne; t. XV, p. 404.

Cette famille existe encore. Les *Grand* ont été seigneurs d'Hauteville, par alliance avec les *Cannac; diction. Martignier et de Crousaz*, p. 444.

On trouve, en outre, vers 1490, en Gruyère, une famille *Grant* alias *Bergier;* t. XXIII, p. 146, 480, 497, 687, 746, etc., non qualifiée.

148. de Grandson.

Armoriaux : de Mulinen; manuscr. de la Biblioth. cant.; de Mandrot, etc.

Grandson, ville située au bord du lac de Neuchâtel, porte dans les anciens documents les noms de *Grandissonum, Granchun, Granciun, Gransun, Quantium*, etc.; t. XII, 3ᵉ p. p. 99 et 102.

La puissante maison des dynastes de Grandson a fondé la ville de La Sarra et en a porté le nom. Elle a détaché, en outre, trois rameaux distincts, savoir :

Les *sires de Montricher*, en 1086;

Les *sires de Belmont*, en 1174;

Les *sires de Champvent*, en 1222.

Il paraît y avoir eu une première branche anglaise, très ancienne, de la maison de Grandson; t. XXXIV, p. 322. Il y en eut une seconde, qui suivit Pierre de Savoie en Angleterre et y dura; t. XXXIV, p. 323.

Les trois fils d'Ebal IV sont l'origine des trois maisons de *Grandson-La Sarra*, de *Grandson-Champvent* et de *Grandson-Grandson*.

La maison de Grandson a donc joué dans l'histoire du Pays de Vaud un rôle considérable. Vers l'an 1394, la chevalerie vaudoise était divisée entre les deux factions ennemies des *Grandson* et des *Estavayer;* en 1397, Otton de Grandson fut tué par Girard d'Estavayé, et la maison de Grandson prit fin (t. XIV, p. 158 et 165), à l'exception de la branche bourguignonne qui a subsisté jusque vers l'an 1500 et dont l'auteur est Pierre, frère de Girard en 1222.

Origines.

980. *Lambert I de Grandson*, comte.

980. *Adalbert I*, marquis, frère cadet de Lambert I; t. XXXIV, p. 321.

Lambert I eut Adalbert II pour fils aîné, et Lambert II pour fils cadet. Lambert II fut le père de Lambert III, lequel fut le père de l'évêque de Lausanne, Lambert IV, *diction. biogr. de Montet, t. I, p. 393*, et de quelques autres dont l'extinction fut rapide.

Branche des Grandson-La Sarra.

1058. *Adalbert II*, fils de Lambert I et primat du château de Grandson ; t. XXVIII, p. 345.

1086. *Adalbert III* ou *Adalgod de Grandson*, fils d'Adalbert II et chef de la maison de Grandson, tandis que son frère Rodolphe devient la souche des sires de Montricher. *Otton I, Erluin* et *Pierre* furent aussi des frères d'Adalbert III ; t. XXVIII.

1086. *Rigaud de Grandson*, miles de Grandson, fils d'Adalbert III, fut le père d'*Otton III*, d'*Adémar*, d'*Artaud*, de *Jarenton* et du moine *Pierre*. Leur postérité s'éteint en peu de générations.

1110. *Falcon I de Grandson*, dit *Cuanon*, fils d'Adalbert III et frère d'*Otton II* et de *Rigaud ;* t. XII, 3ᵉ livr. p. 3 et 88. Voir aussi t. III, p. 26.

1126. *Ebal I de Grandson*, qui passe pour avoir bâti la ville de La Sarra ; fils de Falcon I et frère de *Hugues* et de l'évêque *Barthélemy* (évêque de Noyon); t. XXVIII, p. 347 ; *diction. biogr. de Montet, t. I, p. 393.*

1154. *Barthélemy de Grandson* (t. XII, 3ᵉ p., p. 20), seigneur de La Sarra, de Belmont et de Grandson, fils d'Ebal I (t. I, 3ᵉ livr. p. 19), et frère de *Ebal II*, de *Raimond*, de *Vaucher* et de *Cuanun IV; Cuanun IV* fut la souche d'une branche qui produisit quelques générations.

1174. *Ebal III de Grandson*, seigneur de La Sarra et seigneur dominant de Grandson (t. I, 3ᵉ livr. p. 479), fils de Barthélemy et frère de *Jordan*. Jordan est la souche des sires de Belmont.

1200. *Ebal IV*, seigneur de Grandson et de La Sarra, fils d'Ebal III ; t. XIX, p. 203 et 558; t. XXVIII, p. 348.

1222. *Girard*, fils d'Ebal IV (t. XXVIII, p. 349) et frère d'*Henri* qui fut seigneur de Champvent, de *Pierre* (t. XXVIII, p. 350) et de cinq ecclésiastiques, dont un ut *Aymon*, évêque de Genève (t. I, 3ᵉ livr. p. 28; *diction. biogr. de Montet, t. I, p. 393*). Pierre fut la souche des Grandson de Bourgogne, seigneurs de Pesmes, et de la branche des Grandson-Grandson.

1251. *Aymon I*, seigneur de La Sarra (Grandson), avoué de l'abbaye du lac de Joux, fils de Girard et frère du chanoine Willelme ; t. XIII, p. 150 ; t. XIX, p. 270 ; t. XXVIII, p. 356.

1269. *Henriette*, dame de La Sarra (Grandson), fille d'Aymon, épousa le chevalier Humbert de Montferrand, du comté de Bourgogne, qui devint par là sire de La Sarra et avoué du lac de Joux. Henriette a eu deux sœurs.

Les Grandson-La Sarra sont dès lors éteints ; les *La Sarra* depuis cette date appartiennent à la famille des Montferrand jusqu'au moment où ils sont de la famille de Gingins, par les Mangerot.

Branche des Grandson-Grandson.

Cette branche a possédé les terres de Grandson, Ste-Croix, Cudrefin, Grandcour, Bellerive et Aubonne. Elle descend de Pierre, frère de Girard, en 1222.

1338. *Pierre de Grandson ;* t. V, 1re livr. p. 78 ; t. XXII, p. 150 et 160 ; t. XXXI, p. 476.

1370. *Guillaume de Grandson*, dit *le grand*, sire de Ste-Croix et d'Aubonne, chevalier, fils de Pierre ; t. XX, p. 461 ; t. XXII, p. 173 et 575 ; t. XXVIII, p. 115 ; t. XXXIV, p. 531 ; t. XXXV, p. 148 et 232 ; *diction. biogr. de Montet, t. I, p. 394.*

1389. *Hugues*, sire de Grandson, fils d'Othon ; t. XXII, p. 211 ; t. XXXIV, p. 565 ; *diction. biogr. de Montet, t. I, p. 396.*

1397. *Othon de Grandson*, seigneur de Ste-Croix et d'Aubonne, fils de Guillaume. Mort en duel judiciaire à Bourg en Bresse ; t. XXIII, p. 640 ; *diction. biogr. de Montet, t. I, p. 272 et 395 ; diction. Martignier et de Crousaz, p. 36, 271 et suiv.*

Les biens de ces deux derniers personnages furent confisqués et leur famille prit fin. La baronnie de Grandson parvint plus tard à Louis de Châlons, fils du prince d'Orange ; *diction. biogr. de Montet, t. I, p. 141.*

---

149. de Grantie ou de Grancy.

Le village de Grancy a eu sa famille féodale qui s'est éteinte de bonne heure ; t. V, 1re livr. p. 30 ; t. XV, p. 356.

1202. *Hugues de Grantie*, chevalier ; t. XV, p. 356.

1202. *Girard de Grantie*, chevalier ; t. XV, p. 356.

1202. *Wuillelmus* ou *Guillerme de Grantie* ou *de Grancie*, chevalier, cité encore en 1238 ; t. vi, p. 85 et 679 ; t. xv, p. 356.

1274. *Pierre* dit *Pans de Grancie*, donzel ; t. iii, p. 515 ; t. v, 1ʳᵉ livr. p. 60.
— *Aymonod Pan de Grancie*, à Grancy ; t. xv, p. 357.

Les chevaliers Ferrel paraissent avoir été alliés aux chevaliers de Grancy et avoir recueilli leur succession.

La seigneurie de Grancy a été possédée plus tard par la famille de Senarclens ; t. xv, p. 355 et suiv.

------

150. Grasset.

Armoriaux : de Mulinen ; manuscr. de la Biblioth. cant. ; de Mandrot.

Les nobles Grasset sont une ancienne famille féodale.

1228. *W. Grassez de Esclepens*, peut-être le même que *W. desclepeins* (voir d'*Eclépens*) ; t. vi, p. 185 et 223.

1230. *Dominus Otto Grasset* ; t. vi, p. 305.

1269. *Girard Grasset*, chevalier ; t. xxviii, p. 358.

1300. *Henri Grasset*, de la Sarraz, chevalier ; t. xxviii, p. 359.

1303. *Guillaume Grasset*, donzel ; t. xxviii, p. 365.

1304. *Girard Grasset*, donzel, fils d'Henri ; t. xii, 3ᵉ p., p. 116.

1307. *Aubert Grasset*, chevalier, de la Sarraz ; t. xii, 3ᵉ p.; p. 118.

1309. *Girard Grasset*, donzel, fils de feu Jean ; t. xii, 3ᵉ p., p. 119.

1309. *Jean Grasset*, fils de feu Jean ; t. xii, 3ᵉ p., p. 119.

Vers 1340. *Perrod Grasset* ; t. xxviii, p. 392.

1368. *Girard Grasset*, donzel, d'Eclépens, fils de Perrod ; t. xxviii, p. 392.

1368. *Jean Grasset*, donzel, d'Eclépens, fils de Perrod ; t. xxviii, p. 392.

1378. *Mermet Grasset*, donzel, de La Sarra, fils de feu Girard ; t. v, 1ʳᵉ livr. p. 107 ; t. xv, p. 393 ; t. xxviii, p. 392.

1378. *Jean Grasset*, donzel, de La Sarra, fils de Mermet ; cité encore en 1404 ; t. v, 1ʳᵉ livr. p. 107 ; t. xii, 3ᵉ p., p. 135 ; t. xv, p. 395.

1399. *Guillelmus Grasseti*, domicellus ; t. xxii, p. 273.

1406. Hugonet ou *Hugonin Grasset*, donzel, de La Sarra; t. XXVI, p. 254 et 432.

Vers 1400, Marguerite fille de Girard Grasset était l'épouse de noble Jean de Gallera. Dès lors on perd les traces de la famille féodale Grasset, dont la famille de Gallera paraît avoir hérité; t. XV, p. 395.

D'après l'armorial de Mandrot, les Grasset (d'Aubonne) ont été seigneurs de Yens.

---

151. de Greilly ou Grailly, de Coinsins, etc.

Le dessin des armes des *Greilly* se trouve à la fin du t. XXVIII, des *Mém. et doc.*, fig. 6, et dans l'armorial de Mandrot (Grailly).

Grailie, Gralie, Grallei, Grelly est un village du pays de Gex; t. XII, p. 215. La famille de Greilly, ancienne et distinguée, était vassale des sires de Prangins; t. V, 1re p., p. 19.

Les fils de *Pierre de Grailly* ont porté le nom de *Coinsins;* peut-être était-ce comme simple désignation d'origine, néanmoins nous réunissons ici en un seul tableau les personnages ayant porté les noms de *Grailly*, de *Coinsins* et de *Burtigny*.

La maison de Grailly est parvenue, sous le nom de *Foix*, à une grande fortune. Archambaud de Greilly, seigneur de Rolle, épousa Isabelle de Foix; Gaston leur fils prit le nom de *Foix*, et ses descendants devinrent plus tard ducs de Foix; t. V, 1re livr. p. 33.

1120. *Girard de Grailly* ou *de Greilly;* t. V, 1re livr. p. 34.

vers 1180. *Etienne de Gralie;* t. V, 1re livr. p. 33.

1200. *Nantelme de Greilly*, chevalier; t. XII, 1re p., p. 128.

1210. *Pierre de Grailly;* t. XII, 1re p., p. 40.

1210. *Aymon* et *Jean de Coinsins*, fils de Pierre de Grailly; t. XII, 1re p., p. 40.

1212. *Quentin de Coinsins*, fils de *Girod de Burtigny;* t. XII, 1re p., p. 37 et 38.

1213. *Etienne, Michael* et *Gallerus de Quinsins*, fils de *Landri de Quinsins* ou *de Coinsins;* t. XII, 1re p., p. 39.

1214. *Uldric de Gralie*, fils d'Etienne; t. V, 1re livr. p. 33.

1214. *Hugues de Gralie*, frère d'Uldric.

1214. *Anselme* et *Humbert*, milites de Grailly; t. V, 1re livr. p. 32.

1216. *Jacobus de Grallic*, chanoine; t. VI, p. 679.

1217. *J. de Grallic*, miles; t. VI, p. 321.

1245. *Jean de Greilly*, donzel, fils de feu Nantelme ; t. XII, 1re p., p. 128 ; t. XIII, p. 159.
1262. *Renaud de Greilli* ; t. V, 1re livr. p. 165.
1295. *J. de Greliaco*, sénéchal de Guyenne, vicomte de Benauges en Gascogne, etc., t. V, 1re p., p. 393 ; t. XXXIV, p. 55.
1310. *Pierre*, seigneur de Greilly ; t. XXXIV, p. 56.
1455. *Jean de Greilly*, vicaire général à Payerne ; t. XIII, p. 113.

Le titre de *baron de Greilly* était porté en 1550 par le comte Michel de Gruyère ; t. XI, p. 460.

---

de Grevilly, voir *de Chandieu.*

---

152. de Greysier ou de Graisier.

Armoriaux : de Mulinen ; manuscr. de la Biblioth. cant. ; de Mandrot.

Le nom de *Greysier* (*Graisier, Greysi, Greslaco*) paraît avoir été porté par des familles différentes. Il existe un village de *Greysier* ou *Grézy* près de Langin dans le Chablais (t. XXVI, p. 128) ; il existe aussi un village de *Greysi* ou *Graise* près d'Aix-les-Bains, dans le Genevois (t. V, 1re livr. p. 176).

Vers 1180 la seigneurie de Greysi près d'Aix-les-Bains, appartenait à une famille représentée par *Agnès de Greysier.* Celle-ci épousa un fils de *Rodolphe de Faucigny dit l'Allemand.* Ce fils, nommé Guillaume, prit le nom de Greysier et fut la souche d'une nouvelle famille de ce nom, qu'on peut appeler la famille de Greysier-Faucigny.

Greysier-Faucigny.

1180. *Guillaume de Greysier*, fils de Rodolphe de Faucigny ; t. XXVI, p. 128.
1233. *Guillaume de Greysier*, fils de Guillaume ; t. VI, p. LXXV, 65 et 66 ; t. XXVI, p. 128 et 186.
1237. *Noble Radulfe de Greislaco* ; t. XII, p. 32 et 46 ; t. XIX, p. 236 et 281.
1260. *Rodolphe et Guillaume de Greysi* ; t. XIX, p. 325.
1262. *Isabelle de Greysi ou Gresye* ; t. V, 1re livr. p. 171, 176 et 352 ; 2e livr. p. 493.

1332. *H. de Gresiaco*, miles, lieutenant du comte Amédée V à Vevey ;
     t. XVIII, 2ᵉ p., p. 53.

Greysier-Langin.

vers 1240. *Willelmus de Greissiaco ;* t. XXX, p. 603.

1265. *Dnus Willelmus de Grisiaco*, fils de Willelmus ; t. XXX, p. 100
     et 603. Comparer avec *Greysier-Faucigny.*

1282. *Aymon de Greysier*, donzel, mayor de Sion du chef de sa
     femme ; t. XXIV, p. 228 et 380 ; t. XXVI, p. 127 ; t. XXX,
     p. 306 et 603 ; t. XXXI, p. 180 et 629.

1291. *Pierre de Greysier*, donzel, fils de Willelme ; cité encore en
     1312 ; t. XXIV, p. 248 ; t. XXX, p. 422 ; t. XXXI, p. 226 et 629.

1310. *Humbert de Greysier*, donzel ; t. XXXIV, p. 56.

1312. *François de Greysier*, mayor de Sion, fils d'Aymon ; t. XXIV,
     248 et 404 ; t. XXVI, p. 128 ; t. XXXI, p. 226 et 629.

1310. *Guillaume de Greysier*, coseigneur d'Ayent ; t. XXXII, p. 274 et 622.

1373. *Bertholet de Greysier*, donzel, coseigneur de Bex, à Sion ; fils
     de François. Bertholet, ruiné, dut vendre ses terres ; la
     mayorie de Sion fut acquise par l'évêque Tavelli ; t. XXIV,
     p. 251 et 312 ; t. XXVI, p 128 ; t. XXX, p. 575 ; t. XXXII,
     p. 269 et 622.

---

153. Grillard.

Les *Grillard* étaient des donzels d'Eclagnens ; leur famille
était fort ancienne. L'arrière-fief des Grillard, donzels de
Gumoens, faisait en 1300 partie du territoire de Gumoëns-la-
ville.

1154. *Guillaume Grillard ;* t. XII, 3ᵉ p., p. 12, 13 et 105.

1285. *Jacobus Grillard de Clagnens*, ou *Grillart d'Eclagnens ;* t. XIV,
     p. 70.

1291. *Jacobus Grillardi* ou *Grillart*, fils de Jacobus, de Gumoens ;
     t. XIX, p. 444.

Non classés :

1548. *Noble Pierre de Grillier*, seigneur de Villard-Mazelin, à Senar-
     clens ; t. XV, p. 248.

— *Noble Hugues Mazallin de Grilliez*, à Rolle ; t. XXXIV, p. 101.

— *Noble Philippe de Grilliez*, à Rolle ; t. XXXIV, p. 101.

154. de Grolée.

Armoriaux : de Mulinen; manuscr. de la Biblioth. cant.
1370. *Archimand de Grolée;* t. XXII, p. 168.
1413. *Noble Andreas de Grolea;* t. XXII, p. 311 et 313.
1413. *Noble et puissant seigneur Guillelme de Grolea;* t. XXII, p. 311.
1413. *Noble Humbert de Grolea,* dnus Neryaci et de Juz, fils de Guil-
          lelme et époux de Jeanne de Gruyère; t. XXII, p. 311 et 313;
          t. XXIII, p. 457.
1444. *Petrus de Grolee;* t. XXVII, p. 240.
1459. *Anthonius de Grolea,* miles; t. XXIII, p. 445.
1480. *Philibertus de Grolea,* dnus Desluis; t. XXIII, p. 102.
1533. *Méraud de Grolée,* baron de Vivirille; t. XXXVI, p. 154.
1533. *François de Grolée,* seigneur de Vivirille; t. XXXVI, p. 155.

---

155. de Gruffy.

*Armoriaux : de Mulinen; manuscr. de la Biblioth. cant.; de
      Mandrot, etc.*
1458. *Nicolas de Gruffi,* abbé; t. I, 3e livr. p. 251; t. VIII, p. 423. Cet
          abbé du lac de Joux était originaire de St-Saphorin (La-
          vaux). Voir la notice t. I, 3e livr. p. 79 à 85.
1477. *Augier de Gruffy,* à Ecublens, neveu de Nicolas; t. V, 2e livr.
          p. 92; t. XV, p. 701.
1477. *Gabriel de Gruffy,* à Ecublens, frère d'Augier; t. V, 2e livr.
          p. 92; t. XV, p. 701.
1494. *Catherine de Gruffy,* fille de Gabriel et épouse de Louis de Bet-
          tens; t. XV, p. 432 et 702.
1527. *Noble Anthoine de Gruffiaco,* ou Anthoine de Gruffic de Saint-
          Saphorin de Chexbres, à Lausanne; t. XXIII, p. 233 et 234;
          t. XXXVI, p. 65 et 318.
  — *Noble Pierre de Gruffiez;* t. XV, p. 536.
Les Compeys étaient seigneurs de Gruffy vers 1475.

---

156. Grux ou Gruz.

*Armoriaux : de Mulinen; manuscr. de la Biblioth. cant.; de
      Mandrot.*

Cette ancienne famille a possédé un fief à Cossonay. Ce fief avait été concédé vers 1372 et 1379, par Louis de Cossonay, au donzel Johannod Carrel ou Careli, et avait passé ensuite aux nobles Gruz par les *Lucinge;* t. VIII, p. 38; t. XV, p. 31, 33 et 133. Il existe aujourd'hui des *Gruz* en Savoie.

1299. *Grux*, chanoine de Lausanne; t. XIX, p. 478.

1433. *Dnus Jacobus Gruz;* t. XXII, p. 401.

1442. *Honorable Pierre Gruz*, jurisperitus Lustriaci; t. XXIII, p. 403 et 665.

1493. *Noble Jaques Gruz*, de Lutry, reconnaît le fief Carrel à Cossonay, au nom de ses enfants; t. V, 2e livr. p. 89; t. XV, p. 33, 133, 233 et 734; t. XXXIV, p. 72; t. XXXV, p. 154.

1510. *Noble Claude Gru* ou *Gruz*, à Cossonay, fils de Jaques; t. VIII, p. 104; t. XV, p. 718.

1540. *Noble Jean Gruz*, de Lutry, petit-fils de Jaques et époux de Jeanne de Monthey; t. XV, p. 34, 240 et 718.

1543. *Noble François Gruz*, fils de Jean et époux de Claudine Cerjat. Il mourut sans postérité en 1566, de la peste paraît-il, ainsi que sa sœur *Georges*. Le fief Gruz passa aux Cerjat et aux Gimel; t. V, 2e livr. p. 248; t. XV, p. 34 et 133; t. XXVI, p. 82.

---

157. de Gruyère-d'Aigremont.

Armoriaux : de Mulinen; manuscr. de la Biblioth. cant.; de Mandrot.

Cette famille, établie à Cossonay, est une branche illégitime des comtes de Gruyère et barons d'Aubonne et d'Oron. Cette branche a pour souche Antoine de Gruyère, donzel, coseigneur d'Aigremont aux Ormonts, fils du comte Antoine de Gruyère.

1433. *Antoine de Gruyère*, donzel, coseigneur d'Aigremont, fils bâtard du comte de Gruyère; t. XV, p. 506.

1501. *Antoine de Gruyère* se réserve le droit de porter le nom *d'Aigremont; diction. Martignier et de Crousaz, p. 15.*

1560. *Noble François de Gruyère* dit *d'Aigremont*, donzel de Cossonay; t. V, 2e liv. p. 173 et 175; t. XV, p. 503.

1600. *Noble Jean-François de Gruyère d'Aigremont*, seigneur de Sévery par les Chalon; fils de François; t. XV, p. 194 et 503.

1610. *Noble Nicolas de Gruyère*, fils de Jean-François. Il décéda sans postérité; t. XV, p. 504 et 510.

1628. *Noble Pierre de Gruyère*, seigneur de Sévery; fils de Jean-
          François; t. xv, p. 504 et 506.
1650. *Noble Isaac de Gruyère*, seigneur de Sévery, dernier mâle de sa
          famille; fils de Pierre; t. xv, p. 506 et 569.
1666. *Elisabeth de Gruyère*, fille d'Isaac et épouse de Sébastien Char-
          rière, auquel elle apporta la seigneurie de Sévery.

158. Guerry ou Guerricy.

Armoriaux : de Mandrot, etc.
1379. *Noble et provide Etienne Guerrici*, de Lausanne, chevalier et
          bailli épiscopal; t. xviii, 2e p., p. 135; t. xxiii, p. 365;
          t. xxviii, p. 341, etc.
vers 1420. *Urbain Guerry*, fils d'Etienne et décédé sans postérité; t. xxxvi,
          p. 184.

159. Guichard.

1377. *Aymonod* ou *Aymonet Guichard*, bourgeois de Cossonay qui
          parvint à la dignité de chevalier et mourut sans postérité.
   Il possédait un fief à Gollion et un autre fief à Cossonay qui prit le
nom de *fief Guichard*. Sa femme est désignée sous le nom de *dame
Agnès*. Son héritier fut Pierre des Monts, donzel; t. xv, p. 28, 29, 64,
68, 182, 363, 382, 383 et 397.

160. de Guimps.

Armoriaux : de Mandrot, etc.
   Désignée dans l'armorial de Mandrot sous le nom de *Cosson, barons
de Guimps*, cette famille originaire du Périgord est établie aujourd'hui
à Yverdon.

de Gumoëns voir *de Goumoëns*.

161. de la Harpe ou de Laharpe.

Armorlaux : de Mandrot, etc.

avant 1674. *Noble Antoine de L'Harpe*, à Grancy ; t. xv, p. 375.

1738. *J.-F. Delharpe*, gentilhomme du Pays de Vaud ; *diction. biogr. de Montet, t. II, p. 24.*

1753. *Sigismond-Rodolphe-Frédéric de La Harpe*, à Rolle ; *diction. biogr. de Montet, t. II, p. 29.*

1762. *Jean-François de La Harpe*, critique littéraire, fils de J.-F. ; *diction. biogr. de Montet, t. II, p. 24.*

1776. *Noble Louis-Philippe-Samuel de L'Harpe*, seigneur des Uttins et de Yens, citoyen de Lausanne ; t. xv, p. 698 ; *diction. biogr. de Montet, t. II, p. 33.*

1784. *Frédéric-César de Laharpe*, général en Russie, né à Rolle, fils de Sigismond ; *diction. biogr. de Montet, t. II, p. 29.*

1796. *Noble Amédée-Emmanuel-François de L'Harpe*, seigneur de Yens et des Uttins, général français ; fils de Louis-Philippe-Samuel ; t. xv, p. 698 ; *diction. biogr. de Montet, t. II, p. 33.*

---

162. de Hennezel.

Armorlaux : de Mulinen ; manuscr. de la Biblioth. cant. ; de Mandrot.

Famille d'origine lorraine ; seigneurs de St-Martin, d'Essert-Pittet et de la Robelaz.

1627. *Noble Simon de Hennesel*, de Vallorbes ; t. i, 1re livr. p. 302 et 3e livr. p. 138 et 444.

1634. *Noble Albert de Hennezel*, à Cossonay ; t. v, 2e livr. p. 215 ; t. xv, p. 368.

1639. *Noble David de Hennezel*, châtelain de Cossonay ; t. v, 2e livr. p. 218.

1663. *Demoiselles Susanne, Catherine et Jeanne-Marie de Hennezel*, filles d'Albert, à Grancy ; t. xv, p. 373 et 376.

Il existe encore aujourd'hui une famille de Hennezel en France, dans l'Aisne.

163. Hugonin.

Armoriaux : de Joffrey, de Mandrot, etc.

Il y a plus d'une famille Hugonin ; celle qui est qualifiée est de la Tour de Peilz. D'après D. Martignier (*Vevey et ses environs*, p. 80) cette famille aurait porté antérieurement à 1473, et dès 1399, le nom de Borgonyon (Burgondi).

1473. *Louis Hugonin*, notaire, premier de sa famille à porter le nom de Hugonin.

1518. *Nobles Jaques* et *Humbert Hugonin*, anoblis par le duc de Savoie ; fils de Louis ; *Vevey et ses environs*, p. 80.

vers 1560. *Noble Pierre Hugonin*, fils de Jaques. (Idem.)

1587. *Noble Daniel Hugonin*, fils de Pierre.

1610. *Noble Georges Hugonin ; Manuel de Vevey*, du 8 nov. 1610.

1676. *J. Hugonin*, banneret de Vevey ; *Le baillliage de Vevey et Chillon*, Vevey 1861, p. 112.

1709. *Noble Ab.-Estienne Hugonin*, commandeur, à Vevey.

1725. *J.-F. Hugonin*, banneret de Vevey. (Idem.)

1750. *Jean Hugonin*, de Vevey, colonel en Angleterre ; *diction. biogr. de Montet, t. I, p. 426.*

1797. *Francis Hugonin*, général anglais, fils de Jean. (Idem.)

---

164. d'Illens ou de Yllens.

Armoriaux : de Joffrey, de Mulinen ; manuscr. de la Biblioth. cant. ; de Mandrot.

Cette très ancienne famille est d'origine fribourgeoise ; elle tire son nom du château d'*Yllens* dans le canton de Fribourg. On trouve ce nom écrit d'*Yrlens, Derlens*, etc.

1142. *Hugues d'Illens ; Vevey et ses environs*, par D. Martignier, p. 81.

1155. *Thorencus de Yllens*, miles, t. XII, 2ᵉ p., p. 12 et 233.

1181. *Wilelmus de Icliens ;* t. XXII, p. 23.

1188. *Radulfus, miles de Yllens ;* t. XII, 2ᵉ p., p. 47.

1235. *Othon d'Illens*, chevalier, seigneur de St-Martin de Vaud.

1277. *Anselme d'Illens*, de Fribourg ; t. XIX, p. 393.

1277. *Albert d'Illens*, de Fribourg ; t. XIX, p. 393.

1280. *Wilhelm d'Illens*, chevalier ; t. XII, 2ᵉ p., p. 113.

1309. *Pierre d'Illens*, chevalier.

1346. *Pierre d'Illens*, chanoine de Lausanne ; t. XXXIV, p. 12.

A cette époque une branche des *d'Illens* s'établit à Rue dont elle possédait la mestralie, et prit le nom de *Mestral* de Rue ; ses armes étaient chargées d'une roue de sable en abyme. *Vevey et ses environs*, par D. Martignier, p. 82.

1393. *Jean d'Illens*, bailli épiscopal de Lausanne ; t. XII, 3e p., p. 77 ; t. XXII, p. 241 et 579 ; t. XXVIII, p. 341.

1394. *Girard de Illens*, donzel ; t. XXII, p. 240 et 579.

1394. *Pierre de Illens*, donzel ; t. XXII, p. 240 et 579.

1395. *Richard de Yllens*, de Romont, donzel, châtelain des Clées en 1410, fils de feu Jean ; t. III, p. 703 ; t. XXII, p. 241 et 579.

1396. *Henri d'Illens*, donzel, t. XXII, p. 245.

1398. *Nobles Jean* et *Amédée d'Illens*.

1401. *Pierre de Yllens*, donzel, fils de feu Jean, à Romont ; t. XXIII, p. 657 et 750.

1419. *Hugo de Yrlens*, donzel, fils de feu Pierre ; t. XXII, p. 333.

1437. *Rodolphe de Illens*, donzel ; t. V, 1re livr. p. 199, et 2e livr. p. 71 et 77 ; t. XV, p. 36 et 224.

1464. *Noble Anthoine de Illens*, bailli épiscopal de Lausanne en 1430 et de 1457 à 1476 ; t. I, 3e livr. p. 285 et 289 ; t. V, 1re livr. p. 91 ; t. VII, p. 543 ; t. VIII, p. 209 ; t. XII, 3e p., p. 80 ; t. XV, p. 341 ; t. XXII, p. 384 ; t. XXIII, p. 67 ; t. XXXV, p. 142.

1474. *Guillaume d'Illens*, qui fut bailli épiscopal de Lausanne.

1533. *François de Illens* ; t. XXIII, p. 252 et 750.

1533. *Claude d'Illens*, donzel de Cugy ; t. XXIII, p. 252 et 750.

1544. *Jean d'Illens*, donzel de Cugy, reçu bourgeois de Lausanne.

1588. *Noble Guillaume* et *Claude d'Illens* vont s'établir en France, où leur descendance peut exister encore. *Vevey et ses environs*, p. 82.

1593. *Jaques d'Illens*, banderet de St-Laurent à Lausanne, frère de Guillaume et de Claude, et fils de Jean ; souche de la branche vaudoise éteinte aujourd'hui. (Idem.)

La famille d'Illens a possédé plusieurs seigneuries sur Fribourg et dans le Pays de Vaud.

On attribue à la famille *de Tavel* une origine commune avec les *d'Illens* vers l'an 1300, et par conséquent avec les *Mestral de Rue* qui ne s'appelaient pas encore Mestral mais devaient posséder déjà la mestralie de Rue et avoir chargé leurs armes d'une roue de sable. Cette roue, en effet, se retrouve dans les armes des *de Tavel*, avant 1350.

---

de l'Isle, voir **Dortans**.

---

165. Jaquemin.

Armoriaux : de Mandrot, etc.

La famille *Jaquemin* est d'Aigle ; elle a possédé la seigneurie d'Hauteville sur Vevey.

---

166. de Joffrey.

Armoriaux : de Joffrey ; de Mulinen ; manuscr. de la Biblioth. cant. ; de Mandrot.

Les *Joffrey* paraissent originaires de Romont ; il y a eu une famille Joffrey à Blonay et une autre à Vevey.

Le nom de Joffrey paraît être un prénom devenu nom de famille ; on en trouve mention en 1472 sans qualification nobiliaire.

Cette famille, vers 1602, a été l'une des premières à placer devant son nom la particule considérée à tort comme marque de noblesse. (*Vevey et ses environs,* par D. Martignier ; p. 85.)

Les *Joffrey* ont été alliés aux premières familles du pays et ont possédé les seigneuries de Dullit, Colombier, Vuarrens, Belles-Truches, etc.

1498. Le duc de Savoie augmente le blason des Joffrey (Leu et Girard).

1500. *Jean Joffrey,* podestat ; *Vevey et ses environs,* p. 84.

1547. *Noble Jehan Joffrey* de Vivey ; t. XXIII, p. 600.

1600. *André de Joffrey,* banneret de Vevey ; *Le bailliage de Vevey et Chillon,* p. 112.

1627. *Noble Jean-Jacques Joffrey ;* t. XXXIV, p. 101.

1629. *Noble Nicolas de Joffrey,* seigneur de Colombier ; t. XV, p. 627 et 691 ; t. XXVI, p. 71.

1650. *Noble François de Joffrey,* seigneur de Colombier, fils de Nicolas ; t. XV, p. 691.

1674. *Noble Jacques-François de Joffrey,* seigneur des Belles-Truches, à Vevey ; *diction. biogr. de Montet,* t. II, p. 9.

Vers 1690. *Noble et généreux Guérard de Joffrey,* coseigneur de Colombier ; t. XXVI, p. 69.

1694. *Noble André de Joffrey ; Le bailliage de Vevey et Chillon,* p. 107.

1699. *Nobles et généreux Philippe et Hercule de Joffrey.* (Idem.)

1707. *Jacques de Joffrey,* banneret de Vevey.

1748. *Noble Abraham de Joffrey* de la cour au Chantre, général français, fils de Jacques-François; *diction. biogr. de Montet,* t. II, p. 9.

---

167. de Jolens ou de Joulens.

Armoriaux : de Mulinen; manuscr. de la Biblioth. cant.; de Mandrot.

Jolens ou *Joulens* est un ancien village, aujourd'hui ruiné, situé au-dessus de Morges; t. I, 1re livr. p. 112; t. XII, 1re p., p. 216.

1294. *Aymon de Jolens,* chevalier; t. I, 3e livr. p. 38; t. XIX, p. 426.

1314. *Jaquet de Jolens,* donzel; t. XIX, p. 520.

1320. *Nicolas de Joulens;* t. XV, p. 614.

1375. *Isabelle de Jolens,* aux Clées; t. XIII, p. 73.

1457. *Noble Anthoine de Jolens,* baillif de Lausanne; t. XXIII, p. 438.

---

de Jougne, voir *Mayor de Romainmotier.*

---

168. de Joux.

Armoriaux : de Mandrot, etc.

1108. *Landric de Joux;* t. III, p. 250 et 251.

1110. *Amaury de Joux,* fils de Landric; t. III, p. 251.

1225. *Henri,* seigneur de Joux; t. XIX, p. 220.

1263. *Amaudri,* seigneur du château de Joux; t. XIX, p. 336.

1263. *Jean de Joux,* fils d'Amaudri; t. XIX, p. 336, 348 et 349.

1276. *Henri de Joux,* fils d'Amaudri; t. XIX, p. 336, 348, 389 et 391.

1307. *Marguerite de Joux;* t. I, 3e livr. p. 40.

1310. *Jean de Joux,* seigneur de Lièvremont, seigneur du château de Bavois; t. XIV, p. 89.

vers 1340. *Renaude de Joux,* dernière de sa famille; épouse d'Estiard de Mont-Saugeon; t. XV, p. 380.

Non classé :

1475. *Nicolas de Joux,* à Orbe, massacré par les bernois; *diction. biog. de Montet, t. II, p. 15.*

Pour l'histoire des sires de Joux, consulter l'*Histoire généalogique de la maison de Joux*, par le baron J.-L. d'Estavayer, corrigée par C.-D. de Montbéliard, Besançon 1843.

---

169. de Jouxtens.

Armoriaux : de Mandrot, etc.
1481. *Noble Henri Joutens*, à Lausanne; t. VII, p. 730.
Voir *Diction. Martignier et de Crousaz, p. 460.*

---

de Laharpe, voir *de la Harpe*.

---

170. de Lalex ou de la Lex.

Armoriaux : de Mandrot, etc.
D'après l'armorial de Mandrot, cette famille serait originaire de Grandvaux. On la trouve cependant à Lausanne vers l'an 1260, où elle est nommée *de La Lays alias dou Chano;* Lallex est d'ailleurs le nom d'un hameau de la commune de Villette; t. X, p. 175; t. XXVIII, p. 253.
De l'an 1300 à l'an 1500, on rencontre plusieurs prieurs, clercs et notaires du nom de *de Lalex*, à Lausanne; t. XXII, p. 488; t. XXVIII, p. 253; t. XXXV, p. 164; t. XXXVI, p. 121.
1518. *Honorable Guillaume de Lalex*, à Lausanne; t. VII, p. 693; t. XXXV, p. 238.
Vers 1557. *Noble Guillaume de Lalex;* t. XV, p. 442.
1608. *Noble Marie de Lalex*, épouse de noble Pierre de Montherand, propriétaire du petit fief de Lalex près Vufflens-la-ville; t. XV, p. 450.

---

171. de Langin.

Armoriaux : de Mulinen; manuscr. de la Biblioth. cant.; de Mandrot, etc.
Langin est une localité du Chablais, siège d'une famille

> qui relevait immédiatement de la maison de Savoie. (T. VIII, p. 503.) Une branche de cette famille a habité le Valais ; une autre branche s'est fixée à Lausanne.

1265. *Villelmus de Langins*, donzel ; t. XXX, p. 100.

1271. *Pierre*, seigneur de Langin ; t. XIV, p. 153 et 364.

1291. *Aymon de Langins*, mayor de Sion ; t. XXX, p. 430.

1379. *Noble seigneur Rodulphe de Langin*, cité encore en 1400, chevalier, bailli épiscopal de Lausanne en 1394 ; t. V, 1re livr. p. 121 ; t. VII, 1re livr. p. 272 ; t. X, p. 368 ; t. XIII, p. 78 ; t. XVIII, 2e p., p. 72 et 74 ; t. XXII, p. 145 et 580 ; t. XXVIII, p. 341, 399 et 401 ; t. XXXV, p. 131.

1417. *Otho, dnus de Langino* ; t. XXII, p. 413 ; t. XXIII, p. 378.

1441. *Noble et puissant Louis, seigneur de Langin* ; t. XXIII, p. 24.

1460. *Franciscus de Langino*, dnus Vegiaci, ballivus Foucigniaci ; t. XXIII, p. 66.

1460. *Johannes* dnus Vallis Langini ; t. XXIII, p. 67.

1674. *Provide Abraham Langin*, citoyen de Lausanne ; t. XV, p. 173.

---

172. Larguier des Bancels.

Armorial de Mandrot.

> Famille originaire du Languedoc, établie à Lausanne. Les *Larguier* ont été seigneurs de Chavannes, etc.

1771. *Noble Olivier Larguier*, de Sanly en Languedoc, seigneur de Chavannes sur Moudon ; *diction. Martignier et de Crousaz*, p. 184.

---

de La Sarra, voir lettre *S*.

---

de Saint-Laurent, voir lettre *S*.

---

173. de Lavigny.

Armoriaux : de Joffrey ; de Mulinen ; manuscr. de la Biblioth. cant. ; de Mandrot.

1160. *Dalmace de Lavigny ;* t. xii, 2ᵉ p., p. 176 ; t. xxxiv, p. 135.

1160. *Huldricus de Lavignye,* chevalier, frère de Dalmace ; t. xii, 2ᵉ p., p. 176.

1277. *Guillaume de Lavigny,* mestral d'Aubonne ; t. xxvi, p. 200 et 326.

1319. *Rodolphe de Lavigny,* donzel ; t. xxvi, p. 219 et 347 ; t. xxviii, p. 156.

1322. *Rolet de Lavignye,* donzel ; t. xxviii, p. 209.

1338. *Girard de Lauigny,* donzel ; t. vii, 1ʳᵉ livr. p. 107 et 302 ; t. xxiii, p. 713 ; t. xxvi, p. 227.

1347. *Guillaume de Lavigny,* fils de feu Rodolphe ; t. xxvi, p. 227.

1377. *Guillaume de Lavigny,* le jeune, donzel ; t. xxvi, p. 246.

vers 1420. *Noble Humbert de Lavigny ;* t. xv, p. 667.

1432. *Noble Stephanus de Lavignyaco,* domicellus ; t. xxii, p. 335 ; t. xxiii, p. 720 ; t. xxvii, p. 249.

1434. *Vénérable seigneur Pierre de Lavigny,* chanoine de Lausanne ; t. xv, p. 221.

1439. *Guillaume de Lavigny,* chevalier, membre du conseil de Vevey ; t. v, 1ʳᵉ livr. p. 144.

1447. *Noble Othonin de Lavigniaco ;* t. xxiii, p. 408.

1448. *Noble Jean de Lavigny,* fils d'Humbert ; syndic d'Aubonne en 1494 ; t. xv, p. 667 et 668 ; t. xxiii, p. 511.

1474. *Nicod de Lavigny,* châtelain de Morat ; t. v, 2ᵒ livr. p. 93.

1494. *Claude de Lavigny,* seigneur de Sauveillame ; t. xv, p. 668.

1634. *Noble Imbert de Lavigny,* seigneur de Chavannes sur le Veyron ; t. xxvi, p. 295.

1645. *Nobles Imbert et Gabriel de Lavigny,* seigneurs de Lavigny ; t. xv, p. 137, 345 et 465.

1655. *Nobles Jaques-François et Estiennaz de Lavigny ;* t. v, 2ᵉ livr. p. 263.

Non classés :

1320. *Etienne et Jacques de Lavigny,* clercs et notaires ; t. xxvi, p. 219.

1440. *Anthonius de Lavini ;* t. xxiii, p. 400.

L'armorial de Joffrey donne la famille de Lavigny comme éteinte en 1660. L'armorial de Mandrot la donne comme ayant possédé la seigneurie de Yens.

Il a existé une seigneurie de Lavigny appartenant à la maison de Menthon ; t. xxvi, p. 278. Cette seigneurie appartenait en 1558 à Pierre de Gumoëns ; elle passa plus tard à la famille Preux ; t. xxvi, p. 294 et 295.

de L'Harpe, voir *de la Harpe*.

---

174. de Livron.

Armoriaux : de Mulinen ; manuscr. de la Biblioth. cant. ; de Mandrot.

Les *de Livron* sont originaires du Pays de Gex.

1470. *Noble Antoine de Livron*, à Cossonay ; t. xv, p. 475 et 498.

1477. *Claude de Livron*, prieur de Benex, vicaire général de Romainmotier ; t. iii, p. 285 ; t. viii, p. 74.

1496. *Noble Jean de Livron ;* t. xv, p. 66, 475, 498 et 641.

1496. *Noble Etienne ou Estivent de Livron*, cité encore en 1514, fils d'Antoine ; t. xv, p. 66, 475, 476 et 641.

Cette famille a possédé près d'Aclens un fief qui a pris son nom.

---

175. de Loës, Deloës, de Loyes.

Armoriaux : de Mandrot, etc.

Oyes, Oyez est le nom primitif de Château d'Œx ; il est possible que telle soit aussi l'origine du nom de *de Loës*.

1272. *Martin de Loes*, notaire, en Valais ; t. xxx, p. 201.

1377. *Martin (Quartier) de Loes*, notaire public, et juré de la cour épiscopale de Lausanne ; t. xv, p. 14.

1441. *Johannes de Loyes*, notaire ; t. xxiii, p. 21.

1502. *Noble Jean Deloes*, aux Ormonts ; t. xxiii, p. 183.

La famille *de Loës* existe encore à Aigle. Les *de Loës*, d'Aigle, ont été seigneurs de la Roche d'Ollon ; *diction. Martignier et de Crousaz*, p. 675.

---

176. de Loriol.

Armoriaux : de Mulinen ; manuscr. de la Biblioth. cant. ; de Mandrot, etc.

La famille *de Loriol*, barons de Digoine en Bresse, s'est établie dans le Pays de Vaud pour cause de religion ; elle y a possédé la seigneurie d'Etoy.

1719. *Paul de Loriol*, époux de Madeleine Monnier de Lisy, à Etoy ; *diction. biogr. de Montet, t. II, p. 73.*

1779. *Daniel de Loriol*, général hollandais, fils de Paul ; mourut en 1788 ; *diction. biogr. de Montet, t. II, p. 73.*

Cette famille existe encore.

177. de Loys.

Armoriaux : de Joffrey ; de Mulinen ; manuscr. de la Biblioth. cant. ; de Mandrot.

La famille *de Loys* paraît être d'origine fribourgeoise ; son nom est un prénom adopté comme nom de famille. (*Vevey et ses environs*, par D. Martignier, p. 85.)

vers 1360. *Antoine Loys*, à Lausanne.

1377. *Mermet Loys*, juré de l'officialité de Lausanne, fils d'Antoine ; cité encore en 1431 ; t. xxii, p. 213 et 214 ; t. xxviii, p. 250 ; t. xxxv, p. 139, 144 et 366.

1419. *Arthaud Loys*, cité encore en 1458 ; fils de Mermet ; t. vii, 2e livr. p. 525 et 566 ; t. xv, p. 453 ; t. xxviii, p. 250 ; t. xxxv, p. 178 et 366.

1461. *Pierre Loys*, fils d'Arthaud.

1480. *Janin Loys*, fils d'Arthaud et prieur à Lausanne ; t. xxviii, p. 250.

1505. *Spectable seigneur Etienne Loys*, docteur dans les deux droits, seigneur de Marnant et de Middes ; cité encore en 1530 ; t. xv, p. 76 ; t. xxxvi, p. 102, 103, 156 et 170. Héritier de Georgea de Montricher.

1515. *Janin Loys*, maître de la monnaie à Lausanne ; t. xxxv, p. 19, 207, 208, 238.

1515. *Jean Loys*, frère de Janin : t. xxxv, p. 41.

1515. *Jean Loys*, fils de Janin ; t. xxxv, p. 41.

1532. *Aubert Loys*, fils d'Etienne ; t. xxxvi, p. 103, 132 et 366.

1544. *Noble et égrège Jean-Louis Loys*, fils d'Etienne.

1552. *Noble Ferdinand Loys*, seigneur de Prilliez à Lausanne ; t. xxiv, p. 432.

1570. *Noble Sébastien Loys*, seigneur de Denens ; *Vevey et ses environs*, p. 107.

1585. *Noble Jean-Baptiste Loys*, coseigneur de Cheseaux, citoyen et conseiller à Lausanne ; t. xv, p. 128.

1592. *Noble Pierre Loys*, coseigneur de Bettens ; t. xv, p. 420.

1613. *Noble Jean-Pierre Loys*, seigneur de Marnand ; t. xv, p. 345.

1675. *Noble et généreux Jean-Louis de Loys*, seigneur de Villardin, Vuarrens, Orzens, etc.

1675. *Noble Jean-Philippe Loys*, vidomne de Moudon, seigneur de Villardins, etc.; cité en 1684 à Lausanne; t. v, 2e livr. p. 263 ; t. xxvi, p. 295.

1713. *Noble et généreux Sébastien-Isaac de Loys*, seigneur de Vuarrens, fils de Jean-Louis.

1717. *Paul-Etienne Loys de Cheseaux*, banneret, allié de Crousaz ; *diction. biogr. de Montet, t. II, p. 76.*

1721. *Daniel-François Loys*, coseigneur de Middes ; *diction. biogr. de Montet, t. II, p. 77.*

1740. *Charles-Guillaume de Loys de Bochat*, historien, lieutenant baillival à Lausanne ; *diction. biogr. de Montet, t. II, p. 74.*

1750. *Jean-Philippe Loys de Cheseaux*, astronome, fils de Paul-Etienne ; *diction. biogr. de Montet, t. II, p. 76.*

1760. *Jean-Louis de Loys*, allié Cramer, à Lausanne.

1766. *Charles-Louis Loys de Cheseaux*, physicien, fils de Paul-Etienne ; *diction. biogr. de Montet, t. II, p. 77.*

1770. *Etienne-François-Louis Loys de Middes*, brigadier, fils de Daniel-François ; *diction. biogr. de Montet, t. II, p. 77.*

1790. *Jean-Samuel de Loys*, économiste, à Dorigny, fils de Jean-Louis ; mourut en 1825 ; *diction. biogr. de Montet, t. II, p. 78.*

La famille de Loys existe encore à Lausanne et en France.

---

178. de Lucinge.

Armoriaux : de Joffrey ; de Mulinen ; manuscr. de la Biblioth. cant. ; de Mandrot.

Cette famille pourrait se rattacher aux sires de Faucigny. L'armorial de Joffrey la porte comme éteinte, ou du moins retirée en Savoie, après avoir été durant trois générations à Vevey dont elle possédait la bourgeoisie.

Le quartier du *Singe*, à l'est de Lausanne, tire son nom de la noble famille de Lucinge, dont plusieurs membres furent sénéchaux de Lausanne ; t. v, 1re livr. p. 176 ; t. xxviii, p. 248.

Il existe actuellement en France une maison princière de Lucinge-Faucigny.

1226. *Rodolfus de Lucigio ;* t. vi, p. 524.

vers 1300. *Guillaume de Lucinge*, damoiseau ; t. XXVI, p. 214.

1328. *Aymo de Lucingeo*, domicellus, condominus de Dussillier ; t. XXII, p. 105.

1328. *Franczois de Lucinge*, chevalier, sénéchal de Lausanne ; t. VII, 1re livr. p. 102 ; t. XXII, p. 100 ; t. XXXVI, p. 412.

1339. *Jean de Lucinge*, coseigneur de Duzilly, fils de Guillaume ; t. XXVI, p. 214.

1339. *Mermet de Lucinge*, coseigneur de Duzilly, fils de Guillaume, t. XXVI, p. 214.

1343. *Gothofredus de Lucingio*, ou *Godefroi de Lucinge*, évêque de Lausanne ; t. XIV, p. 120 ; t. XXII, p. 480 ; t. XXVIII, p. 248 ; t. XXXIV, p. 12 ; t. XXXVI, p. 396 ; *diction. biogr. de Montet*, *t. II, p. 84.*

1397. *Nicod de Lucinge*, donzel, à Vevey ; t. XXIII, p. 650.

1413. *Aymon de Lucinge*, donzel ; t. III, p. 121 ; t. XXVI, p. 433.

1414. *Amédée de Lucinge ;* t. V, 2e p., p. 51.

1424. *Vaucher* ou *Walther de Lucinge*, à St-Saphorin.

1480. *Noble et puissant Glaude de Lucinge*, coseigneur de Lucinge et d'Arenthon ; t. XXIII, p. 482.

1481. *Noble et puissant Henri de Lucinge*, fils de Glaude ; t. XXIII, p. 482.

1490. *Humbertus dnus Lucingii ;* t. XXIII, p. 496.

1518. *Bertrand de Lucinge*, seigneur de Lucinge ; t. VII, p. 697 ; t. XXIII, p. 220.

1536. *Claude de Lucinge ;* t. V, 2e livr. p. 117.

1587. *Franciscus de Lucingio*, miles, seneschallus Laus.; t. XVIII, p. 118.

   Non classé :

1563. *Fr. de Lucinge*, notaire, à Cossonay ; t. XXIII, p. 344.

---

179. de Lugrin.

Armoriaux : de Mandrot, etc.

1233. *Aymon de Lugrin*, chevalier, du Valais ; t. XXVI, p. 129 ; t. XXX, p. 202.

1272. *Aymo domicellus de Lugrins*, fils de feu le chevalier Aymon ; t. XXX, p. 202.

1272. *Henri de Lugrins*, fils du donzel Aymon.

1272. *Willelme de Lugrins*, fils du donzel Aymon ; t. XXX, p. 202.

1500. *Nicod de Lugrin*, donzel à Morges, époux de Perronette de Gumoëns-le-châtel ; t. XIV, p. XX.

1517. *Françoise de Lugrin*, fille de Nicolas et épouse de Jean d'Aubonne; *Vevey et ses environs*, par D. Martignier; p. 60.

---

180. de Lussery, ou de Luxerie.

1147. *Martin de Luseri*, à Lausanne; t. xv, p. 379.

1344. *Guillaume de Luxerie*, donzel, à Cossonay; t. xv, p. 379.

Après l'extinction de la famille féodale de Lussery, la seigneurie de Lussery appartint à divers. En 1403 elle appartenait aux *de Gléresse*; plus tard aux nobles d'Aubonne, puis aux Gingins d'Eclépens; t. xv, p. 389.

---

181. de Lutry.

Armoriaux : de Mulinen; manuscr. de la Biblioth. cant.; de Mandrot, etc.

Lutry a eu des *prieurs*, des *mestraux* et des *mayors*.

Prieurs. Consulter entre autres t. vi, p. 681.

1323. *Jean de Lutry*, abbé; t. i, 3e livr. p. 43.

1323. *Berthold de Lutry*, chanoine, parent du précédent. (*Idem.*)

Mestraux :

1342. *Girard*, mestral de Lutry; t. xviii, 2e p., p. 54.

1381. *Noble Jean*, mestral de Lutry, bailli épiscopal de Lausanne; t. xxiii, p. 365 et 515; t. xxviii, p. 341.

Mayors :

1509. *Noble Jehan de Lutry*, mayor; t. xxiii, p. 703.

1519. *François de Lutry*, chanoine de Lausanne; t. i, 3e livr. p. 106; t. vii, p. 692; t. xxiii, p. 595.

1536. *Nobilis Johannes Mayor*, maior Lustriaci; t. xxxvi, p. 253.

1546. *Noble François de Lutry*, mayor de Lutry; t. v, 2e livr. p. 116 et 122; t. vii, p. 782; t. xv, p. 67, 247 et 752; t. xxvi, p. 52.

vers 1590. *Noble Gabriel de Lutry*, fils de Claude; t. xv, p. 247.

1602. *Noble Claude de Lutry*, mayor de Lutry, fils de feu François;
t. v, 2ᵉ livr. p. 180; t. v111, p. 98; t. xv, p. 30, 70 et 135;
Vevey et ses environs, p. 107.

La famille des *Mayor* de Lutry paraît s'être éteinte peu après
1600; t. xv, p. 365. Toutefois quelques auteurs ajoutent :

1719. *François-Louis Mayor*, seigneur de Sullens, des Mayors de
Lutry, colonel en Espagne, mort sans postérité; *Diction.
biogr. de Montet, t. II, p. 142*. Voir *Mayor de Montricher*.

1719. *Benjamin Mayor de Lutry*, colonel en Espagne; frère de François-Louis; *diction. biogr. de Montet, t. II, p. 142*.

---

182. de Maillardoz.

Armoriaux : de Mulinen; manuscr. de la Biblioth. cant.; de
Mandrot.

Famille fribourgeoise, dont une branche paraît avoir habité
Lavaux.

1470. *Noble Jean Maillardoz*, de Rue; t. XXXVI, p. 184.

1470. *Noble Antoine Maillardoz*, de Rue; t. XXXVI, p. 184.

après 1530. *Noble George Maillardo*, de Granvault; t. XXXVI, p. 112.

---

183. Mallet.

Armoriaux : de Joffrey; de Mandrot; etc.

On trouve une famille de ce nom à Genève, une autre à
Payerne et une troisième à Vevey. Les armes de ces deux
dernières ont assez d'analogie pour faire supposer une origine commune. L'armorial de Joffrey donne la famille de
Vevey comme éteinte déjà en 1660.

1425. *Louis Mallet*, chastelain à Vevey.

Voir la lutte des *Mallet* et des *Mestraux*, à Payerne, en 1346;
diction. Martignier et de Crousaz, p. 739.

---

184. de Mandrot.

Armoriaux : Manuscr. de la Biblioth. cant.; etc.

1546. *François Mandrot*, vidomne de Morges pour la famille de Menthon ; reçu bourgeois de Morges en 1549 ; t. xxiv, p. 430 et 431.

1550. *Amé Mandrot*, de Rances, bourgeois d'Yverdon ; t. xv, p. 16.

vers 1660. *Pierre-Louis Mandrot*, allié de Beausobre.

1690. *Emmanuel Mandrot*, seigneur de Burg près Morat, colonel, fils de Pierre-Louis ; *Diction. biogr. de Montet, t. II, p. 113.*

. Voir *Diction. Martignier et de Crousaz, p. 328 et 1044.*

---

185. Mangerot ou Mangerod.

Armoriaux : de Mulinen ; manuscr. de la Biblioth. cant. ; de Mandrot.

Voir le dessin des armes de Michel Mangerot à la fin du t. xxviii des *Mémoires et documents.*

1500. *Michel Mangerot*, seigneur de la Bruyère en Bourgogne, baron de La Sarra, par sa femme ; t. i, 3ᵉ livr. p. 105 et 106 ; t. xi, p. 287 ; t. xxviii, p. 448 et suiv. (Voir *de La Sarra.*)

1536. *Michel Mangerot*, baron de La Sarra, seigneur de Glérens, de Myon, fils de Michel. Mourut en 1541 sans postérité ; t. xxviii, p. 448 et suiv. ; t. xxxvi, p. 113 ; *Pierrefleur*, fol. 26 et 27 ; *diction. biogr. de Montet, t. II, p. 114.* Epoux de *Claude de Gilliers.*

La baronnie de La Sarra fut transmise des *Mangerot* aux *de Gingins* par alliance après la mort de Michel Mangerot (fils de Michel), sa veuve *Claude de Gilliers* s'étant remariée avec François II de Gingins. (Voir *de Gingins.*)

---

du Marais, voir Bettens.

---

186. Marchand.

Armoriaux : de Mulinen ; manuscr. de la Biblioth. cant. ; de Mandrot.

Les nobles *Marchand* étaient une famille marquante à Aubonne et Cossonay ; t. xxvi, p. 170.

vers 1350. *Perret Marchiant*, fils de Perret ; t. xv, p. 36.

vers 1380. *Jacquet Marchiant*, donzel, d'Aubonne, fils du précédent; t. xv, p. 36.

1387. *Guillierme Marchiandi*, ministre de Bonne de Bourbon; t. xxvii, p. 185.

1390. *Guichardus Marchiandi*, miles; t. xxiii, p. 650.

1390. *Franciscus Marchiandi*, licenciatus in iure; t. xxiii, p. 651.

1433. *Stephanus Marchandi* de Albona, domicellus; t. xxii, p. 560.

1450. *Jean Marchand* ou *Marchandi*, donzel, châtelain d'Aubonne; t. viii, p. 69; t. xi, p. 16; t. xxii, p. 335 et 342; t. xxiii, p. 48 et 409.

1470. *Noble Georges Marchand*, à Cossonay; t. v, 2ᵉ livr. p. 75, 77, 86 et 94; t. viii, p. 67; t. xv, p. 36; t. xxviii, p. 109.

1474. *Noble Humbert Marchand*; t. v, 2ᵉ livr. p. 96 et 106.

1494. *Noble Pierre Marchand*, châtelain d'Aubonne; t. xxiii, p. 511.

1500. *Noble Jean Marchand*, vice-châtelain de Cossonay, fils de Georges; cité encore en 1527; t. v, 2ᵉ livr. p. 110; t. viii, p. 85; t. xv, p. 36, 78 et 99.

1500. *Noble Etienne Marchand*, fils de Georges; t. xv, p. 36.

1500. *Noble Georges Marchand*, fils de Georges, à Cossonay; cité encore en 1532; t. iii, p. 401 à 403; t. xv, p. 36.

1527. *Noble Pierre Marchand*, d'Aubonne; t. iii, p. 401 à 403; t. xxiii, p. 511.

1549. *Noble François Marchand*, fils de feu Etienne; t. v, 2ᵉ livr. p. 128; t. xv, p. 37 et 111.

1550. *Noble Nicolas Marchand*, coseigneur de Bettens; cité encore en 1580; t. v, 2ᵉ livr. p. 151.

1583. *Noble Moïse Marchand*, fils du précédent et dernier de sa race. Il finit par être sonneur de cloches à Cossonay et mourut dans la pauvreté; t. v, 2ᵉ livr. p. 154.

Les nobles *Marchand* ont donné leur nom à un fief situé à Colombier sur Morges; t. xv, p. 675. — Les Bernois confisquèrent leur mestralie de Cossonay lors de l'invasion; t. xv, p. 37.

Il existe d'autres familles de ce nom, mentionnées sans qualification.

---

187. Marquis.

Armoriaux : de Mulinen; manuscr. de la Biblioth. cant.; de Mandrot.

Famille de Morges, d'après l'armorial de Mandrot.

1377. *Barthélemy Marquis*, époux de noble Catherine de Disy ; t. XV,
p. 343 et 674.
1529. *Noble Bernard Marquis*, d'Etoy ; *diction, Martignier et de Crousaz, p. 311.*
1564. *Noble André Marquis*, à Cossonay ; t. XXVI, p. 59.
1566. *Noble Nicolas Marquis*, de Grancier ; t. I, 3ᵉ livr. p. 412.

Cette famille existe encore et possède le château du Châtelard, par les Du Bochet.

188. du Martheray.

Armoriaux : de Mandrot, etc.
Famille de Rolle.
1413. *Pierre de Martherey*, donzel ; t. XXVI, p. 433.
Il existe encore une ou plusieurs familles Dumartheray.
Il a existé une seigneurie *du Martheray ;* voir *Brière,* etc.

189. Martignier.

Armoriaux : de Mandrot, etc. (Alias *Cuénod,* d'après Mandrot.)
1521. *Noble Glaude Martignier*, châtelain de l'Isle ; t. III, p. 291.
Famille de Corsier et Vevey, d'après Mandrot.

190. de Martigny.

Armoriaux : de Mulinen ; manuscr. de la Biblioth. cant. ; de Mandrot.
Il y a eu, en Valais, une famille féodale *de Martigny,* chevaliers et donzels ; voir t. XXIX, p. 577 ; t. XXX, p. 612.
Il y a eu, à Lausanne, une famille *de Martigny,* d'après l'armorial de Mandrot.
1179. *Guillaume de Martigny* à Sion ; t. XXIV, p. 200.
vers 1280. *Dnus Reynaldus de Martigniaco,* miles ; t. XXXI, p. 110 et 636.
1306. *Nicolaus de Martigniaco,* fils de Reynald ; t. XXXI, p. 110 et 636.

de Saint-Martin, voir lettre *S*.

191. de Martines.

Armoriaux : de Mulinen ; manuscr. de la Biblioth. cant. ; de
Mandrot.

1495. *Noble Michel Martine;* t. xxiii, p. 515 ; *diction. Martignier et de
Crousaz, p. 32.*

1550. *François Martine,* maître d'hôtel du comte René de Challant ;
ou *François de Martine,* comme il écrit aussi depuis qu'il
est dit gentilhomme ; t. xi, p. 413 ; t. xxiv, p. 432.

1556. *Noble Jean Martine* d'Aulbonne ; t. xxiii, p. 601 ; t. xxvi, p. 284.

1595. *Noble Hugues de Martines,* dit *de Curtilles ;* t. xv, p. 594.

1629. *Noble Jean de Martines ;* seigneur de Réverolles ; t. xxvi, p. 71.

1672. *Noble Imbert de Martines;* t. xv, p. 696.

1689. *Jaques-Nicolas de Martines; diction. Martignier et de Crousaz,
p. 267.*

1689. *Noble et généreux Pierre-François de Martines,* seigneur de
Saint-Georges ; t. xxvi, p. 40.

1689. *Noble et vertueux Henri de Martines,* lieutenant et assesseur
baillival de Morges ; t. xxvi, p. 44.

1759. *Charles-Samuel de Martines; diction. Martignier et de Crousaz,
p. 390.*

1766. *Pierre-François de Martines,* brigadier de l'armée de Hesse ;
diction. biogr. de Montet, t. II, p. 126.

1772. *Jaques-Imbert de Martines,* seigneur de Réverolles, général-
major ; *diction. biogr. de Montet, t. II, p. 124.*

1779. *Jean-Louis de Martines,* seigneur de Bourjeod, général-major
de Hollande ; *diction. biogr. de Montet, t. II, p. 125.*

La famille *de Martines* paraît être originaire de Perroy (t. xxiv,
p. 432) et s'est développée durant la période bernoise.

Il existe aujourd'hui des familles *Demartines* dont la filiation ne
nous est pas connue.

192. Marval.

Armoriaux : de Mandrot, etc.

1444. *Noble Bertrand Marval,* de Gex, vidomne de Morges, secrétaire
ducal apostolique ; t. xv, p. 548 ; t. xxiv, p. 428 et 429.

193. Masson de Croisilles ou de Crousilles.

Armoriaux : de Joffrey; de Mulinen; manuscr. de la Biblioth. cant.; de Mandrot.

Cette famille habitait Vevey ; elle s'est éteinte avant 1660, et la dernière fut *Pernette* fille de *Rudolphe de Croisilles*, femme de François de Tavel. (*Armorial de Joffrey.*) Consulter aussi *Le bailliage de Vevey et Chillon*, par E. De Mellet, Vevey 1861, p. 57. — Il existe d'autres familles du nom de *Masson*, mentionnées sans qualification.

---

de May, voir *de Mex.*

Mayor de Lutry, voir *de Lutry.*

---

194. Mayor de Montricher.

Armoriaux : de Mandrot, etc.

1722. *Noble et généreux François-Louis Mayor*, bourgeois de Morges, seigneur de Sullens; t. v, 2ᵉ livr. p. 286; t. xv, p. 127.
Louise-Marie-Claudine, fille et héritière de François-Louis Mayor, apporta la seigneurie de Sullens à son mari Charles d'Albenas.

1746. *Noble Rod.-Louis Mayor*, seigneur de Lully près Morges; diction. *Martignier et de Crousaz*, p. 566.

1785. *Noble David-Louis-Samuel Mayor*, seigneur de Lully; *idem.*

Les *Mayor* de Morges ont été barons de Montricher; *idem, p. 633.*

---

195. Mayor des Planches.

Armoriaux : de Joffrey; de Mandrot; etc.

Le nom de *Mayor* était déjà commun à Montreux au dix-septième siècle, et s'appliquait avec ou sans qualification. Il y a donc eu à Clarens et Montreux une famille *Mayor* qualifiée. (*Vevey et ses environs*, par D. Martignier, p. 91.) Les *Rambert* ont été alliés à cette famille, dont nous ignorons s'il existe encore des descendants certains.

196. Mayor de Romainmotier.

Armoriaux : de Mandrot, etc.

Les *Mayors* de Romainmôtier sont sans cesse qualifiés de *nobles* ou de *donzels*, quoique presque toutes leurs propriétés fussent mainmortables. Ils portaient le nom et les armes de Romainmotier ; t. III, p. 299 et 300.

Première famille de Mayors :

1364. *Guillaume*, mayor de Romainmotier ; t. XXVIII, p. 391.

1370. *Pierre* MAJOR de Romainmotier ; t. I, 3e livr. p. 63.

1403. *Jean*, Mayor de Romainmotier, donzel ; t. III, p. 114 et 115 ; t. XXII, p. 321.

1413. *Henri Major* de Romainmotier, abbé du Lac de Joux ; t. I, 3e livr. p. 68.

1430. *Pierre de Jougne*, ou *Pierre de Romainmotier*, chevalier, de la maison des *Major ;* cité encore en 1456 : t. XIV, p. 235 et 270 ; *diction. biogr. de Montet, t. II, p. 14.*

1436. *Guillaume Mayor de Romainmotier*, vice-châtelain des Clées ; t. XIII, p. 96.

vers 1460. *Noble Jean de Romainmotier ;* t. XV, p. 232. En 1493 à Vinzel, t. XXXIV, p. 67.

1500. *Noble Nicolas de Romainmotier*, fils de feu Jean ; t. XV, p. 232.

1550. *Noble Jean de Romainmotier*, mayor héréditaire de Romainmotier. Il mourut sans enfants en 1551, et Berne hérita de ses biens en vertu de la mainmorte dont ils étaient grevés ; t. III, p. 300 et 868 ; t. XV, p. 203.

Seconde famille de Mayors :

Il s'agit ici des *Mayors d'Arnex*, qui ne sont pas de la famille féodale d'*Arnex*. Leur nom réel paraît être *Besson* (voir *Besson*).

Les *Mayors d'Arnex* sont qualifiés à partir de 1500 ; ils se sont éteints vers l'an 1700 ; t. III, p. 299.

1578. *Noble Abel Mayor d'Arnex* devient mayor de Romainmotier ; t. III, p. 301 et 358. Il était probablement fils ou petit-fils de Jean *Besson* alias *Pollens*. Voir aussi t. I, 3e livr. p. 432.

1624. *Noble Et. Mayor*, à Romainmotier ; t. III, p. 337.

1670. *Noble Mayre Mayor de Romainmotier*, époux de Marthe Brun ; t. XV, p. 51.

Le *dictionnaire Martignier et de Crousaz, pages 24 et 25*, semble réunir en une seule famille les *nobles d'Arnex* et les *mayors d'Arnay* ou *d'Arnex*, contrairement à ce qui précède.

Mayor de Vufflens, voir *de Vufflens-la-ville*.

---

197. de Mellet.

Armoriaux : de Joffrey ; de Mulinen ; manuscr. de la Biblioth. cant.; de Mandrot.

Famille de Vevey, la Tour-de-Peilz et Cully. Elle paraît qualifiée dès 1520. (*Vevey et ses environs*, par D. Martignier, p. 92 à 94.)

1520. *Noble Pierre de Mellet ; même ouvrage ; diction. Martignier et de Crousaz, p. 594.*

1527. *Noble Jacques de Mellet ;* idem.

1570. *Noble Pierre ou Perronet de Mellet*, fils de Jacques; idem.

1610. *Noble Noël de Mellet*, syndic de la Tour de Peilz. (*Le bailliage de Vevey et Chillon*, Vevey 1861, p. 60.)

1667. *Noble Jacques de Mellet.*

1758. *Louis-Philippe de Mellet*, à Vevey; *diction. biogr. de Montet, t. II, p. 151.*

1793. *Charles-Marc-Louis de Mellet*, général hollandais, fils de Louis-Philippe ; mourut en 1811 sans postérité ; *diction. biogr. de Montet, t. II, p. 151.*

1793. *Jean-Samuel de Mellet*, lieutenant-colonel en France, fils de Louis-Philippe ; mourut en 1793 sans postérité; *diction. biogr. de Montet, t. II, p. 151.*

Cette famille existe encore.

---

198. Mestral de Begnins.

Les armes des *Mestral* de Begnins portent tantôt d'argent à la bande d'azur chargée de trois molettes d'or et sénestrée en chef d'un cor de sable virolé du même; tantôt d'azur à la croix pleine d'argent, cantonnée de quatre molettes du même; t. XV, p. 467. Cette dernière variante paraît appartenir plutôt aux Mestral de Cottens et Cuarnens qui sont une branche des Mestral de Mont. Ce serait donc à tort que l'armorial de Mandrot porte les Mestral de Begnins comme seigneurs de Cottens et de la Grange de Cuarnens. Les Mestral de Mont étaient proprié-

taires à Begnins, mais non pas mestraux de cette localité;
t. xv, p. 467 ; t. xxxiv, p. 67.

1393. *Perronet Mestral de Begnins* ; t. xv, p. 467.

1493. *Noble Gabriel Mestral de Begnins* ; t. xxxiv, p. 66.

1531. *Noble Michel de Begnins* (Mestral); t. xxxiv, p. 83 et 85.

1560. *Noble Bernard Mestral de Begnins* ou *Mestraux de Bignin*, fils
de Michel ; t. xi, p. 554 ; t. xxiii, p. 344 ; t. xxxiv, p. 85.

1578. *Noble Jean Mestral de Begnins*, seigneur de Ruppalex et de
Marsins, descendant de Perronet ; t. xv, p. 467.

---

199. Mestral de Mont.

Armoriaux : de Mulinen ; manuscr. de la Biblioth. cant. ; de
Mandrot.

Louis II de Savoie constitua en 1306 et 1325 une mestralie
héréditaire *des Monts*, c'est-à-dire de la seigneurie de *Mont*
sur Rolle, en faveur de *Pierre de Monz* ou *de Layderrier*,
parent de *Jean de Layderrier*. De cette souche sont provenus :

1° Les *Mestral de Cottens et Cuarnens* ;

2° Les *Mestral d'Aubonne*, soit *de Bière*, ou *des Vaux ;*

3° Les *Mestral de Vincy*, ou *d'Aruffens et de Coinsins.*

Cette dernière branche, des Mestral de Vincy, est la seule
des trois qui existe encore aujourd'hui.

Origines.

1290. *Etienne de Monz* ou *Layderrier ;* t. xxxiv, p. 41.

1325. *Pierre de Monz*, alias *Layderrier*, mestral de Mont, fils de feu
Etienne. Voir le dessin de son sceau ; t. xxviii, p. 184 et
228 ; t. xxxiv, p. 43.

1344. *François Mestral des Monts*, fils de Pierre de Monz ; t. xxxiv,
p. 43 et 45.

1362. *Jean Mestral des Monts*, chevalier, fils de François ; t. xxxiv, p. 43.

Vers 1400. *Noble Guillaume Mestral des Monts*, père de Claude, de Jean
et d'Arthaud, qui furent les auteurs des trois branches ci-
après ; t. iii, p. 681 ; t. xxxiv, p. 71.

1. *Mestral de Cottens et de Cuarnens.*

1434. *Noble Claude Mestral*, fils de Guillaume Mestral des Monts, et
époux d'Agnès de Châtillon qui lui apporta les fiefs de

Cottens, Gollion et Villars-Boson ; t. xv, p. 186, 466 et 565 ;
t. xxvi, p. 50 ; t. xxxiv, p. 71.

1473. *Noble Jacques Mestral de Cottens*, fils de feu Claude. Cité encore
en 1496 ; propriétaire à Begnins ; t. xv, p. 186, 467, 468 et
565 ; t. xxxiv, p. 71.

1542. *Noble Pierre Mestral de Cottens et de Vufflens-le-châtel*, fils
ou petit-fils de Jacques ; t. xv. p. 192, 194, 467, 470 et
565 ; t. xxxiv, p. 84.

1560. *Noble François Mestraux*, seigneur de Cottens, fils de Pierre. Il
vendit la seigneurie de Cottens à noble Nicolas Crinzoz ;
t. xv, p. 472.

1585. *Noble Jaques Mestral*, frère de François ; t. xv, p. 472.

1600. *Jacques-Louis Mestral*, châtelain de Grancy ; descendant de
François Mestraux ; t. xv, p. 361 ; t. xxvi, p. 49.

vers 1650. *Noble Michel Mestral*, fils de Jacques-Louis ; t. xxvi, p. 49.

1689. *Noble Marc-Michel Mestral*, fils de feu Michel ; t. xxvi, p. 49.

1749. *Jean-Louis Mestral de Grancy*, général-major en Hollande ;
diction. biogr. de Montet, t. II, p. 160.

1771. Nobles *Antoine, Lambert-Bernard, Jean-Jaques* et *Michel-
Samuel de Mestral*, frères ; t. xv, p. 473.

Ces quatre frères vendirent la grange de Cuarnens où leur
famille avait vécu durant les deux siècles précédents. Dès lors
on ne retrouve plus de traces de cette famille.

Les Mestral de Cottens ont possédé des terres à Begnins, mais
sont distincts des Mestral de Begnins ; t. xv, p. 467 et 468 ;
t. xxxiv, p. 66. Leurs armes sont définies t. xv, p. 467.

2. *Mestral d'Aubonne*, soit *de Bière* ou *des Vaux*.

1434. *Noble Jean Mestral*, fils de Guillaume Mestral des Monts ;
t. xxxiv, p. 71.

1495. *Noble Jean Mestral* ; t. xv, p. 476 et 670 ; t. xxiii, p. 515.

1517. *Noble François Mestral*, d'Aubonne, seigneur de Bierre, à Lausanne ; frère de Jean ; t. viii, p. 83 et 85.

1518. *Noble et puissant Jean Mestral*, coseigneur de Bière, à Penthalaz, fils de François et neveu de Jean ; t. xv, p. 69, 476
et 670.

vers 1560. *Noble et puissant Urbain Mestral*, coseigneur de Bierre, fils de
Jean ; t. xv, p. 476.

— *Noble Michel Mestral*, seigneur des Vaux, et Ferdinand son fils.
Pour la seigneurie *des Vaux*, voir t. xxxiv, p. 107.

Les *Mestral* d'Aubonne sont éteints depuis longtemps ;
t. xv, p. 476.

3. *Mestral de Vincy,* ou *d'Aruffens, de Coinsins, de Saint-Saphorin, de Pampigny,* etc.

1425. *Noble Arthaud Mestral de Vincy,* fils de Guillaume Mestral des Monts; héritier du donzel Mermet Renevier; t. XXVI, p. 229; t. XXXIV, p. 71.

1434. *Noble Michel Mestral,* fils d'Arthaud; t. XXIII, p. 484; t. XXXIV, p. 71.

1482. *Jacobus Mistralis de Mont,* domicellus; fils de feu Michel; t. XXIII, p. 484; t. XXXIV, p. 70.

vers 1485. *Noble François Mestral,* fils d'Arthaud; t. XXXIV, p. 83.

1531. *Noble Michel Mestral,* fils de feu François; t. XXXIV, p. 83.

vers 1540. *Noble François Mestral,* seigneur d'Aruffens, époux de Philiberte de Dullit; t. XV, p. 361.

1555. *Noble Jean Mestral,* dit *Mr d'Aruffens;* t. V, 2e livr. p. 131; t. XV, p. 532; t. XXVI, p. 279; t. XXXIV, p. 84. Cité déjà en 1527; t. I, 3e livr. p. 378.

1580. *Noble et généreux Claude de Mestral,* seigneur d'Aruffens, fils de Jean; t. XV, p. 373, 625 et 875.

1628. *Noble et puissant François-Gaspard Mestral,* seigneur d'Aruffens, Vincy, Pampigny, Coinsins, etc., fils de Claude; t. XV, p. 543 et 553; t. XXVI, p. 71; t. XXXIV, p. 100.

1675. *Noble et généreux Henri de Mestral,* fils de François-Gaspard; t. XV, p. 553, 556 et 626.

1684. *Noble François-Gaspard de Mestral,* fils de François-Gaspard; t. XXXIV, p. 44.

1689. *Noble et généreux Isaac de Mestral,* seigneur d'Aruffens, Pampigny et autres lieux, frère de François-Gaspard et fils de François-Gaspard; t. XV, p. 553, 556 et 626; t. XXVI, p. 62 et 63.

1700. *Noble et généreux Albert de Mestral,* seigneur de Pampigny; t. XV, p. 460, 556 et 633.

1701. *Noble Gabriel-Henri de Mestral,* seigneur de Lavigny, Vuillerens et autres lieux, dit *Mr de Vuillerens,* fils d'Isaac et frère d'Albert; t. XXVI, p. 297.

1753. *Noble Gabriel-Henri de Mestral,* seigneur de Pampigny, Lavigny, Vuillerens, Vufflens-la-ville; seigneur de St-Saphorin sur Morges et de Disy par sa femme Judith-Louise de Pesme; dit *Mr de Pampigny;* fils d'Albert, frère de Charles et neveu de Gabriel-Henri; t. XV, p. 353 et 460; t. XXVI, p. 298; t. XXXIV, p. 45.

1759. *Noble et généreux Charles de Mestral*, seigneur de Pampigny ; fils d'Albert ; t. xv, p. 556 et 633 ; t. xxvi, p. 300.

1771. *Noble et généreux Henri-Albert de Mestral*, fils de Charles. Il était à la révolution seigneur de Pampigny, Vuillerens, Aruffens, etc. ; t. xv, p. 556, 557 et 633.

1772. *Noble Henri de Mestral*, fils de Gabriel-Henri ; t. xxvi, p. 300.

1772. *Noble Charles-Albert de Mestral*, seigneur de Vufflens-la-ville, Disy, Lavigny ; fils de Gabriel-Henri ; t. xv, p. 460 ; t. xxvi, p. 300.

1774. *Armand-François-Louis de Mestral de Saint-Saphorin sur Morges*, seigneur de Pampigny, fils de Henri ; *diction. biogr. de Montet, t. II, p. 160.*

1796. *Frédéric-Philippe de Mestral*, général-major et baron, fils de Gabriel-Henri de Mestral-Aruffens ; *diction. biogr. de Montet, t. II, p. 161.*

---

200. Mestral de Rue.

Armoriaux : de Joffrey ; de Mulinen ; manuscr. de la Biblioth. cant. ; de Mandrot.

Les *Mestral* de Rue paraissent avoir une origine commune avec les *d'Illens* et les *de Tavel*. Cette famille possédait la mestralie et la châtellenie héréditaires de Rue ; elle chargea vers 1300 ses armes, qui sont celles des d'Illens, d'une roue de sable ; cet écusson est commun aux *Mestral de Rue* et aux *de Tavel.* Les *de Tavel* auraient pris ce nom après l'an 1300, s'éloignant ainsi toujours plus des d'Illens. Les Mestral de Rue s'établirent à Payerne vers 1350, époque à laquelle ils prirent ce nom de *Mestral* pour nom de famille.

1401. *Pierre Mestral de Rue*, donzel, époux de Marguerite Renevier ; *diction. Martignier et de Crousaz, p. 333.*

1514. *Noble Pierre Mestral*, avoyer de Payerne ; t. xiii, p. 115. Vente de la mestralie de Rue ; *diction. Martignier et de Crousaz, p. 738.*

1536. *Noble Girard Mestral*, seigneur de Combremont-le-petit, avoyer de Payerne ; t. xv, p. 502 ; t. xxxvi, p. 241 ; *diction. Martignier et de Crousaz, p. 577.*

* * * * * * *

Période bernoise.

* * * * *

Cette famille existe encore dans le Pays de Vaud.

201. de Meuron.

Armoriaux : de Mandrot, etc.

Famille originaire de Neuchâtel, dont une branche est établie aujourd'hui dans le canton de Vaud. Seigneurs de Bonvillars et Corcelles.

vers 1790. Général *de Meuron*, seigneur de Bonvillars ; *diction. Martignier et de Crousaz, p. 112.*

---

202. de Mex, de May et de Mey.

Armorial de Mandrot.

Cette ancienne famille féodale ne doit pas être confondue avec la famille bernoise *de May*, dont elle est absolument distincte.

Plusieurs donzels de Mex prennent le surnom de *Hora* ou de *Horaz ;* on n'en connaît pas la raison ; t. v, 1re livr. p. 91.

1154. *Uldric de Mais* (Mex) ; t. xii, 3e livr. p. 13.

1154. *Aimardus miles de Mais ;* t. xii, 3e livr. p. 13.

1154. *Guillelmus de Mais,* fils d'Uldric ; t. xii, 3e livr. p 13 ; t. xv, p. 727.

1154. *Berevuardus de Mais ;* t. xii, 3e livr. p. 14 ; t. xv, p. 727.

1231. *Guido de Mex ;* t. xxii, p. 35.

1238. *P. miles de Maiz ;* t. vi, p. 653.

1292. *Rolet de May,* frère de Perret ; t. xxvi, p. 329.

vers 1300. *Richard de May,* donzel ; t. xv, p. 81.

1300. *Perrod de Mex,* donzel, dit *Horaz de Mex ;* t. xv, p. 77.

1329. *Etiennet* dit *Horaz de Mex,* donzel, fils de feu Perrod ; t. xv, p. 77.

vers 1350. *Aymonod de May,* fils de Richard ; t. xv, p. 81.

1377. *Mermet de May,* fils de feu Aymonod ; t. v, 1re livr. p. 107 ; t. xv, p. 58 et 81.

1377. *Girard de May,* frère de Mermet ; t. xv, p. 81.

1377. *Jean de Mex* ou *de Mey,* donzel, fils de feu Etiennet dit Hora ; t. v, 1re livr. p. 107 ; t. xv, p. 393, 727 et 729 en 1403.

1387. *Nicod de Mex,* donzel à Cossonay, fils de feu Etiennet dit Horax ; t. xv, p. 58 et 340.

1400. *Jaques Hora de Mex,* donzel ; t. xv, p. 731 ; t. xxvi, p. 79.

1400. *Marguerite de May,* fille de Nicod et épouse de François de Mollens, donzel d'Aubonne. — Le fief de Mex passa ainsi aux de Mollens, puis aux Chissey, puis aux Comte, et en 1585 à Georges-François Charrière ; t. xv, p. 729, 730 et 731.

1410. *Jaquette de Mex*, fille de Jaques et épouse de François de Bussy. Son héritage dans le fief de Mex parvint aux Bussy de Fribourg, puis aux Charrière qui possédaient encore la seigneurie de Mex à la révolution de 1798 ; t. xv, p. 731 ; t. xxvi, p. 79.

---

de Moiry voir *de Cuarnens.*

---

203. de la Molière.

Armoriaux : de Mulinen ; manuscr. de la Biblioth. cant. ; de Mandrot.

D'après de Mandrot, cette famille serait une branche des *d'Estavayer.*

1385. *Girard*, coseigneur de la Molière, donzel, bailli épiscopal de Lausanne ; t. xxii, p. 517 ; t. xxiii, p. 365 et 650 ; t. xxviii, p. 341.

1467. *Georgius de Moleria*, dominus de Font ; t. xxvii, p. 288.

1488. *Rodolphe de la Molière*, chanoine et doyen de la cathédrale de Lausanne ; t. i, 3° livr. p. 93 ; t. xxxv, p. 211.

1495. *Humbert de la Molière*, seigneur de Font ; t. viii, p. 358, 380 et 385 ; t. xxvii, p. 291 ; t. xxxv, p. 233.

1519. *Noble Guillaume de la Molière*, dit Huguet, de Cossonay : t. v, 2° livr. p. 238.

Font est une seigneurie située sur le bord oriental du lac de Neuchâtel, jadis siège d'une famille féodale de Font ; t. xviii, 2° p. p. 106 ; t. xix, p. 357 et 358. La seigneurie de Font appartenait en 1011 déjà à la maison d'Estavayer.

---

204. de Molin.

Armoriaux : de Mandrot, etc.

Famille originaire d'Estavayer et de Grandson, d'après l'armorial de Mandrot. Les *de Molin* ont été seigneurs de Montagny et de Treytorrens. Leur nom s'est écrit *du Moulin, de Molins,* etc.

1500. *Noble Louis du Molin*, époux de Bartholomée de Billens ; *Vevey et ses environs*, par D. Martignier, p. 64.

1539. *Noble Benoît du Molin*, bourgeois de Payerne ; héritier de son oncle François de Billens, coseigneur de Massonnens. (Idem.)

1545. *Pierre du Moulyn*, seigneur de Tretorrens près Payerne ; t. XXIII, p. 276.

1685. *Noble Humbert de Moulin*, banneret de Moudon ; *diction. Martignier et de Crousaz, p. 875.*

---

de Mollens, voir *de Mont*.

---

205. de Monestier.

Armoriaux : de Mulinen ; manuscr. de la Biblioth. cant. ; de Mandrot.

Famille de Savoie et de Perroy.

---

206. Monod de Froideville.

Armoriaux : de Mandrot, etc.

Famille de Nyon. — Froideville est dans la paroisse de Ballens.

1710. *Gabriel Monod de Froideville*, allié Crousaz ; *diction. biogr. de Montet, t. II, p. 184.*

1758. *Gabriel Monod de Froideville*, seigneur d'Urschkau, Cannitz, etc., en Silésie, général prussien, fils de Gabriel. *Diction. biogr. de Montet, t. II, p. 184.*

1765. *Benjamin-Louis Monod de Froideville*, lieutenant-colonel en Prusse ; fils de Gabriel et frère de Gabriel ; *diction. biogr. de Montet, t. II, p. 185.*

1787. *François-Isaac Monod de Froideville*, frère du précédent et général-major en Prusse ; *diction. biogr. de Montet, t. II, p. 185.*

207. Monod, à Morges.

Armoriaux : de Mandrot, etc.
Diplôme russe, d'après l'armorial de Mandrot.
1752. *Emmanuel Monod,* à Morges.
1798. *Henri-Joël-Emmanuel Monod,* président de la Chambre législative du Léman ; landamman ; fils d'Emmanuel ; *diction. biogr. de Montet, t. II. p. 186.*
La famille Monod existe encore à Morges. Il y a d'autres familles de ce nom à Vevey, Paris, etc.

---

208. Monod de la Porterie.

1454. *Egrège docteur Aymon Aymonod* achète la moitié de l'office de la Porterie, à Romainmotier. Dès lors les *Monod* sont qualifiés, jusqu'à l'extinction de leur famille qui eut lieu vers l'an 1600. En 1578 l'Avoyer et Conseil de Berne avait aboli l'emploi de *Portier* en remboursant la valeur de cet office à la famille des nobles *Monod* ou *Aymonod;* t. III, p. 48, 49, 299 et 320.
1550. *Noble Claude Monod;* t. III, p. 321.

---

209. de Mont, des Monts, de Monz.

Armoriaux : de Mulinen ; manuscr. de la Biblioth. cant. ; de Mandrot.
Voir en outre, pour les armes des familles *de Mont* et *de Mollens,* la note à la page 118 du t. XXVIII des *Mém. et doc.*
On distingue les seigneuries de *Mont-le-grand* et de *Mont-le-vieux,* toutes deux situées au-dessus de Rolle.
La seigneurie de *Mont-le-vieux,* créée après 1293, fut réunie à celle de Rolle en 1455 (voir t. XXXIV) et resta toujours distincte de celle de Mont-le-grand dont elle était d'ailleurs voisine. Les noms de *Mont-le-vieux* et de *Rolle* n'ont jamais été des noms de famille ; toutefois les *Mestral de Mont* étaient les mestraux de Mont-le-vieux.
La seigneurie de *Mont-le-grand,* au contraire, a donné son

nom à une première famille *de Mont* fort ancienne et sur laquelle on trouvera des renseignements dans le t. XXVI des *Mém. et doc.*; puis à une seconde famille des sires *de Mont (de Monz, des Monts, de Monte, de Montibus)*, t. XXVIII, p. 1 à 230 avec tableaux généalogiques ; c'est de celle-ci que nous allons traiter.

Il y a donc plusieurs châteaux de *Mont* au-dessus de Rolle ; on peut reconnaître encore leurs traces.

La seigneurie de Mont-le-grand était l'une des grandes terres immédiates de la patrie de Vaud.

Sires de Mont ou des Monts.
(Mont-le-grand, seconde famille.)

1170. *Louis*, seigneur de Mont, fondateur de la chartreuse d'Oujon ; t. I, 3e livr. p. 19 ; t. XII, 1re p., p. 3 et 203 ; t. XXVIII, p. 1.

1200. *Cuanun*, seigneur de Mont (t. XXVIII, p. 12), fils de Louis, et frère d'*Amaldric*, de *Humbert* qui fut le chef de la branche cadette (t. I, 3e livr. p. 150), et de *Landri*, évêque de Sion ; t. XXIX, p. 578 ; t. XXX, p. 613 ; *diction. biogr. de Montet, t. II, p. 193.*

1245. *Ebal I* ou *Hyblo*, sire de Mont, fils de Cuanun, frère de *Guy* qui fut seigneur de Genollier, et frère de l'abbé *Louis ;* t. XII, 1re p., p. 23 et 201 ; t. XIX, p. 278 ; t. XXVIII, p. 14. Voir le dessin du sceau d'Ebal, t. XXVIII, p. 227.

1245. *Henri I*, chevalier, sire de Mont, t. XXVIII, p. 24 ; fils d'Ebal I et frère du chanoine *Rodolphe* et d'*Ebal II*, t. XIX, p. 278. Voir le dessin des sceaux d'Ebal II et de Rodolphe, t. XXVIII, p. 227 et 228.

1270. *Ebal III* ou *Yeblon*, donzel, sire des Monts ; t. XXVIII, p. 31, fils de Henri I et frère du chanoine *Jean* et du donzel *Rodolphe ;* t. III, p. 591 ; t. XIX, p. 389 ; t. XXII, p. 383 ; t. XXX, p. 45.

1304. *Jean I*, chevalier, sire des Monts, bailli de Vaud (t. XXVIII, p. 40 et *diction. biogr. de Montet*, t. II, p. 193), fils d'Ebal III et frère de *Guillaume*, t. XIV, p. 306 ; t. XIX, p. 375 ; de *Henri*, de *Jaquet* et de *Rodolphe ;* t. V, 1re livr. p. 68. Voir le dessin du sceau de Jean I, t. XXVIII, p. 228.

1319. *Henri II*, donzel, coseigneur des Monts, fils cadet de Jean I et frère de *Jean II* (voir ci-dessous) et du moine *Aymon ;* t. XXVIII, p. 63.

1330. *Jean V*, coseigneur des Monts, fils de Henri II; t. iii, p. 77; t. vii, 1re p., p. 102; t. xxviii, p. 66.

1349. *Henri III*, coseigneur des Monts, habitant d'Aubonne, fils de Jean V; t. xxviii, p. 67.

1317. *Jean II*, sire des Monts, fils aîné de Jean I; t. xxviii, p. 49. Voir le dessin du sceau de Jean II, t. xxviii, p. 228.

1349. *Richard*, sire des Monts, châtelain des Clées, frère de *Jean III* et fils de Jean II; t. xxviii, p. 55; t. xxxiv, p. 43.

1357. *Jean IV*, sire des Monts, peut-être fils de Richard; t. xxviii, p. 56; t. xxxiv, p. 44.

1389. *Artaud* ou *Altaud*, sire des Monts, fils de Jean IV; t. iii, p. 113, 209 et 671; t. v, 1re livr. p. 161; t. xxviii, p. 58.

Branche des seigneurs de Genollier.

1220. *Guy de Mont* ou *des Monts*, t. xxviii, p. 68, chevalier, sire de Genollier, fils de Cuanun seigneur de Mont.

1250. *Cuanun* ou *Cuénet*, seigneur de Genollier, donzel, fils de Guy; t. xix, p. 266; t. xxviii, p. 72.

1267. *Jean de Genollier*, donzel, fils de Cuénet; t. xxviii, p. 85.

Branche cadette de Mont.

1200. *Humbert de Mont* ou *de Monz*, fils de Louis, et frère de Cuanun le seigneur de Mont; t. i, 3e livr. p. 150; t. vi, p. 148 et 682; t. xii, p. 7; t. xxviii, p. 87.

1260. *Nicolas*, chevalier, avoué de Mollens, fils de Humbert, et frère de *Guillaume*, de *Louis*, de *Reymond*, de *Pierre* et d'*Etienne;* t. xix, p. 316 et 324; t. xxviii, p. 92. Etienne eut un fils nommé *Guillaume*.

1285. *Jean I*, avoué de Mollens, fils de Nicolas et frère de *Girard;* t. iii, p. 89 et 533; t. v, 1re livr. p. 172; t. xv, p. 709; t. xix, p. 373 et 413; t. xxviii, p. 97.

1285. *Etienne de Mont* et *Girard de Mollens*, frères, fils de Jean I et souches des familles de *Mont* et de *Mollens*.

Famille de Mont.

1285. *Etienne de Mont* (voir ci-dessus), donzel, avoué de Mollens, fils de Jean I de la branche cadette; t. xiv, p. 89; t. xxviii, p. 103.

vers 1350. *Pierre I* ou *Perret de Mont*, fils d'Etienne.

1400. *Jean II de Mont*, fils de Pierre I; t. xxviii, p. 106 et 108.

1428. *Pierre II de Mont*, donzel à Cossonay, fils de Jean II et frère de *François* et de *Jean III*; t. v, 2ᵉ p., p. 77; t. viii, p. 61; t. xv, p. 221 et 395; t. xxiii, p. 405; t. xxviii, p. 108.

1450. *Claude de Mont*, d'Aubonne, fils de François et père de *Jean IV* dit *Jean le jeune*; t. xv, p. 67; t. xxiii, p. 48 et 424; t. xxviii, p. 110.

1455. *Rodolphe de Mont*, donzel de Cossonay, fils de Pierre II; t. v, 1ʳᵉ p., p. 145; t. xxviii, p. 109.

1469. *Noble Nicod de Mont*, à Cossonay, fils de Pierre II; t. v, 2ᵉ p., p. 86 et 98; t. xv, p. 64, 192 et 383; t. xxviii, p. 109.

1484. *Noble Jean de Mont* dit *l'aîné*, donzel, à Payerne, fils de Jean III.

1494. *Noble Jean de Mont* dit *le jeune*, donzel, à Cossonay, fils de Claude; t. v, 2ᵉ p., p. 111; t. xv, p. 48.

1531. *Noble Jaques de Mont*, donzel, bourgeois d'Aubonne, fils de Jean le jeune, t. xv, p. 67; t. xxxiv, p. 84.

1590. *Noble Jean de Mont*, le dernier connu de sa famille, était ruiné en 1593; t. xv, p. 48 et 712.

Famille de Mollens.

1310. *Girard de Mollens* (voir ci-dessus), fils de Jean I de la branche cadette; t. xxviii, p. 113.

Vers 1350. *Jean* et *Pierre de Mollens*, probablement fils de Girard; t. xxviii, p. 114.

1400. *François de Mollens*, donzel à Aubonne; *Jean de Mollens*, donzel à Cossonay, et *Nicod de Mollens*; frères; probablement petit-fils de Girard; t. v, 2ᵉ p., p. 31, 32 et 43; t. xv, p. 76 et 341; t. xxvi, p. 249; t. xxviii, p. 115.

1419. *Pierre de Mollens*, à Cossonay, fils de Nicod; t. v, 2ᵉ p., p. 62 et 77; t. xxviii, p. 117.

1440. *Etienne de Mollens*, à Mex, fils de François et dernier membre connu de la famille de Mollens; t. xv, p. 341.

Après l'extinction de la branche aînée des sires de Mont, le titre de seigneur *des Monts* ou *de Mont-le-grand* a été porté par Aymon, co-seigneur de La Sarra, puis par la maison de Saint-Trivier et par d'autres familles. Voir t. xxviii, p. 119 et suiv.

210. de Montagny.

Il faut distinguer :
- I. La maison de *Montagny-les-Monts*, qui appartient à Fribourg.
- II. La famille de *Montagny-le-Corbos*, au district d'Yverdon ; t. VIII, p. 164.

I. *Sires de Montagny-les-Monts.*

Armoriaux : de Mandrot, etc.

Montagny-les-Monts (Montenach) est situé près de Payerne, sur territoire fribourgeois. Quelques membres de la famille de Montagny-les-Monts ont été mêlés à l'histoire vaudoise :

1170. *Rodolphus* dominus de Montaniaco ; t. XXII, p. 18.

1226. *Aymon de Montagny ;* t. VI, p. LXXII, 31 et 682 ; t. XIX, p. 227 ; t. XX, p. 270.

1226. *Willelmus de Montagnie,* frère d'Aymon ; t. XX, p. 270 ; t. XXII, p. 424.

1267. *Guillaume,* seigneur de Montagny, fils d'Aymon ; t. XIX, p. 356 et 398 ; t. XXX, p. 340.

1321. *Aymon, sire de Montagny-les-Monts,* bailli de Vaud de 1321 à 1323 ; t. XIV, p. 100 ; *diction. biogr. de Montet, t. II, p. 193.*

1323. *Guillaume,* seigneur de Montagny-les-Monts, bailli de Vaud ; fils d'Aymon ; t. XIV, p. 100 ; *diction. biogr. de Montet, t. II, p. 193.*

1323. *Aymon de Montagny-les-Monts,* prieur de Payerne, fils d'Aymon et frère d'Aymon ; t. XIV, p. 100.

II. *Famille de Montagny-le-Corbos.*

Armoriaux : de Mandrot, etc.

La famille de *Montagny-le-Corbos,* au district d'Yverdon, était vassale des sires de Montfaucon ; t. XIV, p. 100 et 174.

1199. *Albert de Montagny ;* t. XIV, p. 15.

1370. *Jordan de Montagny,* écuyer ; t. XIV, p. 174.

1403. *Etienne de Montagny,* écuyer ; t. XIV, p. 155 et 174.

1446. *Noble Anthoine de Montagny ;* t. III, p. 115.

1475. *Noble Pierre de Montagny,* ci-devant châtelain de Grandson ; t. XIV, p. 15, 253 et 270.

211. Montet, et de Montet.

I. Famille Montet :

Armoriaux : de Joffrey, de Mandrot, etc.

Famille de Vevey, anoblie vers 1660 par l'empereur, d'après l'armorial de Joffrey.

1660. *Chr. Montet*, banneret de Vevey. (*Le bailliage de Vevey et Chillon*, Vevey 1861, p. 112.)

D'après ce dernier ouvrage, la famille *Montet* est éteinte dès 1775. — Il existe encore aujourd'hui à Vevey une famille *Montet* et une famille *de Montet.*

II. Famille de Montet :

1621. *Adam de Montet*, châtelain de Corsier ; *diction. Martignier et de Crousaz, p. 248.*

1633. *Jean-Daniel de Montet*, allié Muriset de la Paleyre, châtelain de Corsier ; *idem. p. 203.*

1640. *Jean de Montet*, co-vidame de Châtel-St-Denis ; *idem. p. 247.*

---

212. de Montfalcon.

Armoriaux : de Mandrot, etc.

La famille *de Montfalcon* est du Bugey et ne doit pas être confondue avec celle de *Montfaucon*, quoique ces deux familles aient le même nom en latin.

1351. *François de Montfalcon*, évêque de Lausanne de 1347 à 1354 ; t. XXII, p. 487 ; *diction. biogr. de Montet*, t. II, p. 196.

1460. *Guillaume de Montfalcon*, seigneur de Flaccieu en Bugey.

1480. *François de Montfalcon*, seigneur de Pierre Charve, frère de l'évêque Aymon ; *diction. biogr. de Montet*, t. II, p. 197.

1482. *Noble Pierre de Montfalcon*, bailli épiscopal de Lausanne ; t. XXVIII, p. 341 ; t. XXXV, p. 207. Nommé aussi *Montfaucon.*

1491. *Aymon de Montfalcon*, évêque de Lausanne de 1491 à 1517 ; fils de Guillaume ; t. XIV, p. 3 ; t. XXIII, p. 199 et 756 ; t. XXXVI, p. 4 et 368 ; *diction. biogr. de Montet*, t. II, p. 196.

1517. *Sébastien de Montfalcon*, évêque de Lausanne, fils de François et neveu de l'évêque Aymon ; t. XIV, p 3 ; t. XXIII, p. 225 et 756 ; t. XXXVI, p. 38 et 368 ; *diction. biogr. de Montet*, t. II, p. 197.

1518. *Jaques de Montfalcon*, chanoine à Lausanne ; t. XXXVI, p. 19 et 368.

1525. *Claude de Montfalcon*, chanoine à Lausanne ; t. XXXVI, p. 38 et 368.

Voir aussi le tableau des évêques de Lausanne, t. XIII, p. 234 à 238.

---

213. de Montfaucon.

Armoriaux : de Mulinen ; manuscr. de la Biblioth. cant. ; de Mandrot, etc.

La maison des sires de Montfaucon avait son siège en Bourgogne ; son château féodal était situé à l'est de Besançon ; mais ses possessions s'étendaient sur les deux versants du Jura. Les *Montfaucon* furent comtes de Montbéliard, seigneurs d'Orbe, d'Echallens, de Montagny-le-Corbe, etc.

L'ancienne seigneurie d'Echallens s'est formée sous la mouvance directe des Montfaucon. Les sires de Montfaucon, comme ceux de Cossonay et d'Aubonne, soutenaient que leurs *possessions dans le Jorat et dans le Gros de Vaud étaient allodiales et relevaient directement de l'empereur.* Ils durent ensuite convertir ces *alleux* en *fiefs* et en faire hommage aux comtes de Savoie ou aux évêques de Lausanne.

La maison de Montfaucon s'est éteinte vers 1400 et sa succession revint à la maison de Châlons-Orange ; t. XIV, p. 3 et suiv. ; t. XIX, p. 400.

1040. *Conrad* ou *Cuno de Montfaucon* ; t. XIV, tableaux, etc.

1090. *Richard I de Montfaucon*, fils de Cuno et frère de *Hugues* et de *Mainier* qui furent hommes d'église.

1100. *Amédée I de Montfaucon*, fils de Richard I.

1130. *Richard II* sire de Montfaucon, fils d'Amédée I et frère de *Hugues* et d'*Amédée de Neuchâtel.*

1160. *Amédée II* sire de Montfaucon et comte de Montbéliard ; fils de Richard II.

1170. *Richard III*, comte de Montbéliard, fils d'Amédée II.

1200. *Gauthier I*, sire de Montfaucon, connétable de Jérusalem ; fils d'Amédée II. Son fils *Hugues* fut prince de Tabarie.

1250. *Thierry*, dit le *grand baron*, fils de Richard III et frère de *Richard IV.*

1270. *Richard V*, fils de Thierry et mort sans postérité.

1250. *Amédée III*, fils de Richard III.
1270. *Jean I* sire de Montfaucon, fils d'*Amédée III* et frère de *Gauthier II*.
1310. *Jean II*, fils de Gauthier II.
1318. *Henri I* sire de Montfaucon, frère de Jean II.
1320. *Gérard*, fils de Gauthier II ; *diction. biogr. de Montet, t. II, p. 194.*
1350. *Etienne*, fils de Henri I, épousa Marguerite de Châlons ; il eut un frère, *Louis*, qui fut archevêque de Besançon.
1380. *Henri II*, fils d'Etienne et frère de *Louis* et de *Jean-Philippe*. Il n'eut pas de fils. *Diction. biogr. de Montet, t. II, p. 195.*
1380. *Jean III de Montfaucon ;* t. xx, p. 461.

Richard IV fut la souche d'une branche dite *de Montrond* qui s'éteignit déjà avant 1350. Voir *Montrond*.

Les renseignements qui précèdent sont extraits des tableaux généalogiques du t. xiv des *Mém. et doc.*

---

de Montferrand, voir *La Sarra*, lettre *S.*

1477. *Benoît de Montferrand*, évêque de Lausanne ; t. viii, p. 400 ; t. xiii, p. 238.

---

214. de Montherand.

Armorlaux : de Mulinen ; manuscr. de la Biblioth. cant. ; de Mandrot.
   Famille de Lausanne, probablement éteinte aujourd'hui.
1608. *Noble Pierre de Montherand*, époux de Marie de Lalex ; t. xv, p. 450.
Consulter le *diction. Martignier et de Crousaz, p. 326.*

---

215. de Monthey ou de Montheolo.

Armorlaux : de Joffrey, de Mulinen ; manuscr. de la Biblioth. cant. ; de Mandrot.

Famille du Valais, mayors héréditaires de Monthey en bas Valais, dont une branche, devenue vaudoise, a habité jadis Lausanne et Vevey; voir t. xv, p. 163. L'armorial de Joffrey porte la branche vaudoise comme éteinte en 1660, mais non la famille du Valais.

1304. *Petrus de Montez*, domicellus; t. xxiii, p. 356; t. xxxi, p. 83 et 235.

1316. *Noble Hugonet de Montez*, fils de Perronet, vicednus de Massungiez; t. xxxi, p. 271 et 638.

1325. *Mermetus de Montez*, domicellus; t. xxxi, p. 493 et 638.

1339. *Girardus de Monteyz*, domicellus, à Sion; t. xxxii, p. 234.

vers 1450. *Noble François de Monthey.*

1462. *Noble Girard de Montheolo*, donzel, de Crissier; t. xii, 3ᵉ p., p. 145.

1488. *Antoine de Monteolo;* t. xxiii, p. 108.

1494. *Noble Claude de Monthey*, à Boussens, fils de François; t. xv, p. 109 et 163.

1524. *Noble Benoît de Monthey*, mayor de Boussens, citoyen et bailli de Lausanne; fils de Claude. Dernier mâle de sa famille; t. v, 1ʳᵉ livr. p. 150; t. xv, p. 164 et 233; t. xxxvi, p. 319.

---

216. de Montricher.

Armoriaux : de Mulinen; manuscr. de la Biblioth. cant.; de Mandrot.

La maison des *sires de Montricher* est un rameau de celle des sires de Grandson. Montricher est au pied du Jura, près de Pampigny.

1086. *Rodolphe de Grandson*, sire de Montricher, fils d'Adalbert II.

vers 1180. *Pierre de Montricher :* t. xv, p. 521.

1265. *Jaques*, sire de Montricher; cité encore en 1287; t. i, 3ᵉ livr. p. 37; t. iii, p. 87, 179 et 490; t. xix, p. 350 et 393; t. xxx, p. 339.

1297. *Rodolphe*, seigneur de Montricher; t. xix, p. 350; t. xxviii, p. 369.

1313. *Jacques*, seigneur de Montricher; t. xxviii, p. 369.

1315. *Willerme de Montricher*, prieur de Romainmotier; t. iii, p. 265.

1379. *Pierre*, seigneur de Montricher; t. xviii, 2ᵉ p., p. 135; t. xxviii, p. 369.

1431. *Henri*, dernier mâle de la branche légitime; t. v, 1ʳᵉ livr. p. 71; t. xv, p. 541.

L'hommage des Montricher a été reporté sur les vicomtes de Salins, puis sur les sires de Cossonay, et enfin sur la maison de Savoie ; t. v, 1re livr. p. 70 et 71.

Après l'extinction des Montricher-Grandson, Guillaume de Vergy devint seigneur de Montricher. Cette seigneurie appartint plus tard à la famille Mayor, de Morges.

Bâtards de Montricher.

1432. *Jaquetus Monruchie* de Albona, domicellus ; t. xxiii, p. 720.
1453. *Nob. Arthraudus Bastard de Montericherio ;* t. xxiii, p. 48.
1453. *Nob. Johannes Monrichiez,* vice castellanus Albone; t. xxiii, p. 48.
1503. *Noble Georgea de Villarzel,* fille d'Arthaud de Montricher, devenue veuve, lègue les coseigneuries de Marnand, de Middes et de Trey à Etienne Loys, (*Vevey et ses environs,* p 120.)

1612. *Louis de Montricher,* à Cossonay ; t. v, 2e livr. p. 190.

Montricher a été peut-être le siège d'une famille de donzels ; t. 1, 3e livr. p. 33.

Voir aussi *de Saint-Germain.*

---

217. de Montrond.

Ce nom a été porté :
1o Par une branche des sires de Montfaucon ;
2o Par une famille originaire du Languedoc, établie à Lausanne. (Voir l'armorial de Mandrot.)
1338. *Henri,* sire de Montrond ; t. xiv, p. 104. (Des sires de Montfaucon.)

Moschet, voir *d'Echandens.*

---

218. de Moudon.

Armoriaux : de Mandrot, etc.
Famille de chevaliers, vidomnes de Moudon.

1150. *Cono*, miles de Moldun; t. xii, 2e p., p. 147.
1162. *Wido*, vicedom. de Moldone; t. xii, 2e p., p. 20, 229 et 234.
1177. *Nicholaus*, vicedomnus de Meldon; t. xii, 2e p., p. 20 et 234;
      3e p., p. 30.
1220. *Willelme de Melduno*, miles, vicedominus de Melduno; t. vi,
      p. 451, 642 et 654; t. xii, 2e p., p. 56. Cité aussi en 1238.
1290. *Jean*, vidomne de Moudon; t. xix, p. 436.
1385. *Noble Girard de Moudon;* t. xv, p. 526; t. xxii, p. 279 et 583.
1419. *François de Moudon*, donzel, fils de Girard; t. v, 2e livr. p. 62;
      t. xv, p. 527.
1439. *Girard, Pierre, Nicod, Ottonin et Jean de Moudon*, frères, fils
      de François; t. xv, p. 527.

---

219. Muller de la Mothe.

Armoriaux : de Mandrot, etc.
Famille originaire de Bavière, qui a habité Lausanne et paraît éteinte
aujourd'hui. Elle a possédé la seigneurie de la Mothe près Champvent.
Diction. Martignier et de Crousaz, p. 646.

---

220. de Mur ou des Murs.

Armoriaux : de Mulinen; manuscr. de la Biblioth. cant.; de
Mandrot.
    Famille de La Sarra et de Cossonay, qui paraît fort ancienne
et disparaît de l'histoire peu après l'invasion bernoise. Elle a
donné son nom au fief *Robellin*, devenu *de Yens*, puis
de Mur, près de Cossonay; t, xv, p. 217 et 643. Elle a possédé
la seigneurie de Corcelles, d'après l'armorial de Mandrot.
1280. *Jordanus de Mura*, miles; t. xix, p. 542.

1308. *Petrus* dictus *de Muris*, domicellus; t. xxii, p. 446 et 449;
      t. xxiii, p. 635.
1378. *Johannes de Muris;* t. xxvii, p. 172.
1400. *Dnus Petrus de Muris;* t. xxiii, p. 657; chevalier et bailli,
      t. iii, p. 186.

1477. *Noble Aymon de Murs*, à Cossonay ; t. VIII, p. 68 ; t. XV, p. 227, 269 et 643.

1477. *Noble Roddet de Murs*, frère d'Aymon et époux d'Alix de Yens: t. VIII, p. 68 ; t. XV, p. 237 et 643.

1480. *Dnus Ruffinus de Muris*, thesaurarius Sabaudie ; t. XXIII, p. 102 et 757.

1519. *Guillielmus de Muris*, castellanus Sarratæ ; t. I, 3e livr. p. 359 ; t. XV, p. 237.

1546. *Noble Philibert de Murs*, fils de Guillaume ; t. XV, p. 237.

1546. *Noble Jean de Muris*, fils de Guillaume ; t. XV, p. 237, 248, 249 et 271.

1546. *Noble Claude de Murs*, fils de feu Rodet ; t. XV, p. 237.

1585. *Noble Pierre de Mur*, à La Sarra ; t. XXVIII, p. 507.

vers 1590. *Noble Nicolas de Murs*, fils de feu Jean ; t. XV, p. 246.

. . . .

Période bernoise.

. . . .

---

221. Muriset.

Armoriaux : de Mulinen ; manuscr. de la Biblioth. cant. ; de Mandrot.

Cette famille paraît originaire de Cully.

1300. *Nicolas Muriset*, probablement fils de Maurice de Cully ; *diction. Martignier et de Crousaz, p. 296 et 297.*

1415. *Guillaume Muriset*, de Cully ; t. XII, 3e p., p. 138.

1482. *Girardus Murizet*, à Lausanne ; t. VII, p. 625 et 628.

1492. *Noble Pierre Muriset*, seigneur de la Paleyre ; *diction. Martignier et de Crousaz, p. 202.*

1518. *Noble Jean Muriset* à Lausanne ; t. VII, p. 693.

1518. *Noble Claude Muriset* à Lausanne ; t. VII, p. 693.

vers 1750. *Christophe-Samuel Muriset*, donzel et châtelain de Cully, dernier mâle de sa race ; *diction. Martignier et de Crousaz, p. 296.*

---

222. Musard.

Armoriaux : de Joffrey ; de Mulinen ; manuscr. de la Biblioth. cant. ; de Mandrot.

Cette famille apparaît à Sion, à Vevey et à Estavayer.

vers 1275. *Musard*, chanoine à Sion ; t. xxx, p. 223 et 615.

1352. *Michel Muzard (Musardi)* à Vevey ; t. xviii, 2ᵉ p., p. 59.

1456. *Nicod Musard*, donzel, à Vevey.

1467. *Noble François Musard*, fils de Nicod.

1477. *Noble Louis Musard*, fils de Nicod.

1510. *Noble Guillaume Musard*, bourgeois de la Tour, fils de Louis. (*Vevey et ses environs*, par D. Martignier, p. 96 à 99.)

1516. *Noble Michael Musard*, seigneur de Vuycens ; t. xxiii, p. 554 et 757.

1530. *J. Musard*, chanoine à Lausanne ; t. xxxvi, p. 109 et 369.

Cette famille est éteinte, du moins dans la branche de Vevey. (Armorial de Joffrey.) Voir le *diction. Martignier et de Crousaz, p. 944.*

---

223. du Nant.

Armoriaux : de Mulinen ; manuscr. de la Biblioth. cant. ; de Mandrot.

On rencontre des personnages de ce nom à Aubonne, à Genève et en Gruyère ; ils appartiennent peut-être à des familles distinctes.

1441. *Johannes de Nanto*, notaire ; t. xxiii, p. 21.

1494. *Anthonius dou Nant ;* t. xxiii, p. 509.

1505. *Noble Glaudia*, veuve de *Pierre de Nant ;* t. xxiii, p. 537.

1516. *Petrus du Nant*, dictus *Forneir*, syndic de Brocht ; t. xxiii, p. 219.

1547. *Noble Antoine du Nant (de Nanto)*, citoyen de Genève et bourgeois d'Aubonne ; t. xv, p. 536.

1562. *Noble Claude du Nant*, à Aubonne ; t. xxvi, p. 283.

1589. *Noble David du Nant ;* t. xv, p. 477.

En 1575 nobles *Jaques* et *Jost Dunant* étaient dits *de Russin ; diction. Martignier et de Crousaz, p. 18.*

---

224. de la Naz.

Armoriaux : de Mulinen ; manuscr. de la Biblioth. cant. ; de Mandrot.

La famille *de la Naz (de Navi)* est originaire de Coppet, d'après l'armorial de Mandrot.

225. Necker.

Armoriaux : de Mandrot, etc.
Famille genevoise, d'origine allemande.
1784. *Jacques Necker*, baron de Coppet en 1784, mourut en 1804.
Diction. biogr. de Montet, t. II, p. 230.

226. de Neuvecelle.

Armoriaux : de Mandrot, etc.
Famille d'Aigle et des Ormonts.
1425. *Noble Petrus de Novasella*, ou Petrus de Novasala, domicellus;
t. XXII, p. 351 et 350; t. XXIII, p. 22, en 1441.
1497. *Guillelmus de Novasella ;* t. XXIII, p. 159.
1502. *Noble Johannes de Novasella*, aux Ormonts; t. XXIII, p. 183.

227. Olivier.

Armoriaux : de Mandrot, etc.
Famille de La Sarra.
1708. *Gabriel Olivier*, châtelain de La Sarra, lieutenant baillival de
Romainmotier ; *diction. biogr. de Montet, t. II, p. 254.*
1758. *François-Louis Olivier*, châtelain de La Sarra.
1793. *Louis-Henri-Ferdinand d'Olivier*, fils de François-Louis Olivier ;
diction. biogr. de Montet, t. II, p. 255.

228. d'Oron.

Armoriaux : de Joffrey ; de Mulinen ; manuscr. de la Biblioth.
cant. ; de Mandrot.
Les seigneurs *d'Oron*, comme ceux de Blonay, ont pris le
nom de terres provenant du démembrement de l'abbaye
d'Agaune, dans la première moitié du onzième siècle.

Oron s'écrit dans les actes anciens *Horon, Horons, Horuns, Oirons, Oruns,* etc.

La maison d'Oron est une famille de dynastes; elle s'est éteinte dans le quatorzième siècle. Voir les tableaux généalogiques du t. XVIII.

1137. *Wullierme I,* vidomne d'Oron; t. XII, 2e p., p. 3; t. XVIII, 2e p., p. 115.

1209. *Wullierme II,* seigneur d'Oron, chevalier, fils de Wullierme I et frère du chanoine *Aymon I;* t. VI, p. 59 et 683; t. XII, 2e p., p. 21 et 235.

1240. *Rodolphe I* (t. VI, p. XXIII, 357 et 683; t. XII, 2e p., p. 53), seigneur d'Oron, coseigneur de Vevey, fils de Wullierme II et frère du moine *Pierre I d'Oron;* t. XII, 2e p., p. 54.

1240. *Rodolphe II d'Oron,* donzel, fils de Rodolphe I et frère du chevalier *Wullierme III* (t. XXX, p. 305), du chanoine et chantre de Lausanne *Jean I,* d'*Amédée I* (voir plus bas), de *Pierre II d'Oron,* évêque de Sion (t. XVIII, 2e p., p. 79; t. XXX, p. 223 et 618; *diction. biog. de Montet, t. II, p. 257*) et du chanoine *Girard I* (t. XVIII, 2e p., p. 80).

1275. *Pierre III d'Oron,* coseigneur de Vevey, fils de Rodolphe II; t. XIX, p. 542.

1267. *Rodolphe III,* seigneur d'Oron, fils de Rodolphe II.

1313. *Girard III,* seigneur d'Oron, chevalier, dit *l'anglais,* fils de Rodolphe III et père de *Marguerite d'Aubonne;* t. XVIII, tabl. généalog.

1301. *Girard IV d'Oron,* donzel, coseigneur de Vevey et seigneur de Montreux (t. XVIII, 2e p., p. 80; t. XXVIII, p. 178) fils de Pierre III et frère d'*Amédée II,* du *chanoine Wullierme IV,* et de *Pierre IV d'Oron* évêque de Lausanne de 1313 à 1323; (t. XIX, p. 515; t. XXII, p. 448; t. XXXVI, p. 390; *diction. biogr. de Montet, t. II, p. 258.* — Voir aussi le tableau des évêques de Lausanne, t. XIII, p. 234 à 238.

1338. *Marie d'Oron,* fille unique de Girard IV, et épouse de François I sire de La Sarra; t. XVIII, 2e p., p. 81.

Branche de Bossonens et d'Attalens.

1274. *Amédée I d'Oron,* seigneur de Bossonens et d'Attalens, fils de Rodolphe I et frère de *Rodolphe II.* (Voir ci-dessus.)

1330. *Wullierme V d'Oron,* chevalier, seigneur de Bossonens, châtelain des Clées; t. III, p. 266; t. XXII, p. 144; fils d'Amédée I et frère du *doyen Girard II de Bossonens* (t. XXII, p. 144

et 585), de *Rodolphe IV* baillif de Vaud (t. xxii, p. 135 et 585) et de *Henri I.*

1333. *Aymon II d'Oron,* chevalier, seigneur de Bossonens et d'Attalens, bailli de Vaud (t. xviii, 2ᵉ p., p. 60; t. xxii, p. 144 et 585; t. xxviii, p. 201 et 399; t. xxxii, p. 590), fils de Wullierme V, et frère de *Wullierme VI* (t. xxii, p. 144 et 586) lequel n'eut pas d'enfants.

1364. *Jean II d'Oron,* chevalier, seigneur d'Attalens, fils aîné de Rodolphe IV.

1369. *François I d'Oron,* chevalier, seigneur d'Attalens; t. xxviii, p. 200; fils de Rodolphe IV et frère de Jean II; t. xxii, p. 144 et 585.

1373. *François II,* donzel, fils de Jean II.

1375. *Catherine* et *Marguerite d'Oron ;* t. xviii, tableaux généalogiques.

Coseigneurs de Pont.

1310. *Henri I d'Oron,* coseigneur de Pont en Ogo, fils d'Amédée I.

1340. *Jocelin,* coseigneur de Pont et fils de Henri I, mourut sans enfants en 1349; t. xxii, p. 144 et 585. Ses frères, *Jean III,* et *Nicolas,* furent hommes d'église et ne laissèrent pas de postérité; t. xviii, tableaux généalogiques.

Le titre de *seigneur d'Oron* fut porté ensuite par divers.

229. d'Orsens.

Armoriaux : de Mulinen; manuscr. de la Biblioth. cant.; de Mandrot.

Ancienne famille féodale.

1225. *Wulelmus de Orsens* ou *de Orseins;* t. vi, p. 162, 524 et 683.

1233. *Hugo de Orsens,* miles; t. vi, p. 126 et 683.

1233. *Rodulfus de Orsens ;* t. vi, p. 127 et 683.

1369. *François d'Orsens,* chevalier, fait une donation à l'abbaye de Montheron sur Lausanne; t. v, 1ʳᵉ livr. p. 104; t. xii, 3ᵉ p. p. 128.

1404. *Pierre d'Orsens,* fils de François; t. xii, 3ᵉ p., p. 128; t. xiv, p. 175.

230. d'Oulens.

La famille féodale *d'Oulens* tirait son nom du village ainsi nommé, situé entre Cossonay et Echallens. Elle était feudataire des sires de Cossonay pour divers fiefs ; elle servait les sires de Montfaucon-Montbéliard, seigneurs d'Orbe et d'Echallens (t. v, 1re livr. p. 30 ; t. xv, p. 65).

1199. *Humbert d'Oulens*, ministre du comte de Montbéliard ; t. xii, 3e p., p. 108 ; t. xiv, p. 20, 25 et 363.

1227. *Magister Petrus de Ollens* ; t. xxii, p. 33. — Douteux.

1260. *Willelmus de Ollens*, miles ; t. i, 3e livr. p. 173.

1275. *Rainaud d'Oulens*, châtelain d'Orbe ; t. xii, 3e p., p. 113.

1350. *Nicolas d'Oulens*, donzel ; t. xv, p. 61.

1378. *Henry d'Oulens*, donzel, fils de Nicolas ; t. v, 1re livr. p. 107 ; t. xv, p. 720.

1400. *Guillaume d'Oulens*, prieur de Cossonay ; t. viii, p. 40 et 47.

Non classés, et appartenant probablement à une famille distincte :

1419. *Aymon, Jean* et *Nicolet d'Oulens*, à Cossonay ; t. v, 2e livr. p. 51, 53 et 58 ; t. viii, p. 101. Peut-être descendants d'un *Jean d'Oulens*, tailleur à Cossonay en 1328 ; t. viii, p. 105. — Voir aussi la note au bas de la page 47 du t. viii, et t. xii, 3e p., p. 111.

de Saint-Oyen, voir lettre *S*.

231. de Palézieux.

Armoriaux : de Mulinen ; manuscr. de la Biblioth. cant. ; de Mandrot.

Palézieux est un village près d'Oron. L'orthographe du nom de Palézieux a beaucoup varié ; t. ix, p. 138.

Les Palézieux étaient une famille de dynastes.

vers 1120. *Baldradus de Palaisol ;* t. xii, 2e p., p. 9 et 222.

— *Tiboldus de Palaysul ;* t. xii, 2e p., p. 144 et 157.

1154. *Garnerius de Palaisol*, miles, neveu de Baldradus ; t. xii, 2e p., p. 9, 10, 12, 20, 225, 231 et 234.

vers 1180. *Pierre de Palaisol*, fils de Garnier ; t. XII, 2e p., p. 10, 12 et 231.
vers 1180. *Uldric de Palaisol*, fils de Garnier ; t. XII, 2e p., p. 10, 12 et 231.
vers 1180. *Garnier de Palaisol*, fils de Garnier ; t. XII, 2e p., p. 10, 12 et 231.
vers 1180. *Otho de Palaisol*, fils de Garnier ; t. XII, 2e p., p. 10, 12 et 231.
1230. *Guillaume de Palasuo* ou *de Paleisuel*, chevalier ; t. VI, p. 48 et 423 ; t. XII, 2e p., p. 55 ; t. XVIII, 2e p., p. 95 ; t. XXII, p. 34.
1268. *Hugues de Palézieux*, chevalier, premier bailli de Vaud, fils de Guillaume ; t. XIII, p. 150 ; t. XIX, p. 306, 307, 335 et 362 ; t. XXVIII, p. 358 ; t. XXX, p. 98 et 100 ; *diction. biogr. de Montet, t. II, p. 262.*
1294. *Girard de Palézieux*, fils de Hugo ; t. XII, 2e p., p. 112 et 225 ; t. XIX, p. 457, 487, 512.
1294. *Willelme de Palézieux*, fils de Hugo ; (idem).
1294. *Hugo de Palézieux*, fils de Hugo ; (idem).
1294. *Johannes de Palézieux*, fils de Hugo ; (idem).
1300. *Pierre de Palexiuz* ; t. VII, 1re livr. p. 79 (fils du chevalier Pierre).
1300. *Warnerius de Palexion*, fils de feu le chevalier Pierre, et frère de Pierre ; t. VII, 1re livr. p. 79.
1341. *Noble Rolisod* fils de Girard, donzel de Viveys. (*Le bailliage de Vevey et Chillon*, Vevey 1861, p. 91.)
1350. *Aymon de Palesieu* ; t. XXII, p. 485.

Il existe actuellement une famille *de Palésieux dit Falconnet.* (*Vevey et ses environs dans le moyen âge*, par D. Martignier, Lausanne 1862 ; *Notice sur les sires de Palézieux*, Lausanne 1858 ; *Le bailliage de Vevey et Chillon* du XIVe au XVIIe siècles, Vevey 1861, avec appendices, par E. de Mellet, Vevey 1862.)

de Pampigny, voir *de Saint-Germain* et *Mestral de Mont.*

Pan ou Pans, voir *Grantie.*

232. de Payerne.

Armoriaux : de Mulinen ; manuscr. de la Biblioth. cant. ; de Mandrot.

1270. *Dominus Reymundus de Payerno*, miles ; t. XXII, p. 65.
1277. *Reinodus de Paerno*, miles ; t. XXII, p. 68.

---

233. Pellis alias Conod.

> *Armoriaux :* de Mulinen ; manuscr. de la Biblioth. cant.; de Mandrot, etc.
>
> Les armes de cette famille portent tantôt d'azur à cinq otelles d'or appointées en abyme ; tantôt d'azur au sautoir d'or cantonné de quatre étoiles à cinq pointes, du même.
> Voir *Conod*.

1488. *Noble Jean Pellis*, vice-castellanus Cletarum ; t. I, 3e livr. p. 345.
1521. *Noble Aymon Pellis* alias *Cognod*, vice-châtelain des Clées, gardien et protecteur du prieuré de Romainmotier ; t. III, p. 290 et 849.
1525. *Noble Pierre Pellis* alias *Cognod*, fils d'Aymon ; *archives cantonales* (reconnaissance In feudum pour le duc de Savoie ; Lando, copie Barbe).
1572. *Noble Aymé Pel* autrement *Cunod ; archives cantonales* (acte passé avec la ville des Clées ; Carbonyer, copie Bergier).
1580. *Noble François Conod* ou *Cugnod ; archives cantonales* (parchemin Mandrot, copie Bergier).
1580. *Noble Aymé Conod ;* (idem).
1580. *Noble Jehan Conod* et *Cunod*, cousin d'Aymé, engage sa part du Diesme des Clées indivise avec Leurs Excellences de Berne ; (idem).

.　　.　　.　　.　　.　　.　　.

Période bernoise.

.　　.　　.　　.　　.　　.

1791. *Marc-Antoine Conod*, seigneur de Sauveillam, connu aussi sous les noms de *Marc-Antoine Pellis*, sénateur, et de *M. de Sauveillam ;* fils de *Jean-Henri Conod*, ministre du Saint-Evangile et petit-fils de *François-Joseph Conod*, ministre du Saint-Evangile.

Les deux fils aînés de Marc-Antoine Conod de Sauveillam, *Frédérich-Henri* et *Louis-Rodolphe*, furent inscrits à leur naissance sous le nom de *Conod de Sauveillam*, tandis que les deux cadets, *Charles* et *Philippe*, le furent sous le nom de *Pellis*. Aujourd'hui tous les descendants de ces quatre frères portent le nom de *Pellis*; un jugement de l'an 1858 constate leur commune descendance, directe et masculine, d'Aymon Pellis qui vivait en 1500 et de Marc-Antoine Conod de Sauveillam. *Jugement du tribunal civil de Lausanne de 1858; diction. biogr. de Montet, t. II, p. 268.*

---

de Pentala voir *Ferret*.

---

de Penthaz voir *de Charrière*, et N° 521.

---

234. du Perron.

Armoriaux : de Mandrot, etc.

1557. *Noble Jullian David*, seigneur de Perron au diocèse de Costenels, achète un domaine de la communauté du Lieu; t. I, 3e livr. p. 399.

1600. *Jacques-Davy du Perron*, cardinal, né à la Vallée en 1556, fils de Julien-Davy; *diction. biogr. de Montet, t. I, p. 255.*

---

235. de Pesmes.

Armoriaux : de Mulinen; manuscr. de la Biblioth. cant.; de Mandrot, etc.

1495. *Pierre de Pesmes*, seigneur de Brandis, à Baulmes; t. XIII, p. 113.

1518. *Noble Jaques de Pesmes*, seigneur de Brandis et de Saint-Barthelemi ou Gumoëns-le-châtel; t. XIV, p. XX, XXVI et XLI.

1628. *Noble Bernard de Pesmes*, seigneur de Saint-Saphorin-sur-Morges; t. XV, p. 569.

vers 1650. *André de Pesmes*, coseigneur de Saint-Saphorin; t. XV, p. 568.

1734. *François-Louis de Pesmes de Saint-Saphorin*, seigneur de Disy, connu aussi sous le nom de *général de Saint-Saphorin*. Il ne laissa qu'une fille, épouse de Gabriel-Henri de Mestral auquel elle apporta les seigneuries de Disy et de

Saint-Saphorin-sur-Morges ; t. v, 2e livr. p. 434 ; t. xv, p. 353 ; *diction. biogr. de Montet, t. II, p. 279.*

Cette famille noble, originaire de la Franche-Comté, s'est établie à Genève vers 1350 ; *diction. Martignier et de Crousaz, p. 826 et 827.*

Il y a eu une *seigneurie de Pesmes ;* en 1354 Otton sire de Grandson était seigneur de Pesmes ; t. xiv, p. 127.

---

236. de Pétigny ou Pietignie.

1403. *Rolet de Pétigny,* donzel, à Coppet ; t. xxvi, p. 306.

1414. *Johannes de Petigny* ou *Pietignie,* ballyvus Vuaudi ; t. iiie p. 138 ; t. xxii, p. 321.

1415. *Pierre de Fitignier (Pitignier ?),* châtelain des Clées ; t. xiii, p. 87.

1428. *Louis de Pétigny,* châtelain de Morges ; t. i, 3e livr. p. 76 ; t. v, 2e livr. p. 80.

1453. *Noble Pierre de Pitigny,* clerc à Cossonay ; t. xiii, p. 167.

1453. *Claude de Pettigny ;* t. viii, p. 129 et 426.

1493. *Noble Louis de Pétigny* à Vinzel ; t. xxxiv, p. 67.

1500. *Georges et Claude de Pitigny,* frères ; t. xv, p. 416.

. . . .

Période bernoise.

. . . .

Voir le supplément de la seconde édition de l'armorial de Mandrot.

---

237. de Pierre.

Armoriaux : de Mulinen ; manuscr. de la Biblioth. cant. ; de Mandrot.

Les nobles *de Pierre,* à Giez, sont aussi dits *de Giez ;* t. xiv, p. 174.

avant 1297. *Jaques* ou *Jacob de Giez (de Giaco),* donzel ; t. xiv, p. 318 ; t. xix, p. 469.

1475. *Guy de Pierre,* à Grandson ; t. xiv, p. 270.

Les *de Pierre* ont été seigneurs de Giez et de Lignerolles, d'après Mandrot. *Diction. Martignier et de Crousaz, p. 552.*

Non classé :

1577. *Noble Sébastien de la Pierre*, baillif à Romainmotier; t. I,
    3e livr. p. 431.

---

238. de Pierrefleur.

Armoriaux : de Mulinen; manuscr. de la Biblioth. cant.; de
Mandrot.

La famille *de Pierrefleur (de Petra Floris)* est une branche
d'une famille *Fabri*, ou *Favre*, autrement *Emeri*, établie à
Baulmes vers 1400. Le châtelain de Baulmes, *Girard*, fils de
Jean Fabri, prit le nom de *Pierrefleur* et fut la souche d'une
lignée qui disparaît de l'histoire peu après l'invasion bernoise.

1422. *Jean Fabri*, alias *Favre*, alias *Emeri*, à Baulmes; t. XIII,
    p. 98 et 100.
1438. *Girard de Pierrefleur (Pierraflour)*, châtelain de Baulmes, fils
    de Jean Fabri ou Emeri; t. XIII, p. 96.
1453. *Pierre de Pierrefleur*, clerc d'Orbe; t. XIII, p. 100.
1492. *Noble Oddet de Pierrefleur;* t. XIII, p. 112; t. XXIII, p. 688.
1527. *Discret Pierre de Pierrefleur;* t. XIII, p. 120.
1530. *Pierre de Pierrefleur*, neveu de Pierre. Il était donzel de Baul-
    mes et bourgeois d'Orbe; t. XIII, p. 100.
1540. *Noble Girard de Pierrefleur*, fils de Pierre; t. XV, p. 67.
1540. *Noble Guillaume de Pierrefleur*, d'Orbe, frère de Girard;
    t. XV, p. 67.
1550. *Noble Pierre de Pierrefleur*, banneret d'Orbe, chroniqueur, fils
    de Pierre et frère de Girard et de Guillaume; t. XV, p. 67;
    diction. biogr. de Montet, t. II, p. 307.
1589. *Noble Girard de Pierrefleur*, fils de feu Guillaume; t. XV,
    p. 30 et 70.
1589. *Noble Etienne de Pierrefleur*, à Orbe et à Cossonay, fils de feu
    Pierre; t. XV, p. 30, 70 et 136.
1589. *Noble Adam de Pierrefleur*, frère d'Etienne; t. XV, p. 30, 70
    et 136.

---

de Pietignie, voir *de Pétigny.*

de Plasei et **de Pleasie**, voir *Dullit.*

239. du Plessis.

Armoriaux : de Mulinen ; manuscr. de la Biblioth. cant. ; de Mandrot.

    Isaac Gouret prit le nom de *du Plessis*, d'un ascendant maternel. (*Diction. biogr. de Montet, t. I, p. 258.*)

1618. *Elie Gouret,* seigneur de la Primaye en Bretagne, se fixa au Pays de Vaud ; *diction. biogr. de Montet, t. I, p. 258.*

1667. *Noble André du Plessis Gouret,* coseigneur d'Ependes ; *diction. Martignier et de Crousaz, p. 787.*

1681. *Isaac du Plessis-Gouret,* seigneur de Bavois, de Lantzaw, etc., fils d'Elie Gouret ; *diction. biogr. de Montet, t. I, p. 258.*

1712. *Noble Ch.-Fréd. Duplessis; diction. Martignier et de Crousaz, p. 69.*

1741. *Noble Louis-Emmanuel du Plessis; diction. Martignier et de Crousaz, p. 787.*

La terre d'Ependes a été érigée en seigneurie par Leurs Excellences de Berne, au XVI⁰ siècle, en faveur de cette famille ; t. I, 3ᵉ livr. p. 113.

Voir aussi les pages 334 et 337 du *diction. Martignier et de Crousaz.*

240. de Polier.

Armoriaux : de Mulinen ; manuscr. de la Biblioth. cant. ; de Mandrot.

    Famille originaire du Rouergue, France.

1606. *Noble Paul Polier; diction. Martignier et de Crousaz, p. 618.*

1628. *Noble Jean Polier,* seigneur de Chasteau-Gumoëns (Gumoëns-le-châtel) et citoyen de Lausanne ; t. XV, p. 71 et 569.

1655. *Noble Jean-Pierre Polier,* allié Loys, à Lausanne.

1674. *M. Polier,* ministre du Saint-Evangile, seigneur de Vernand ; t. XV, p. 708.

1691. *Jean-François Polier,* seigneur de Brétigny, brigadier général, fils de Jean Polier ; *diction. biogr. de Montet, t. II, p. 312.*

1710. *Etienne-Bénigne Polier,* allié de Tavel ; *diction. biogr. de Montet, t. II, p. 316.*

1710. *Jean-Jaques Polier*, allié Quisard.
1726. *Georges-Pierre-G. Polier de Bottens*, fils de Jean-Pierre; *diction. biogr. de Montet, t. II, p. 313.*
1758. *Paul-Philippe Polier*, général-major aux Indes, fils de Jean-Jacques; *diction. biogr. de Montet, t. II, p. 314.*
1766. *Noble Anthoine Polier de Saint-Germain*, bourgmestre à Lausanne, fils de Georges-Pierre-G.; *diction. biogr. de Montet, t. II, p. 313.*
1778. *Antoine-Noé Polier de Bottens*, fils de Jean-Jacques; *diction. biogr. de Montet, t. II, p. 314.*
1779. *Georges-Louis Polier*, seigneur de Vernand, général hollandais, fils d'Etienne-Bénigne; *diction. biogr. de Montet, t. II, p. 316.*
1789. *Antoine-Louis-Henri Polier*, officier aux Indes; *idem.*
1798. *Etienne-Henri de Polier Vernand*, fils d'Antoine-Noé; *idem. p. 320.*

En 1826 deux membres de la famille *Polier* ont été créés comtes par Charles X, et vers la même époque un troisième membre de cette famille était créé comte du saint-empire; *diction. biogr. de Montet, t. II, p. 318 et 320.* La famille Polier n'existe plus dans le Pays de Vaud.

---

241. Pollens alias Besson.

Armoriaux : de Mandrot, etc.

La famille *Pollens* alias *Besson* paraît comprendre celle des *Mayors d'Arnex* dont une branche devint les *Mayors de Romainmotier*, à partir de 1578 et s'éteignit vers l'an 1700. Voir *Besson* et *Mayor de Romainmotier.*

1334. *Gotefred de Polens*, chevalier, en Valais; t. XXIV, p. 344. — Non classé.

1480. *Jean Pollent* ou *Pollens*, abbé du lac de Joux; t. I, 3e livr. p. 85 à 90.
1535. *Claude Pollens* surnommé *Bessonis*, de Romainmotier. Après avoir été trente-deuxième et dernier abbé du lac de Joux, il se maria et reçut en fief le domaine de Cuarnens. Sa fille Eve, épousa noble François Mestral; t. I, 3e livr. p. 109 à 111; t. XV, p. 472.

242. de Pontherouse.

Armoriaux : de Mulinen; manuscr. de la Biblioth. cant.; de Mandrot.

Famille originaire d'Estavayer, et appelée aussi *de Pontareuse* et *des Degrés*, établie à Lausanne et à Morges.

1482. *Noble Humbert Ponterousaz,* ou *de Gradibus* dit *Pontherousa,* baillif de Vaud, à Lausanne; t. VII, 2ᵉ livr. p. 731 et 732; t. XXIII, p. 484.

1519. *Noble Anthoine de Ponterousaz,* coseigneur d'Ecublens; t. I, 3ᵉ livr. p. 360.

1533. *Messire Benoît de Pontherouse,* chanoine de Lausanne; t. VII, p. 756; t. XXXV, p. 151 et 262.

1543. *Noble Pierre Pontherose,* de Morges; t. I, 3ᵉ livr. p. 113; t. V, 2ᵉ livr. p. 123.

1592. *Nobles Priam* et *Christophe de Pontherose,* seigneurs de Rueyres; t. XV, p. 248.

---

243. Ponthey.

Armoriaux : de Mulinen; manuscr. de la Biblioth. cant.; de Mandrot.

vers 1500. *Claude Ponthey,* prieur de Montheron sur Lausanne; t. XII, 3ᵉ p., p. 149.

vers 1510. *François Ponthey,* châtelain de Morges, époux de Rose de Saint-Saphorin-sur-Morges; t. XV, p. 239.

1547. *Noble François Ponthey,* coseigneur de Saint-Saphorin-sur-Morges; fils de François; t. XV, p. 238, 444, 501 et 505. Cité encore en 1571, t. XV, p. 246. Voir aussi t. XV, p. 832.

1559. *Louis* et *Jean Ponthey,* fils de François et frères de François; t. XV, p. 667.

---

244. de Pontverre.

Armoriaux : de Mulinen; manuscr. de la Biblioth. cant.; de Mandrot.

La maison *de Pontverre* est du Genevois; elle a dominé

dans la vallée des Ormonts, où elle a possédé la seigneurie d'Aigremont ; t. XXIV, p. 277. Elle a résidé aussi à Aigle et à St-Triphon. D'après le *diction. Martignier et de Crousaz*, les Pontverre seraient une branche des *de Saillon* du Valais.

1233. *Guy de Pontverre*, miles ; t. XXIV, p. 244 et 365 ; t. XXIX, p. 403. Cité encore en 1247, et peut-être fils d'Aymon, seigneur de Pontverre (t. XIX, p. 210) ; *diction. Martignier et de Crousaz, p. 877.*

1258. *Pierre de Pontverre*, chevalier, seigneur de Saint-Triphon, fils de Gui ; t. XIX, p. 320 ; t. XXIV, p, 244.

1290. *Noble Guillaume de Pontverre*, seigneur de Saint-Triphon, cité encore en 1328 ; t. XIX, p. 520 ; t. XXII, p. 103 à 105 ; t. XXX, p. 400.

1306. *Dominus Richardus de Pontevitreo*, chevalier, à Genève ; cité encore en 1328 ; t. XIX, p. 493 ; t. XXII, p. 103 à 105 ; t. XXXI, p. 30.

1328. *Aymo de Pontevitreo* dnus Acrimontis ; châtelain de Chillon ; neveu de Guillaume et fils de Richard ; cité encore en 1350 ; t. VIII, p. 25 ; t. XXII, p. 103, 168 et 587 ; t. XXXII, p. 483 et 549 ; *diction. Martignier et de Crousaz, p. 14 et 56.*

1373. *François de Pontverre*, donzel, seigneur d'Aigremont ; fils d'Aymon ; t. X, p. 318 ; t. XXII, p. 165, 168 et 587 ; t. XXIII, p. 640 ; *diction. biogr. de Montet, t. II, p. 321.* — Cité encore en 1383.

1425. *Willermus de Pontevitreo* ; t. XXII, p. 350 ; *diction. Martignier et de Crousaz, p. 15.*

1425. *Jean de Pontverre* ; t. XXII, p. 355.

1477. *Jean de Montchenu*, de la maison de Pontverre ou de Ternier ; en Genevois, évêque ; t. VIII, p. 353.

1527. *François de Pontverre*, seigneur de Ternier près Saint-Julien, chef des gentilshommes de la Cuiller ; t. XI, p. 274 et 275 ; *diction. biogr. de Montet, t. II, p. 322.*

Voir le *diction. Martignier et de Crousaz, p. 15*, pour l'héritage des Pontverre à Aigle et aux Ormonts en 1425.

---

de Porta, voir *de Bex.*

---

245. de la Porte.

Armoriaux : de Mulinen ; manuscr. de la Biblioth. cant.; de Mandrot.

Il paraît avoir existé deux familles de ce nom, l'une à Bex, l'autre à Saint-Prex. Leurs armes sont différentes. (Armorial de Mandrot.)

246. de Portes.

Armoriaux : de Mandrot, etc.
Ancienne et noble famille du Dauphiné.
1726. *Louis de Portes,* comte de Verrie, général sarde, naturalisé bernois pour cause de religion ; seigneur de Crassier, Coinsins et Genollier ; *diction. biogr. de Montet, t. II, p. 326.*
1766. *Louis, comte de Portes,* seigneur de Genollier, major-général en Hollande, fils de Louis ; *diction. biogr. de Montet, t. II, p. 327.* Voir aussi le *diction. Martignier et de Crousaz, p. 225 et 262.*

247. Portier.

Armorial : de Mandrot.
1283. *Guillaume Portier,* châtelain de Chillon ; t. VIII, appendice, p. 25.
1384. *Anthonius Porterii* à Yverdon ; t. XXVII, p. 181.
1425. *Jean Portier,* donzel d'Yverdon, époux de Perrissonne de Boussens ; t. V, 1re livr. p. 35, et 2e livr. p. 63.
1444. *Noble Jean Portier,* fils de Jean ; t. XV, p. 163.
vers 1470. *Noble Louise Portier,* fille du précédent et épouse de François de Monthey.

248. de la Pottrie.

Armoriaux : de Mandrot, etc.
Famille originaire de Normandie, autrefois établie à Lausanne.

249. de Prangins.

Ce nom s'applique à deux familles distinctes :
I. Les *dynastes* de Prangins.
II. Les *milites* de Prangins.

I. *Sires de Prangins.*

Armoriaux : de Mulinen ; manuscr. de la Biblioth. cant. ; de Mandrot.

Les dynastes de Prangins sont les dynastes de Cossonay jusqu'en 1235. A cette date la maison de Prangins s'est séparée de la maison de Cossonay par le partage des fils de *Jean I*, sire de Cossonay.

1235. *Willelme* ou *Guillaume I de Cossonay*, sire de Prangins, de Mont, etc., fils de Jean I de Cossonay ; t. v, 1re p., p. 155 ; voir le dessin de son sceau à la fin de la 1re livr. du t. v.

1248. *Jean II, sire de Prangins* (t. v, 1re p., p. 171), fils de Guillaume I, et frère de *Guillaume II*, et d'*Aymon* qui fut sire de Nyon ; t. III, p. 263 ; t. xv, p. 222 ; t. xix, p. 359 et 412 ; t. xxviii, p. 174. Voir le dessin du sceau d'Aymon à la fin de la 1re livr. du t. v.

1297. *Pierre* ou *Perronet de Prangins*, donzel (t. v, 1re p., p. 185), fils de Jean et frère du chanoine *Jean* et de *Humbert ;* t. xix, p. 480.

1365. *Guy de Prangins*, chanoine, puis évêque de Lausanne de 1375 à 1394 ; t. v, 1re p., p. 189 ; t. xiii, p. 237 ; t. xxii, p. 505 et 508 ; t. xxiii, p. 362 ; t. xxxv, p. 148 et 184 ; *diction. biogr. de Montet, t. II, p. 331.*

1382. *Aymonet de Prangins*, donzel ; t. v, 1re p., p. 189 ; t. xv, p. 221.

1433. *Jean de Prangins*, évêque de Lausanne ; t. v, 1re p., p. 189 ; t. xiii, p. 237 ; t. xxii, p. 311 ; t. xxiii, p. 19 et 761 ; t. xxxv, p. 152 et 166 ; *diction. biogr. de Montet, t. II, p. 332.*

Les sires de Prangins furent enveloppés dans la catastrophe de la maison de Cossonay et dépossédés en 1293 par le comte de Savoie. L'évêque Jean fut le dernier représentant de cette maison.

II. *Milites de Prangins.*

Ancienne famille de chevalerie, qui n'est pas rattachée aux sires de Prangins ; t. v, 1re livr., p. 20.

1150. *Lambert de Prangins*, chevalier; t. v, 1re livr., p. 20.
1170. *Rainaldus de Pringie*, miles; t. xxii, p. 18 et 588.
1237. *Uldricus, miles de Pringie*; t. xxii, p. 39 et 588.
1237. *Vallerus, domicellus de Pringie*; t. xxii, p. 39 et 588.
1265. *Reymond de Prangins*, chevalier; t. v, 1re livr. p. 20.
1265. *Gauchier de Prangins*, chanoine de Lausanne, frère de Reymond ; *idem*.
1280. *Jacobus* et *Cono*, fils de feu *Pierre de Pringie*, donzel, t. xxii, p. 437.

Il a existé en Gruyère une famille *de Pringis*, dont le nom se trouve écrit *Pringins* et même *Prangins*.

250. de Praroman.

Armoriaux : de Mulinen; manuscr. de la Biblioth. cant.; de Mandrot.

Famille d'origine fribourgeoise, établie à Lausanne.

1180. *Rodulphus de Praroman*, à Arconcié (Fribourg) ; t. xxii, p. 22 et 23.
1463. *Jean de Praroman*, député suisse auprès du roi Louis XI ; t. viii, p. 178.
1479. *Noble Henri de Praroman*, à Lausanne; t. vii, p. 604 et 730 ; t. xxviii, p. 276 et 297.
1491. *Noble Vullent de Pratoromano de Eschandens*, bourgeois de Fribourg ; t. xxiii, p. 498.
1500. *Noble Rodolphe de Praroman*, fils de Henri; de Fribourg; t. xv, p. 707.
1518. *Noble Claude de Praroman*, à Lausanne; seigneur de Béthusi; t. vii, p. 686 et 713; t. xxviii, p. 339; t. xxxvi, p. 14 et 371 ; *diction. Martignier et de Crousaz, p. 85*.
1526. *Noble Guillaume de Praroman*, époux de Louise de Bettens ; t. xv, p. 417.
— *Dnus Philibertus de Pratoromano*, chanoine de Lausanne; t. xxiii, p. 239.
1533. *Noble François de Praroman*, seigneur de Chapelle Vaudanne; à Lausanne; t. xxxvi, p. 32, 160 et 371.
1536. *Claude de Praroman*, chanoine à Lausanne; t. xxxvi, p. 268.
1540. *Noble Messire Peterman de Praroman*, à Fribourg; t. xxiii, p. 590.

1513. *Henri de Praroman*, à Lausanne ; t. XXXVI, p. 134 et 371.

1515. *Messire Umbert de Praroman* ; t. XXIII, p. 274.

1548. *Noble Jaques de Praroman*, bourgmestre de Lausanne ; t. VII, p. 782 ; t. XXXVI, p. 133 et 371.

1550. *Noble Henri de Praroman*, fils de Claude ; *diction. Martignier et de Crousaz, p. 85.*

1554. *Noble Louis de Praroman*, à Bettens ; t. V, 2e livr. p. 132 ; t. XV, p. 419.

1566. *Noble Claude Praroman*, bourgmestre, à Lausanne.

1583. *Noble Philibert de Praroman*, seigneur de Béthusi ; fils d'Henri ; *diction. Martignier et de Crousaz, p. 85.*

1640. *Noble Sébastien de Praroman* ; cité encore en 1652 ; t. XV, p. 705 et 732 ; t. XXVI, p. 81.

Philibert eut un fils nommé *François*, qui ne laissa que des filles. Elles portèrent Béthusi et la seigneurie d'Echandens dans la famille Rossel ; *diction. Martignier et de Crousaz, p. 85.*

---

251. de **Praz** ou de **Pré**.

Armoriaux : de Mulinen ; manuscr. de la Biblioth. cant. ; de Mandrot.

Le nom de *de Pré, de Praz, de Preez, de Prope et de Pratis* a été porté dans diverses régions. On le rencontre dans le Valais, à Sion ; dans le canton de Fribourg, à Rue ; dans le Pays de Vaud, à Lutry et à Lausanne ; etc.

Voici par ordre chronologique ces différents personnages, qu'il convient de ne pas considérer comme formant une seule et même famille, jusqu'à plus ample information.

1220. *Cono de Prez*, chevalier ; t. XIX, p. 560 ; t. XX, p. 272.

1227. *Rodolfus de Preez*, donzel ; t. VI, p. 173 ; t. XXII, p. 33 et 102.

1274. *Dominus Aymo de Prez*, miles ; t. XII, 2e p., p. 92, 104 et 113 ; t. XXII, p. 66.

1299. *Pierre de Prez*, et *Perret* son fils, chevalier ; t. XII, 3e p., p. 122 ; t. XXX, p. 513.

1314. *Jean de Prez*, donzel, à Lausanne ; t. XIX, p. 517.

1324. *Etienne de Prez*, donzel, à Sion ; t. XXXI, p. 478 : cité encore en 1342 sous le nom d'Etienne de Prés ; t. XXIV, p. 289 et 393.

—   *Richard de Prez*, miles ; t. XXII, p. 141 et 142.

1346. *Johannes de Prez*, donzel ; t. XXII, p. 141 et 588.

1346. *Roletus de Prez*, domicellus ; t. XXII, p. 141 et 588.

1400. *Aymon de Pres* ou *de Prez*, donzel, seigneur de Balagarde,
      bailli épiscopal de Lausanne ; t. xxii, p. 207 et 588 ;
      t. xxiii, p. 365, 651 et 718 ; t. xxviii, p. 341.
1422. *Nicod de Prez*, donzel, de Rue, bailli épiscopal de Lausanne ;
      t. xxiii, p. 389 et 665 ; t. xxviii, p. 341.
1474. *Noble Pierre de Prez* ; t. xxiii, p. 466 et 761.
1474. *Johannes de Prez*, domicellus ; en 1491 dnus Corsellarum in
      Jorcto et condnus de Charmeis ; à Lutry ; fils de noble
      Guido de Prez, de Rota ; t. xxiii, p. 405, 466 et 761.
1491. *Noble Sébastien de Prez*, fils de Johannes ; t. xxiii, p. 495.
1509. *Bartholomeus de Prez*, dnus de Corsalles prope Joractum, do-
      micellus Lustriaci ; t. xxiii, p. 541 ; t. xxxvi, p. 131.
1513. *Guillaume de Prez*, chanoine ; t. xxxvi, p. 131 et 372.
1524. *Noble François de Prez*, seigneur de Corcelles, à Lutry et à
      Lausanne ; t. xxiii, p. 275 ; t. xxxvi, p. 30 et 371. Voir le
      diction. Martignier et de Crousaz, p. 85.
1528. *Georges de Prez*, prieur à Lausanne ; t. xxxvi, p. 80 et 372.
1530. *Lambert de Prés (de Pratis)* ; t. viii, p. 85.
1533. *Claude de Prez*, chanoine à Lausanne ; t. xxxvi, p. 132 et 371.
1563. *Noble Aymé de Pré*, de Lutry, seigneur de Corcelles ; t. xi,
      p. 554 ; t. xxiii, p. 344.
1579. *Noble François de Pré*, seigneur de Morlens ; t. xv, p. 246.

· · · · · ·

Période bernoise.

· · · · · ·

Sur la famille des *de Prez*, seigneurs de Corcelles-le-Jorat, consulter
le *diction. Martignier et de Crousaz, p. 241, 242 et 249.*

---

252. de Preux.

Armoriaux : de Joffrey ; de Mulinen ; manuscr. de la Biblioth.
cant. ; de Mandrot.

La famille *de Preux (Proux, Probi)* paraît être originaire
de Vevey ; lors de l'invasion bernoise une branche des *Proux*
alla se fixer en Valais où elle fonda la famille des nobles
de Preux du Valais. Une autre branche resta à Vevey, où elle
s'éteignit vers l'an 1640 ; *armorial de Joffrey ; Vevey et ses
environs,* par D. Martignier, p. 100.

La branche valaisanne a fourni deux évêques de Sion dans le siècle actuel.

1319. *Rodulphus Probi*, bourgeois de Vevey; t. xxii, p. 451.

1352. *Pierre Preux (Probi)*, à Vevey; t. xviii, 2e p., p. 59.

1370. *Rodolphe Preux (Probi)*; t. xviii, 2e p., p. 61.

1406. *Pierre ly Proust*, donzel, à Vevey; *Vevey et ses environs, p. 100.*

1477. *Noble homme François Proux*, conseiller de Vevey; (idem. p. 101).

1516. *Nobles Wuillelme et Michel Proux*, frères, à Vevey; (idem. p. 102).

1548. *Nobles Angellyn et François Proux*, frères, fils de Wuillelme; (idem).

1548. *Noble Michel Proux* fonde la branche des nobles de Preux en Valais; (idem, p. 103).

1558. *Noble François Preux*, bourgeois de la ville de Viveys; probablement le frère d'Angellyn; *Le bailliage de Vevey et Chillon*, p. 97.

1600. *Noble Michel Preux* ou *Proux*, de Vevey; seigneur de Lavigny et coseigneur d'Aubonne du chef de sa femme; t. xxvi, p. 295.

1630. *Noble André Preux*, seigneur de Lavigny et coseigneur d'Aubonne; fils de feu Michel; t. xxvi, p. 295.

---

de Saint-Prex, voir lettre *S.*

---

253. de Provannaz.

Armoriaux : de Mulinen; manuscr. de la Biblioth. cant.; de Mandrot.

1390. *Anthonius Provane*, castellanus Rote; t. xxiii, p. 650.

1399. *Eddouard Provanaz*, vicedompnus de Melduno; t. iii, p. 686.

1446. *Jaques de Provana*, prieur de Saint-Sulpice; t. xiii, p. 103.

1466. *Noble Anserme de Provane de Crusille;* t. xxiii, p. 72.

1475. *Jacques Provana*, seigneur de Leyni; t. viii, p. 238.

1475. *Noble Mermet Provannaz*, à Lausanne; t. xxviii, p. 261.

1501. *François Provanne;* en 1517, *Franciscus Provana;* t. xxiii, p. 176; t. xxvii, p. 336.

1517. *Noble Jean Provannaz*, héraut d'armes du duc de Savoie; t. xxviii, p. 261; t. xxxvi, p. 11.

Période bernoise.

Puthod et Putot, voir *d'Aubonne.*

Quantium, voir *Grandson.*

---

254. Quisard.

Armoriaux : de Mulinen; manuscr. de la Biblioth. cant.; de Mandrot.

    Famille originaire de Massongier en Chablais, établie dans le bailliage de Nyon; *diction. biogr. de Montet, t. II, p. 346.*

1500. *Michel Quisard,* de Massongier, commissaire patrimonial ducal à Nyon; t. VIII, p. 78; t. XV, p. 15.

1560. *Noble Urbain Quizard,* notaire juré, seigneur de Crans et de Mercorens; t. I, p. 327; t. XI, p. 459; t. XXVI, p. 284. En 1550, t. XXIII, p. 296 et 761.

1562. *Noble Pierre Quisard,* châtelain de Mont-le-grand, jurisconsulte et notaire, bourgeois de Nyon; fils d'Urbain; t. XXVI, p. 284; *diction. biogr. de Montet, t. II, p. 346.*

1579. *Noble André Quisard,* à Cossonay; t.-V, 2e livr. p. 154.

1604. *David Quisard,* seigneur de Crans; t. XXVI, p. 312.

vers 1610. *Noble Jean-Jaques Quisard,* seigneur de Crans; t. XV, p. 350.

1645. *Noble et vertueux Etienne Quisard,* seigneur de Genolliez; t. XV, p. 350; t. XXXIV, p. 100 et 115.

1687. *Jean-Nicolas Quisard,* seigneur de Crans, Arnex, etc.; *diction. biogr. de Montet, t. II, p. 346.*

1714. *Noble et généreux Etienne Quisard,* seigneur de Givrins et de Genollier, fils de Jean-Jaques; t. XV, p. 204 et 350; t. XXVI, p. 25.

1714. *Noble Laurent Quisard,* seigneur du Rosey, fils de Jean-Jaques; t. XV, p. 204 et 350.

1714. *Demoiselle Barbille Quisard de Givrins,* épouse de noble Jean-Jacques Crinsoz; t. XV, p. 204.

---

255. Rambert.

Armoriaux : de Joffrey; de Mandrot, etc.
Famille originaire de Clarens et Montreux, qui paraît avoir été alliée aux *Mayor des Planches* et dont les armes sont communes avec les leurs.
1516. *Noble Jean Rambert* alias *Mayor*, à Clarens; *Vevey et ses environs ;* par D. Martignier, p. 92.
1574. *Noble Nicolas Rambert* alias *Mayor.* (Idem.)
1596. *Jean Rambert*, autrement *Mayor*, donzel de Clarens. (Idem.)
La famille *Rambert* existe encore à Montreux et Lausanne.

256. de Rameru.

Armoriaux : de Mandrot, etc.
Famille originaire du Poitou, établie à Aigle.

257. Ravier alias Chandelley.

Armoriaux : de Mulinen; manuscr. de la Biblioth. cant.; de Mandrot.
1357. *Jacodus Raveir*, alias *Peter*, syndic de la Cité à Lausanne; *Le trésor de l'église cathédrale de Lausanne*, par Er. Chavannes, p. 42.
1416. *Guill. Raverii* alias *Chandeleir*, à Lausanne; t. XXVIII, p. 255.
1480. *Pierre Raveir* alias *Chendeller*, à Lausanne; t. VII, p. 604; t. XXVIII, p. 255.
1518. *Noble Benoiel Raverj*, docteur en médecine, à Lausanne; t. VII, p. 686 et 693; t. XXXVI, p. 9 et 372.
1526. *Amédée Ravier*, chanoine; t. XXXVI, p. 33 et 372.
1533. *Pierre Ravier*, à Lausanne; t. XXXVI, p. 156 et 372.
1550. *Noble Amey Ravier*, seigneur de Montricher et de Saint-Martin du Chaisne; t. XI, p. 459; t. XV, p. 175; t. XXIV, p. 432, etc.

258. Renevier.

Armoriaux : de Mandrot, etc.

1384. *Anthonius Reneverii,* ou *Antoine Renevier,* donzel d'Yverdon ; vendit la coseigneurie d'Ecublens à Mermet Loys ; t. XXVII, p. 181 ; *Vevey et ses environs,* par D. Martignier, p. 86.

1425. *Mermet Renevier,* donzel d'Aubonne, possesseur d'un fief à Cossonay ; t. XV, p. 187, 188 et 198.

vers 1460. *Catherine Renevier,* fille du donzel Mermet, et épouse de noble Arthaud Mestral, d'Aubonne ; t. XV, p. 187 ; t. XXVI, p. 229.

Il existe encore des familles de ce nom.

259. Reverdil.

Armoriaux : de Mandrot, etc.

1731. *Urbain Reverdil,* secrétaire baillival.

1788. *Elie-Salomon-François Reverdil,* lieutenant-baillival à Nyon, fils d'Urbain ; *diction. biogr. de Montet, t. II, p. 353.*

260. de Rham.

Armoriaux : de Mandrot, etc.

Famille d'origine prussienne établie à Yverdon.

261. de Ribaupierre.

Armoriaux : de Mandrot, etc.

Baronnie près Colmar. (Ribauvillier, Rapolfstein, Rappolts-weiler, Raboldi-Rupes.)

1753. *Etienne de Ribaupierre,* à Prangins ; *diction. Martignier et de Crousaz, p. 553.*

1780. *Jean-François de Ribaupierre,* général en Russie, tué en 1789 ; fils de Marc-Etienne ; *diction. biogr. de Montet, t. II, p. 363.*

Cette famille a habité Grandson et Rolle ; *diction. Martignier et de Crousaz, p. 794.*

262. de Rive.

Armoriaux : de Mulinen ; manuscr. de la Biblioth. cant.; de Mandrot.

Famille originaire de Payerne.

1540. *Georges de Rive*, baron de Prangins, seigneur de Grandcour, Bellerive et Genollier, chevalier; *diction. biogr. de Montet, t. II, p. 376.* Epoux d'Isabelle de Vaumarcus, décédé sans postérité mâle; *diction. Martignier et de Crousaz, p. 760 et 761.* En 1583, t. XXIII, p. 583.

263. de la Roche d'Ollon.

Armoriaux : de Mandrot, etc.

vers 1310. *Burcard de la Roche*, chevalier; t. v, 1re livr. p. 58.

1345. *Jean de la Roche*, coseigneur de la Roche, chevalier, fils de Burcard, vend la seigneurie de la Roche d'Ollon à Mermet de Rovéréa; t. v, 1re livr. p. 58; t. XII, 3e p. p. 124.

Les biens seigneuriaux d'Ollon, indépendants du vidomnat, n'avaient pas été compris dans l'échange que firent de ce vidomnat, en 1326, dame Isabelle, veuve de Burcard de la Roche, chevalier, et Jean son fils, avec le comte Edouard de Savoie. On les connut dès lors sous le nom de seigneurie *de la Roche d'Ollon ;* t. v, 1re livr. p. 58.

Rogivue, voir *de Rubea aqua*.

264. Roguin.

Armoriaux : de Mandrot, etc.

Famille d'Yverdon.

1692. *Georges Roguin*, à Yverdon.

1699. *Augustin Roguin*, à Yverdon.

1733. *Albert-Louis Roguin*, colonel sarde, fils de Georges; *diction. biogr. de Montet, t. II, p. 395.*

1743. *Augustin-Gabriel Roguin*, colonel, tué en 1744 ; fils d'Augustin ;
        diction. biogr. de Montet, t. II, p. 395.
1780. *Jonas-François Roguin*, général-major sarde ; fils d'Augustin ;
        diction. biogr. de Montet, t. II, p. 396.
1780. *Augustin-Gabriel Roguin*, colonel en Pologne. (*Idem.*)
1780. *Georges-Augustin Roguin*, colonel en Sardaigne. (*Idem.*)
     La famille Roguin existe encore à Yverdon.

265. Rolaz.

> *Armoriaux :* de Mulinen ; manuscr. de la Biblioth. cant. ; de
> Mandrot.
> Famille originaire de Rolle.

1627. *Noble Jean Rolaz*, t. xxxiv, p. 100 et 108 ; *diction. Martignier
        et de Crousaz, p. 935.*
1629. *Egrège et honorable Claude Rolaz*, châtelain de Mont ; t. xv,
        p. 878.
1643. *Noble François Rolaz*, seigneur de Saint-Vincent, fils de Jean ;
        t. xxxiv, p. 108.
1670. *Noble Mathieu Rolaz*, châtelain de Rolle, seigneur de Mézery.
1689. *Claude Rolaz*, notaire à Morges ; t. xxiv, p. 3.
1690. *Noble Jean-Jacques Rolaz*, seigneur de Saint-Vincent, châtelain
        de Bursins, fils de François ; t. xxxiv, p. 108.
1690. *Guillaume Rolaz*, seigneur du Rosey ; t. xxxiv, p. 115.
1703. *Imbert Rolaz du Rosey*, seigneur de Hinnersdorf, Hackenau, etc.;
        général-major en Prusse ; *diction. biogr. de Montet, t. II,
        p. 397.*
     Voir le *diction. Martignier et de Crousaz, p. 596*, pour les *Rolaz*,
seigneurs de Mézery.

de Romainmotier, voir *Mayor*.

266. Rosset.

> *Armoriaux :* de Mandrot, etc.

1435. *Jacobus Rosseti*, judex Chablaysii ; t. xxvii, p. 243 et 245.
1437. *Jean Rosset*, à Lausanne ; t. xxviii, p. 255.

vers 1550. *Guy* soit *Guido Rosset*, notaire de Vufflens-la-ville et bourgeois de Lausanne, souche des nobles Rosset; t. xv, p. 444.

1580. *Noble et prudent Jean Rosset*, bourgmestre de Lausanne; fils de Guy; t. xv, p. 444.

1594. *Noble Benjamin Rosset*, seigneur de Vufflens-la-ville, bourgue-maître de Lausanne, fils de Jean; t. v, 1re livr. p. 194; t. xv, p. 444 à 446 et 458.

1662. *Noble et puissant Jean-Philippe Rosset*, seigneur de Vufflens-la-ville, bourgmestre de Lausanne; t. v, 1re livr. p. 195; t. xv, p. 175, 448 et 810. Jean-Philippe était fils de Benjamin; il est cité encore en 1674.

1675. *Noble Isaac-Henri Rosset*, seigneur de Vufflens-la-ville, fils de Jean-Philippe; t. xv, p. 460. La seigneurie de Vufflens-la-ville fut acquise vers l'an 1700 par Albert de Métral.

1708. *Benjamin-Marc Rosset*, à Coppet.

1752. *Jean-Alphonse Rosset de Rochefort*, de Coppet, fils de Benjamin-Marc; *diction. biogr. de Montet, t. II, p. 401*.

1788. *Noble Pierre-Antoine Rosset*, banneret de Lausanne; *diction. Martignier et de Crousaz, p. 908*.

---

267. de la Rottaz.

Armoriaux : de Joffrey; de Mandrot; etc.

D'après de Mandrot, la famille *de la Rotta*, de Villeneuve, est originaire du *Val Bregallia*.

1587. *Noble Jean Rotaz*, baron du Châtelard; *Vevey et ses environs*, par D. Martignier, p. 80.

1587. *Noble Jean-Baptiste Rotaz*, baron du Châtelard. (*Idem.*)

La famille *de la Rottaz* existe encore à Veytaux.

---

268. de Rovéréa.

Armoriaux : de Mulinen; manuscr. de la Biblioth. cant.; de Mandrot, etc.

Ancienne famille originaire du Chablais, qui a relevé immédiatement de la maison de Savoie; t. viii, p. 504. Les *de Rovéréa* sont bourgeois de Berne dès 1658; cette famille est éteinte aujourd'hui.

1131. *Dalmace de Rovéréaz*, époux de Bonete de Divonne; t. v, 1re livr. p. 23.

1203. *Stephanus de Roverea*, à Thonon et Saint-Gingolph; t. xxix, p. 154.

1220. *Dnus Petrus de Rouereia*; t. vi, p. 261; t. xxix, p. 317, en 1235.

1220. *Aymon de Rouereia* ou *de Rovorea*; cité encore en 1259; t. vi, p. 262; t. xix, p. 321.

1258. *Giraud de Rovorea*; t. xix, p. 320.

1296. *Martinus de Rovereas* à Saint-Maurice; t. xxx, p. 498.

1322. *Stephanus de Rouerea* à Saint-Gingolph; t. xxxi, p. 351.

1367. *Jean de Rovéréaz; diction. Martignier et de Crousaz, p. 878.*

1387. *Guillaume de Rovéréaz*, dit *Daux*, chevalier; t. xii, 3e p. p. 131 et 132; t. xiv, p. 117; t. xxii, p. 173.

1419. *Noble Jean de Roverea*; t. xxii, p. 332.

1435. *Guigo de Roverea*; t. xxvii, p. 243.

1441. *Noble Jean de Roverea*, aux Ormonts; t. xxiii, p. 22; *diction. Martignier et de Crousaz, p. 15.*

1441. *Noble Aymon de Roverea;* t. xxiii, p. 22.

1441. *Noble Louis de Roverea;* t. xxiii, p. 22; *diction. Martignier et de Crousaz, p. 15.*

1476. *... de Rovéréa*, seigneur de Saint-Triphon; t. viii, p. 233.

1520. *Noble Pierre de Rovéréa*, époux de Jeanne Tavelli. (*Vevey et ses environs*, par D. Martignier, p. 109.)

1527. *Jacques de Rovéréa*, seigneur du Crest, colonel; *diction. biogr. de Montet, t. II, p. 425.*

vers 1600. *Noble Jean de Rovéréa*, de Bex. (*Vevey et ses environs*, p. 103.)

1608. *David et Antoine de Rovéréaz*, coseigneurs de Saint-Triphon; *diction. Martignier et de Crousaz, p. 879.*

vers 1650. *Noble Gabriel de Rovéréa.* (*Idem*, p. 113.)

1799. *Ferdinand de Rovéréa*, colonel; *diction. biogr. de Montet, t. II, p. 426.*

---

269. de Rubea aqua.

Les *de Rubea aqua* sont une ancienne famille qui paraît avoir vécu à Lausanne ou aux environs. Ce nom est celui de *Rogiaivui, Rougève, Rogivue.*

1200. *Girard de Rubea aqua*; t. xii, 3e p. p. 108.

1200. *Perrod de Rubeaaqua*, frère de Girard; t. xii, 3e p. p. 108; t. xxix, p. 183 et 328.

1213. *Noble Guillaume de Rubea Aqua* à Montheron sur Lausanne ;
 t. xii, 3ᵉ p. p. 108.
1213. *Noble Mermet de Rubea Aqua*, frère de Guillaume et de Jean,
 et fils de feu Perrod ; t. xii, 3ᵉ p. p. 108.
1213. *Noble Jean de Rubea Aqua*, fils de feu Perrod ; t. xii, 3ᵉ p. p. 108.
1245. *Petrus de Rubea Aqua*, miles ; t. xii, 3ᵉ p. p. 64.
vers 1300. *Rodolphe de Rogevue*, chevalier ; *diction. Martignier et de Crousaz, p. 789.*

270. de Russin.

Armoriaux : de Mulinen ; manuscr. de la Biblioth. cant. ; de
 Mandrot.
1408. *Noble François de Russin*, bailli épiscopal de Lausanne ; t. xxvi,
 p. 73 ; t. xxviii, p. 341.
1430. *Noble et puissant Jean-François de Russins*, coseigneur d'Alamand ; t. xxii, p. 381.
1430. *Humbert de Ruissin*, coseigneur d'Alamand ; t. xxii, p. 383.
1440. *Noble François Russin*, donzel, à Lausanne ; fils de François ;
 t. xv, p. 700 ; t. xxxv, p. 192.
1474. *Noble Jaques de Russin* ou *de Russins*, seigneur d'Allaman ; fils
 de François ; t. v, 2ᵉ livr. p. 92 ; t. xv, p. 700.
1493. *Noble Bernard de Russin* ; t. xv, p. 753.
1493. *Noble Louis de Russin*, coseigneur de Bottens, à Lausanne ; fils
 de Bernard ; cité encore en 1516 ; t. xiv, p. 120, 149 et 150 ;
 t. xv, p. 66, 82, 109, 147 et 753.
1509. *Noble Pierre de Russin*, fils de Bernard ; t. xii, 3ᵉ p. p. 147.
1512. *Noble François de Russin*, coseigneur de Bottens, fils de feu
 Bernard ; t. xv, p. 147. Il était frère de Louis et de Pierre.
1546. *Noble Jean de Russin*, fils de Louis, vend la seigneurie d'Allaman ; *diction. Martignier et de Crousaz, p. 18.*

Période bernoise.

En 1575, les nobles *Dunant* et *Sachet* étaient dits *de Russin* ; *diction.
Martignier et de Crousaz, p. 18.*

271. de Saint-Cierge.

Armoriaux : de Mulinen ; manuscr. de la Biblioth. cant. ; de
Mandrot.

Ancienne famille de Lausanne.

1366. *Johannes de Sancto Cyriaco,* cler. curie Lausan. ; t. XXII, p. 179
et 591.

1491. *Michael de Sancto Siriaco,* chanoine à Lausanne ; t. VII, p. 618 ;
t. XXIII, p. 109 ; cité encore en 1510 ; t. XI, p. 224.

1527. *Jean de Saint-Cierge,* à Lausanne ; t. XXIII, p. 234 ; t. XXXVI, p. 30
et 371.

1531. *Egregius Petrus de Sancto Ciriaco,* à Lausanne ; t. XXXVI, p. 125
et 374.

1535. *Henri de Saint-Cierge,* à Lausanne ; t. XXIII, p. 709 ; t. XXXVI,
p. 30 et 374.

272. de Saint-Georges.

Il existe deux familles de ce nom, l'une des comtes de
Saint-Georges en Canavès (Piémont), dont les armes portent
de gueules au Saint-Georges d'argent, à cheval et armé,
soutenu d'une terrasse de sable, portant une épée nue dans
la main dextre levée (t. XX, p. 463 et 477); l'autre des *de
Saint-Georges comtes de Marsay,* originaires du Poitou, et
dont les armes, tout à fait différentes, sont figurées dans l'armorial de Mandrot.

Non classé :

1226. *Rodolphus de Sancto Georio,* miles ; t. VI, p. 524.

Famille de Saint-George, du Poitou :

1679. *Louis de Saint-George,* comte de Marsay, émigré pour cause de
religion.

1731. *Armand-Louis de Saint-George,* comte de Marsay, à Changins
sur Nyon, fils de Louis ; *diction. biogr. de Montet, t. II,
p. 436.*

Cette famille existe encore à Changins.

Il y a eu une seigneurie de *Saint-Georges ;* voir *Challet.*

273. de Saint-Germain.

Armoriaux : de Mulinen ; manuscr. de la Biblioth. cant. ; de
Mandrot.

Il existe deux familles de ce nom, l'une en Gruyère (t. XXII
et XXIII) à laquelle se rattache probablement *noble Pierre de
Saint-Germain* qui vivait en 1495 (t. XXXV, p. 233) ; et l'autre
de Saint-Germain près Bussigny.

Famille de Saint-Germain près Bussigny :

Cette famille est une branche de la maison de Montricher.

1203. *Rodolfus de Sancto Germano*, miles ; fils de Pierre de Montricher, reçoit en fief de l'évêque de Lausanne une partie du
village de Saint-Germain près Bussigny. Cité encore en
1227 ; t. VI, p. 164 et 685 ; t. XV, p. 521 ; t. XXII, p. 33.

1250. *Aymé* ou *Aymon de Saint-Germain*, fils de Rodolphe ; t. XV,
p. 521.

1287. *Jaquet de Pampigny*, donzel ; fils de feu Aymé de Saint-Germain
et cousin de Jacques, seigneur de Montricher ; cité encore
en 1319 ; t. I, 3e livr. p. 37 ; t. V, 1re livr. p. 74 ; t. XV, p. 521.

1312. *Pierre de Saint-Germain*, donzel à Aubonne ; t. XXVI, p. 235.

vers 1350. *Jean de Saint-Germain*, donzel à Aubonne ; t. XXVI, p. 234

---

274. de Saint-Laurent.

Armoriaux : de Mulinen ; manuscr. de la Biblioth. cant. ; de
Mandrot.

Cette famille paraît être de Lausanne.

1250. *Willermus* domicellus de Sancto Laurentio ; t. VI, p. 307.

---

275. de Saint-Martin-du-Chêne.

Armoriaux : de Mulinen ; manuscr. de la Biblioth. cant. ; de
Mandrot.

Saint-Martin-du-Chêne est situé près d'Yvonand.

1235. *Noble Richard de Saint-Martin*, chevalier ; t. XII, 2ᵉ p. p. 72, et
     3ᵉ p. p. 62 et 110 ; t. XIX, p. 271.

1267. *Richard*, seigneur de Saint-Martin ; t. XIX, p. 357.

1267. *Ulrich*, seigneur de Saint-Martin ; t. XIX, p. 357.

1283. *Guillaume de Saint-Martin*, à Combremont et Saint-Martin ; cité
     déjà en 1245 ; t. XII, 2ᵉ p. p. 70 ; t. XIV, p. 66.

1287. *Aymon de Saint-Martin*, donzel ; t. XIV, p. 314 ; t. XIX, p. 422.

1379. *Nicod de Saint-Martin*, chevalier, coseigneur de Saint-Martin-
     du-Chêne ; châtelain des Clées en 1396 ; t. I, 3ᵉ livr. p. 71
     et 238 ; t. XVIII, 2ᵉ p. p. 135.

1392. *Noble sire Nicolas*, coseigneur de Saint-Martin-du-Chêne, che-
     valier ; t. XIII, p. 82.

Consulter le *diction. Martignier et de Crousaz, p. 589.*

La seigneurie de Saint-Martin-du-Chêne a appartenu à divers. Voir
Ravier.

Il existe dans le canton de Fribourg, près d'Oron, une localité nommée Saint-Martin de Vaux qui fut jadis le siège d'une famille féodale. — Il a existé aussi une famille *de Saint-Martin* à Lausanne.
(Armorial de Mandrot.)

276. de Saint-Oyen.

1211. *Uldric de Saint-Oyen*, chevalier ; t. XXVIII, p. 16.

1293. *Jean de Saint-Oyen*, donzel, époux d'Etiennette d'Aubonne ;
     t. XXVI, p. 181.

vers 1310. *Nicolet de Saint-Oyen*, donzel ; t. XV, p. 564.

1350. *Girard de Saint-Oyen*, dit *Cheyvra*, fils de Nicolet ; t. XV, p. 564.

1377. *Clémence de Saint-Oyen*, fille de feu Girard et femme de Girod
     de Conay ; t. XV, p. 564.

277. de Saint-Prex.

Armoriaux : de Mulinen ; manuscr. de la Biblioth. cant. ; de
     Mandrot.

1200. *Uldricus miles Sancti Prothasij ;* t. VI, p. 256, 264, 267.

1200. *Nantelmus*, miles ; frère d'Ulric ; t. VI, p. 256 et 267.

1225. *Amédée de sancto pro.*, fils de Nantelme ; t. VI, p. 268.

1225. *Wulelmus de Sancto prothasio*, domjcellus en 1225 ; miles en
    1230 ; t. VI, p. 59 et 267 ; t. XXVI, p. 162.
1230. *Sauaricus de Sancto Protasio*, miles ; frère de Wulelmus ; t. VI,
    p. 59.
1230. *Jacobus*, frère des deux précédents ; t. VI, p. 282.
1230. *Jacobus*, fils de Sauaricus ; t. VI, p. 282.
1230. *Petrus* et *Stephanus*, fils de Willerme ; t. VI, p. 282.

---

278. de Saint-Saphorin *(Lavaux)*.

Armorial de Mandrot.
    Le village de Saint-Saphorin, à Lavaux, paraît avoir été
autrefois le siège d'une famille de *milites*.
    Non certain :
1163. *Wido, miles S. Simphoriani* ; t. XII, 2ᵉ p. p. 21.

---

279. de Saint-Saphorin-sur-Morges.

Armoriaux : de Mulinen ; manuscr. de la Biblioth. cant. ; de
Mandrot.
1218. *Raimundus, miles de Saint-Saphorin* ; t. I, 3ᵉ livr. p. 150 ; t. V,
    1ʳᵉ livr. p. 35 ; t. VI, p. 260 et 686 ; t. XV, p. 741.
1242. *Galcherus, domicellus de Sancto Symphoriano* ; t. VI, p. 319.
1242. *Girardus* ou *Gérard, domicellus de Sancto Symphoriano* ; frère
    de Galcherus ; t. VI, p. 319 ; t. XXVI, p. 170 et 171.
1269. *Pierre de Saint-Saphorin*, chevalier ; t. XXVIII, p. 358.
1274. *Jean de Saint-Saphorin*, donzel, à Aubonne ; t. XXVI, p. 195 et 323.

1450. *Noble Nicod de Saint-Saphorin* ; t. XV, p. 231 et 743.
1487. *Noble Pierre de Saint-Saphorin*, à Cossonay et à Lausanne ; fils
    de Nicod ; t. VII, p. 732 ; t. XV, p. 231, 232, 568 et 743 ;
    t. XXXV, p. 233.
1519. *Noble François de Saint-Saphorin*, chevalier ; fils de Pierre ; t. I,
    3ᵉ livr. p. 360. (Voir *Chalon*.)
1536. *Noble Pierre de Saint-Saphorin*, chevalier, à Yverdon ; t. V,
    2ᵉ livr. p. 120.

Les nobles *Vionnet de Villar* (voir *Villar*) pourraient être des descendants des milites de Saint-Saphorin-sur-Morges; t. xv, p. 741.

La seigneurie de Saint-Saphorin-sur-Morges a appartenu à divers. Voir *Chalon, de Pesmes, Mestral de Mont,* etc.

---

280. de Saint-Trivier.

Armoriaux : de Mulinen; manuscr. de la Biblioth. cant.; de Mandrot.

La maison *de Saint-Trivier* appartient à la haute noblesse de la Bresse et du Bugey; elle relevait jadis immédiatement de la maison de Savoie; elle a été vassale du couvent de Romainmotier. Ses alliances avec la maison de La Sarra lui ont apporté la seigneurie de Mont-le-grand; t. iii, p. 116; t. viii, p. 503; t. xxviii, p. 126 et 413.

1283. *Aymon de Saint-Trivier,* à Morat et Gumine; t. xix, p. 408.

vers 1410. *Noble Guillaume de Saint-Trivier.*

1438. *Noble Antoine de Saint-Trivier,* seigneur de Saint-Trivier et de Branges, fils de Guillaume; t. xxviii, p. 126.

1438. *Messire Guillaume de Saint-Trivier,* fils de Guillaume et frère d'Antoine; t. xxviii, p. 126 et 430. Il était aussi frère de *Jean;* t. xxviii, p. 130.

vers 1450. *Noble et puissant Antoine de Saint-Trivier* (à ne pas confondre avec son contemporain Antoine); t. xxviii, p. 126 et 127.

1457. *Noble et puissant Guillelme de Sancto Triverio,* dnus de Brengens; t. xxiii, p. 437 et 725.

1505. *Huguette de Saint-Trivier,* veuve de Bartholomé I de La Sarra; t. i, 3e livr. p. 105.

1518. *Dame Claude de Saint-Trivier,* veuve du dernier Bubemberg; t. iii, p. 116.

---

281. de Saleneuve.

Armoriaux : de Mandrot, etc.

1239. *Hugues, seigneur de Salenove (Aule nové);* t. xii, 1re p. p. 32 et 168; t. xix, p. 259.

1239. *Aymon de Salanoua,* fils de Hugues; t. xii, 1re p. p. 32.

1294. *Aymon de Sallanova; diction. Martignier et de Crousaz, p.* 789
        et 790.

1502. *Noble Jean de Salenove, aux Ormonts; t.* XI, p. 207.
1518. *Spectable et puissant seigneur le baron de Sellanove; en* 1534,
        Alexandre baron Haulenove; t. VII, p. 697; *t.* XXIII, p. 220
        et 257.

----

de Salvion, voir *de Servion.*

----

282. de La Sarra.

Le nom de *La Sarra* a été porté par une ancienne famille
féodale éteinte depuis longtemps, et qui a laissé peu de traces.

vers 1300. *Jaques* ou *Jaquet d'Eclépens,* donzel; t. XII, 3° p. p. 120 (voir
        d'Eclépens).
1312. *Jaques* ou *Jaquet de La Sarra,* donzel, fils de Jaquet d'Eclépens;
        t. VIII, p. 43; t. XII, 3° p. p. 120.
vers 1320. *Guillaume* dit *Bover de La Sarra,* donzel; t. VIII, p. 43.
1340. *Mermet de la Sarra,* donzel, fils de Jaques; t. VIII, p. 43.
1350. *Rolet de la Sarra,* donzel, fils de Guillaume; t. VIII, p. 43.

Il existe une famille *de la Sarraz,* possédant la bourgeoisie
de Cossonay, établie en Hollande depuis plusieurs générations.
Ses armes ont une analogie lointaine avec celles des sires de
La Sarra-Grandson. Voir l'armorial de Mandrot. Voir aussi t. V,
2° livr. p. 289.

Sires de La Sarra.

La ville de *La Sarra* paraît avoir été fondée vers l'an 1100
par les dynastes de Grandson. Le nom de *La Sarra,* porté
comme nom de seigneurie, appartient donc en premier lieu
et jusqu'en 1269 aux sires de Grandson. Il passa ensuite, par
alliance, à la maison bourguignonne de *Montferrand* qui le
porta de 1269 à 1500, et qui le transmit alors par alliance aux
Mangerot.

De la famille Mangerot ce nom passa, par alliance, à la famille de Gingins.

La maison de Montferrand appartenant à un nobiliaire étranger, nous donnons ici les personnages de cette maison qui tiennent au pays de Vaud par le nom de leur seigneurie de La Sarra.

Maison de La Sarra-Montferrand.

1269. *Humbert de Montferrand*, du comté de Bourgogne, avoué de l'abbaye du lac de Joux, sire de La Sarra par son alliance avec la maison de Grandson ; t. XXVIII, p. 359 et 361.

1296. *Jean de Montferrand*, seigneur de La Sarra, fils de Humbert ; t. I, 3ᵉ livr. p. 185 ; t. XXII, p. 442 ; t. XXVIII, p. 361 et 364.

1333. *Aymon II de Montferrand*, damoiseau, seigneur de La Sarra, bailli de Vaud (1332-1335), fils de Jean ; t. I, 3ᵉ livr. p. 51 ; t. XXVIII, p. 367 ; *diction. biogr. de Montet, t. II, p. 198.*

1343. *François I de La Sarra*, seigneur de La Sarra, chevalier, avoué de l'abbaye du lac de Joux, coseigneur de Vevey et de Montreux, bailli de Vaud, bailli du Chablais, fils d'Aymon. Il abandonna le nom de Montferrand ; t. I, 1ʳᵉ livr. p. 300, et 3ᵉ livr. p. 479 ; t. XVIII, 2ᵉ p. p. 55 et 81 ; t. XXII, p. 142 ; t. XXVIII, p. 375 et suiv.; *diction. biogr. de Montet, t. II, p. 199.*

1363. *Aymon III seigneur de La Sarra*, chevalier (t. XXVIII, p. 390 et suiv.); fils de François I et frère de *Pierre*, qui mourut sans postérité, et de *François II.*

1370. *François II de La Sarra*, chevalier, coseigneur de Vevey et de Montreux, puis seigneur de La Sarra après le décès de son frère Aymon III, lequel mourut sans postérité ; fils de François I ; t. XXVIII, p. 395.

1427. *Aymon IV*, seigneur de Mont-le-grand, coseigneur de La Sarra et de Montreux (t. XXVIII, p. 438); fils de François II. Il eut pour fils *Claude* (t. XXVIII, p. 445), mort sans postérité mâle, et pour fille *Marguerite* qui épousa Jean de Gingins en 1415.

1440. *Nicolas* soit *Nicod I*, seigneur de La Sarra, fils de François II et frère d'Aymon IV ; t. XXVIII, p. 403.

1447. *Guillaume*, seigneur et baron de La Sarra (t. XXIII, p. 438 ; t. XXVIII, p. 408), chevalier, bailli de Vaud, fils de Nicod I et frère d'*Anselme* (t. XV, p. 579) et de *Louis.*

1478. *Nicolas* soit *Nicod II*, seigneur et baron de La Sarra, seigneur de Glérens, châtelain des Clées, chevalier, fils de Guillaume et frère de *Jacques* ; t. XXVII, p. 291 ; t. XXVIII, p. 415.

1500. *Barthélemy*, seigneur et baron de La Sarra, seigneur de Glérens
et coseigneur de l'Isle, fils de Nicolas; t. XXIII, p. 192 et
193; t. XXVIII, p. 420 et suiv.

Barthélemy fut le dernier mâle de la maison de Montferrand-
La Sarra; sa sœur *Antoinette* fit passer la baronnie de La
Sarra dans la maison *Mangerot*, par son mariage avec *Michel I
Mangerot* ou *Mangerod*, seigneur de la Bruyère en Bourgogne.
(Voir *Mangerot*.)

Branche des seigneurs de Bossonens.

1446. *Anselme de La Sarra*, écuyer, frère de Guillaume de La Sarra
(voir ci-dessus); fils de Nicod I; t. XXVIII, p. 432.

1450. *Claude*, seigneur de Bossonens, fils d'Anselme et frère de *Nicod*,
seigneur de Chescaux, et de *François*; t. XXVIII, p. 435.

1513. *Georges*, seigneur de Bossonens et de Chescaux, fils de Claude;
t. XXVIII, p. 437.

---

de Saugy, voir *Frossard*.

---

283. de Saussure.

Armoriaux : de Mulinen; manuscr. de la Biblioth. cant.; de
Mandrot, etc.

La famille *de Saussure* appartient par ses origines à la noblesse lorraine. Elle s'est fixée à Genève et dans le Pays de
Vaud pour cause de religion, et existe encore dans ces deux
cantons.

vers 1600. *Noble Jean de Saussure*, seigneur de Dompmartin en Lorraine,
coseigneur de Boussens, citoyen de Lausanne; t. XV, p. 167
et 454; t. XXVI, p. 22.

1617. *Noble François de Saussure*, fils de Jean; t. XV, p. 172; t. XXVI,
p. 23.

1617. *Noble Jean-Baptiste de Saussure*, seigneur de Morrens, coseigneur de Boussens, fils de Jean; t. V, 2e livr. p. 196.

1661. *Noble et spectable Marc de Saussure*, ministre du Saint-Évangile,
seigneur de Boussens; dit *Mr de Boussens*, à Lutry; t. V,
2e livr. p. 230 et 231. Il était fils de Jean-Baptiste; t. XV,
p. 167.

1668. *Noble Georges de Saussure ;* t. xv, p. 453.
1668. *Noble Samuel de Saussure ;* t. xv, p. 453.
1674. *Noble et généreux Antoine de Saussure,* seigneur de Boussens, fils de Marc ; t. xv, p. 170 ; t. xxvi, p. 22.
1675. *Noble Théodore de Saussure,* citoyen de Lausanne ; t. xv, p. 487.
1712. *Noble Jean-Louis de Saussure,* créé baron de Berchier par les Bernois ; *diction. Martignier et de Crousaz, p. 82.*
1740. *Noble et généreux David de Saussure,* baron de Bercher ; t. xv, p. 420.
1798. *Noble Victor de Saussure,* seigneur de Boussens, bourguemaître de Lausanne ; t. xv, p. 176.

---

de Says, voir *de Ceys.*

---

284. Séchal ou Séchau.

Armoriaux : de Mulinen ; manuscr. de la Biblioth. cant. ; de Mandrot.

Le nom de *Séchal, Séchau* ou *Séchaux* provient du mot *Sénéchal.* Les sénéchaux de Begnins, qui sont une branche de la famille de Begnins, sont devenus les *Séchal de Begnins,* puis les *Séchau* tout court ; t. v, 1ʳᵉ livr. p. 19 ; t. xxxiv, p. 67. De même, à Aubonne, une famille de gentilshommes portant le nom de *Séchaux* descendait sans doute des anciens sénéchaux de cette ville ; elle y possédait un fief noble ; t. xxvi, p. 147.

1204. *Girald,* sénéchal de Binnins (Begnins) ; t. v, 1ʳᵒ livr. p. 32.

1384. *Stephanus Seschaux,* de Albona, domicellus ; t. xxvi, p. 381.

1531. *Claude Séchaux,* à Lausanne ; t. xxxvi, p. 121.

285. de Seigneux.

Armorlaux : de Mulinen ; manuscr. de la Biblioth. cant. ; de
   Mandrot, etc.
1475. *Antholne Senyou,* ancêtre de la famille de Seigneux ; t. xxviii,
   p. 257.
1518. *Noble Louys Seigneulx* ou *nobilis Ludovicus Seygnyoux,* à Lausanne ; t. vii, p. 687 ; t. xxviii, p. 257 ; t. xxxvi, p. 11 et 375.
1540. *Johan Seigneux,* bourgmestre de Lausanne.
1550. *Noble François Seigneux,* seigneur de Vufflens-le-château, Denens et autres lieux, bourgmestre de Lausanne en 1560 ;
   t. xi, p. 555 ; *diction. Martignier et de Crousaz, p. 944.*
1571. *Louis Seigneux,* fils de François et frère de Jean. Vente de
   Vufflens-le-château. (*Idem.*)
1592. *Noble Jean Seigneux.* (*Idem.*)
1636. *Noble Jean-Baptiste Seigneux,* bourgmestre de Lausanne.
1694. *Jean-Louis Seigneux,* assesseur baillival à Lausanne.
1733. *Noble Jean-Samuel Seigneux,* bourgmestre de Lausanne.
1757. *François Seigneux,* assesseur baillival, fils de Jean-Louis ; *diction.*
   biogr. de Montet, t. II, p. 512.
1770. *Gabriel Seigneux,* seigneur de Correvon, banneret à Lausanne,
   fils de Jean-Louis ; *diction. biogr. de Montet, t. II, p. 510.*
   Cette famille pourrait être originaire de Romont ; *diction. Martignier*
   et de Crousaz, p. 838.

286. de Senarclens.

Armorlaux : de Mulinen ; manuscr. de la Biblioth. cant. ; de
   Mandrot, etc.
   Les anciennes familles de *milites* qui formaient la chevalerie
du Pays de Vaud en l'an 1000 sont aujourd'hui presque toutes
éteintes. Dans la baronnie de Cossonay, la famille de Senarclens subsiste seule. Les *de Disy, de Boussens, de Daillens* et
autres familles féodales de cette baronnie n'existent plus.
   Le village de *Senerclens* est nommé pour la première fois
dans une charte du roi Rodolphe de l'an 1011 ; t. xv, p. 205.
   Le nom de *Senarclens* se trouve écrit aussi *Senaclens, Sonar-*
clens, Synarclens, Sunarclens ; t. iii, p. 134.

Au treizième siècle, la famille de Senarclens s'est divisée en deux branches; la branche aînée s'est éteinte avant 1500; la branche cadette subsiste encore, elle a été fixée longtemps à Dullit, Bursins et Cossonay.

1150. *Aymon de Senarclens*; t. v, 1re livr. p. 19; t. xv, p. 206.

1150. *Ebal de Sunarclens*, miles; t. xv, p. 206 et 207.

1190. *Rodolphe de Sonarclens*, chevalier; t. xv, p. 207.

1215. *Henri de Senarclens*, chevalier; t. xv, p. 207.

1250. *Rodolphe de Senarclens*, chevalier, souche de la branche aînée, fils de Henri; t. xv, p. 207.

1250. *Jean de Senarclens*, chevalier, fils de Henri.

1279. *Jean de Senarclens*, chevalier, fils de feu Rodolphe; t. viii, p. 28; t. xv, p. 209.

1279. *Jean de Senarclens*, donzel, fils de feu Jean; t. v, 1re livr. p. 61.

1297. *Guillaume de Senarclens*, donzel, fils de Jean; t. xv, p. 209 et 282.

1297. *Jacques de Senarclens*, fils de Jean.

1300. *Henri de Senarclens*, chevalier, de la branche cadette; t. xv, p. 207.

1330. *Jean de Senarclens*, donzel, fils de Henri; t. v, 1re livr. p. 84; t. xv, p. 207 et 290.

1332. *Nicolet de Senarclens*, fils de feu Guillaumé; t. xv, p. 215.

1332. *Jacquet de Senarclens*, fils de feu Guillaume; t. xv, p. 215.

1336. *Louis de Senarclens*, chanoine; t. i, 3e livr. p. 52 à 62.

1345. *Cono de Senarclens*, domicellus; t. xxii, p. 481.

1350. *Perret de Senarclens*, fils de Jean; t. xv, p. 210.

1351. *Jaquet de Senarclens*, donzel de Granci; t. xv, p. 180, 213 et 215; t. xxii, p. 510.

1378. *Guillaume, Girard* et *Jaquet de Senarclens*, de la branche cadette; t. xv, p. 215 et 725. Girard est la souche des *de Senarclens* actuels.

1378. *Jean de Senarclens*, donzel, fils de feu Perret; t. v, 1re livr. p. 107; t. xv, p. 180, 210 et 725.

1396. *Nobles Nicolet, Louis* et *Jean de Senarclens*, fils de feu le donzel Jean, de la branche aînée; t. xv, p. 62.

1410. *Nobles Louis, Etienne* et *Artaud de Senarclens*, fils de Jean; t. xv, p. 223.

1414. *Noble Nicod de Senarclens*; t. v, 2e p. p. 51.

1427. *Noble Guillaume de Senarclens*, seigneur de Dullit et de Grancy, fils de Girard; t. i, 3e livr. p. 76; t. v, 1re livr. p. 145; t. xv, p. 208 et 218.

1446. *Noble Etienne de Senarclens*, fils de Guillaume; t. iii, p. 115.

1497. *Noble Pierre de Senarclens de Dullict*; t. xxxiv, p. 68.

1511. *Noble François de Senarclens*, fils de Pierre; t. i, 3e livr. p. 107 et 374; t. iii, p. 134.

1548. *Noble Claude de Senarclens*; t. XXVI, p. 39; *diction. Martignier et de Crousaz, p. 747.*

1590. *Noble François de Senarclens*; t. XXXIV, p. 99.

1619. *Noble François de Senarclens*, coseigneur de Grancy et du Rosey, fils de François; t. XV, p. 253; t. XXXIV, p. 99.

1619. *Noble et généreux Isaac de Senarclens*, coseigneur de Grancy, époux de Susanne de Mestral et par là seigneur d'Aruffens; fils de François; t. XV, p. 194, 365 et 367.

1677. *Noble et généreux Henri de Senarclens*, seigneur de Grancy, époux de Bénigne de Chandieu; t. V, 1re livr. p. 198; t. XV, p. 203, 207, 377 et 822.

1750. *Noble Pierre-Daniel de Senarclens*; t. XV, p. 280 et 283.

1799. *César-Auguste de Senarclens*, seigneur de Saint-Denis, allié de Loriol; *diction. biogr. de Montet, t. II, p. 515.*

1799. *Noble Auguste-Victor de Senarclens*, seigneur de Grancy, de Gollion et de Senarclens, petit-fils de Henri et époux de la dernière demoiselle *de Chandieu*, de la branche aînée; t. XV, p. 203, 286, 309 et 378.

Leurs Excellences de Berne constituèrent en 1597 une seigneurie de Senarclens en faveur de *François Charrière*, qui fut ainsi premier seigneur de Senarclens. En 1751, la famille de Senarclens acheta des Charrière son ancienne maison avec ses nouveaux droits seigneuriaux; t. XV, p. 242 à 245, 283 et 284.

---

287. Sénéchal de Lausanne.

Armorial de Mandrot.

1270. *Pierre*, sénéchal de Lausanne, donzel; t. XV, p. 208 et 217.

1319. *François*, sénéchal de Lausanne; t. XXVI, p. 219. Probablement le fils de *François*, sénéchal de Lausanne, chevalier en 1267; t. XXVIII, p. 150.

Sergeat ou **Serjat**, voir *de Cerjat.*

288. de Servion ou de Salvion.

Armoriaux : de Mulinen ; manuscr. de la Biblioth. cant. ; de Mandrot.

A Vevey et Moudon, d'après l'armorial de Mandrot.

1141. *Paganus de Salulon*, miles ; t. XII, 2e p. p. 63 et 168.

1174. *Willelmus, miles de Salulon*, et de Salvium ; t. XII, 3e p. p. 26.

Ce nom se trouve aussi écrit *Sarulon* et *Salulun*.

---

289. de Sévery ou de Sivirier.

Armoriaux : de Mulinen ; manuscr. de la Biblioth. cant. ; de Mandrot.

Ancienne famille féodale qui a vécu à Cossonay, à Aubonne et aux Clées, et dont le siège était le village de Sévery. Elle pourrait être une branche des seigneurs de Vuillerens. Son extinction a suivi de près l'invasion bernoise. T. III, p. 390, 400 à 403 ; t. XIII, p. 104.

1180. *Nantelme de Cossonay*, dit *de Vuillerens ;* t. I, 3e p. p. 156 et 157 ; t. XV, p. 8 et 493 ; t. XIX, p. 228.

1200. *Pierre, miles de Sivirie*, fils de Nantelme ; t. XV, p. 493.

1228. *Reymond, Jean* et *Humbert*, donzels, frères, fils de Pierre ; t. XII, 1re p. p. 142 ; t. XV, p. 493 ; t. XIX, p. 228.

1376. *Humbert de Sivirier*, donzel.

1379. *Henri de Sivirier*, prieur de Romainmotier, frère de Pierre, de Humbert et de Vuillelme ; t. III, p. 121, 269, 270 ; t. XV, p. 495.

1400. *Pierre de Sivirier*, chevalier, frère de Henri et fils de Jaquemet ; t. XV, p. 42, 494, 495 ; t. XXII, p. 508.

1400. *Noble Guillaume de Sivirier*, fils de Pierre ; t. XV, p. 497.

1429. *Noble Jean de Sivirié*, donzel, fils de feu Guillaume ; t. XV, p. 497.

1431. *Jean de Sivirier*, donzel, différent du précédent, quoique son père se nommât aussi Guillaume ; t. XV, p. 497 ; t. XXIII, p. 405.

1458. *Noble Pierre de Sivirier*, fils de feu Jean, et dernier de sa branche ; cité encore en 1474 ; t. V, 2e livr. p. 90 ; t. XV, p. 498.

1494. *Noble Pierre de Sivirier*, fils de feu Pierre ; t. XV, p. 499.

1498. *Noble François de Sivirié*, d'Aubonne, fils de feu Jean ; t. XV, p. 499 ; t. XXIII, p. 141 et 766.

1507. *Noble Louis de Sivirier*; t. xv, p. 499.
1507. *Noble Sébastien de Sivirier*, frère de Louis; t. xv, p. 499.
1533. *François de Sivirier*, donzel, bourgeois de Morges.
1556. *Noble Sébastien de Sivirier*; t. xxiii, p. 305 et 306.
1576. *Pierre de Syvirier*, le dernier membre connu de cette famille
      féodale; est mort dans la misère à Cossonay; t. v, 2e livr.
      p. 150; t. xv, p. 502.

La seigneurie de Sivirier ou Sévery avait passé, vers l'an 1500, par mariage, des nobles de Sivirie à la famille de Mont, puis aux Chalon de Cully et ensuite aux de Gruyère, d'où elle passa par mariage en 1667 dans la famille Charrière; t. iii, p. 269. En 1587, le personnage appelé *Mr de Sivirier* était *Jean-François de Gruyère*; t. v, 2e livr. p. 175 et 211.

290. du Soleil ou du Solier.

Armoriaux : de Mulinen; manuscr. de la Biblioth. cant.; de Mandrot.

    Cette famille paraît appartenir à l'ancienne famille *du Solier de Morette*, originaire du Piémont. Elle a existé à Morges durant plusieurs siècles sous les noms de *du Solier*, *du Soleil*. Elle existe encore en Piémont sous le nom de Solar; t. xxiv, p. 428.

1280. *Willermus de Solerio*, donzel, à Sion, castellanus Sancti Brancherii; t. xxx, p. 278 et 290.
1320. *Dnus Franciscus de Solerio*, chanoine à Sion; t. xxxi, p. 317.
1345. *Dnus Georgius de Solerio*; t. xxxii, p. 409.
1368. *Thobie du Soleil* ou *du Solier*, donzel à Morges; t. xxvi, p. 431.
1368. *Raymondus de Solerio*; t. xxiv, p. 401.
1384. *Dame Jaquette du Solier (de Solerio)*, vidomnesse de Morges,
      fille de Thobie et épouse de Messire Lancelot Bourgeois, de
      Gex, chevalier; t. xxiv, p. 427.
1467. *Andreas de Solerio*; t. i, 3e livr. p. 285.
1484. *Bertrand de Solerio* ou *du Solier*; t. i, 3e livr. p. 90 et 315.

    Voir sur la fondation de la ville de Morges et sur le vidomnat de Morges, t. xxiv, p. 425 et 426.

291. de Sonnaz.

Armoriaux : de Mandrot, etc.
Famille d'Avenches.

---

292. Sordet.

Armoriaux : de Mandrot, etc.
Famille noble de Cully qui a possédé là seigneurie de Ropraz. Voir le *diction. Martignier et de Crousaz, p. 297 et 810.*
1598. *Noble Claude Sordet,* seigneur de Ropraz ; *diction. Martignier
et de Crousaz, p. 810.*

---

293. de Soz-la-tor ou Dessous-la-Tour.

Armoriaux : de Mandrot, etc.
1377. *Perret de Soz-la-tor* ou *Messire Pierre de Sous-la-Tour;* cité
encore en 1397 ; t. xv, p. 629.
1415. *Noble Ottonin de Sous-la-Tour,* à Vuillerens ; t. xv, p. 608 et 630.
1415. *Guillaume de Soz la tor,* donzel, frère d'Ottonin ; t. xv, p. 630.
1453. *Noble Otthon de Subtus Turri,* donzel ; t. xxiii, p. 48 et 421.
vers 1480. *Noble Henri de Dessous-la-Tour ;* t. xv, p. 630.
1494. *Noble Ottonin de Sous-la-Tour,* petit-fils d'Ottonin ; t. xv, p. 608.
1510. *Noble Pierre de Sous-la-Tour* ou *de Subtus Turri,* à Vuillerens ;
t. xv, p. 539 ; t. xxiii, p. 537 et 538.
1547. *Noble Claude de Sous-la-Tour,* fils de Pierre ; t. xv, p. 539.
1547. *Noble Jean de Sous-la-Tour,* fils de Pierre ; t. xv, p. 539.
1547. *Noble Pierre de Sous-la-Tour,* fils de Pierre ; t. xv, p. 539.

*   *   *   *   *   *   *

Période bernoise.

*   *   *   *   *   *

Les nobles *de Sous-la-Tour* possédaient à Vuillerens un fief en
franc-alleu auquel ils avaient donné leur nom.

---

294. de Suchet.

Armoriaux : de Joffrey, de Mandrot, etc.
Famille de Vevey, éteinte vers l'an 1500.

---

295. de Surpierre.

Armoriaux : de Mulinen; manuscr. de la Biblioth. cant.; de
Mandrot.
    Surpierre, dans le canton de Fribourg, appartenait très an-
ciennement à la maison de Cossonay et était le siège d'une famille de *milites.*
1147. *Nantelme de Surpierre* ou *de Superpetra ;* t. XII, 3ᵉ p. p. 11 et 18;
    t. XV, p. 751.
1157. *Willelmus de Superpetra,* miles; t. XXII, p. 11 et 20.
1202. *Pierre de Surpierre ;* t. V, 1ʳᵉ livr. p. 30.

---

296. de Tavel.

Armoriaux : de Joffrey; de Mulinen; manuscr. de la Biblioth.
cant. ; de Mandrot.
    La noble famille *de Tavel* porte le nom du village de Tavel
sur Clarens. Elle paraît avoir une origine commune avec les
Mestral de Rue, et appartenir ainsi à la maison d'Illens. Son
nom latin est *de Tavello.* Cette famille existe encore.
1352. *Rolet de Tavel,* à Vevey; t. XVIII, 2ᵉ p. p. 59.
1362. *Mermet de Tavel,* mestral de Rue sous hommage lige de la
    maison de Savoie. (Kuenlin ; *Vevey et ses environs,* par D.
    Martignier, p. 105.)
1418. *Rodulphe de Thavello* de Viviaco; donzel; t. XXII, p. 325.
1422. *Rolet de Tavel,* donzel; bailli épiscopal de Lausanne ; t. V, 2ᵉ
    livr. p. 64; t. XXII, p. 230 et 592; t. XXVIII, p. 341.
1453. *Noble Pierre de Tavel,* fils de Rolet, vend une propriété, à Bex,
    à un membre de la famille *Tavelli* (qui est tout à fait dis-
    tincte de la famille *de Tavel*). Peut-être est-ce à cette époque
    que les *de Tavel* ont écartelé leurs armes.

1463. *Jean de Tavel*, donzel, à Vevey; t. xxiii, p. 453.

1539. *Noble Nicod de Tavel*, seigneur de Curtilles et coseigneur de Saint-Martin de Vaud; banneret de Vevey; *le Bailliage de Vevey et Chillon*, Vevey 1861, p. 90 et 112.

1539. *Noble Loys de Tavel*, à Vevey. (Idem, p. 90.)

1580. *Noble François de Tavel*, seigneur de Denens et tige de la branche des seigneurs de Denens; cette seigneurie lui parvint par sa femme, fille de Sébastien Loys. (*Vevey et ses environs*, p. 107.)

1614. *Noble Michel de Tavel*, seigneur de Denens, fils de François. Il fut tué à Vilmergen. (*Vevey et ses environs*, p. 107.)

1630. *Noble Etienne de Tavel*, seigneur de Denens et de Villars-sous-Yens, fils de Michel, obtient en 1634 la bourgeoisie de Berne. (Idem.)

1630. *Noble Gamaliel de Tavel*, seigneur de Vulliens et coseigneur de Sépey, châtelain de Vevey; fils de François et souche de la branche cadette. (*Idem.*) Il fut admis aussi à la bourgeoisie de Berne avec ses deux fils.

1650. *Nobles Abraham et Jaques de Tavel*, fils de Gamaliel. (*Idem.*)

1650. *Noble Michel de Tavel*, fils d'Abraham. (*Vevey et ses environs*, p. 108.)

1663. *Noble et généreux François de Tavel*, à Vevey. (*Le Bailliage de Vevey et Chillon*, p. 99.)

1703. *Noble Jean-Rodolphe de Tavel*, seigneur de Cuarnens, bailli de Nyon; fils de Michel et époux de Marie de Chandieu. (*Vevey et ses environs*, p. 108.)

1665. *Noble Gamaliel de Tavel*, seigneur de Vulliens, lieutenant baillival à Vevey, époux de Susanne Cerjat et de Marie de Joffrey, fils de Jaques et petit-fils de Gamaliel. (*Vevey et ses environs*, p. 108.)

1665. *Noble Etienne de Tavel*, seigneur de Sales, banderet de Vevey, époux de Françoise-Violente de Blonay; fils de Jacques et frère de Gamaliel. (*Vevey et ses environs*, p. 108.)

1665. *Noble André de Tavel*, époux de Marie de Joffrey; fils de Jacques et frère de Gamaliel et d'Etienne. (*Vevey et ses environs*, p. 108.)

1734. *Noble S. de Tavel*, bailli de Vevey et Chillon. (*Le bailliage de Vevey et Chillon*, Vevey 1861; p. 112.)

La famille de Tavel a possédé les seigneuries de Carouge, Ussières, Denens, Villars-sous-Yens, Lussy, Vulliens, Correvon, etc.

297. Tavel, à Payerne.

Armoriaux : de Mandrot, etc.
Ancienne famille de Payerne.

298. Tavelli.

Armoriaux : de Mulinen; manuscr. de la Biblioth. cant.; de Mandrot, etc.

Les *Tavelli* sont une famille d'ancienne chevalerie, de Genève, tout à fait distincte dès *de Tavel* et des *Tavel* du Pays de Vaud. La famille *Tavelli* était éteinte déjà vers 1550.

Les *Tavelli* ont livré une guerre acharnée, en Valais, aux sires de La Tour-Châtillon; t. XXIV, p. 280 et 294. Ils ont reçu du comte de Savoie des fiefs considérables à Bex vers 1355.

1186. *Antoine Tavelli*, citoyen de Genève.

1266. *Girod* ou *Girard Tavelli*, à Vincy.

1300. *Henri Tavelli*, citoyen de Genève, père de Barthélemy, de Rodolphe et de l'évêque Guichard; t. XXIV, p. 313. Seigneur de Vincy et Gilly.

1320. *Guy* ou *Guido Tavelli*, citoyen de Genève; t. XXIV, p. 279 et 313.

1320. *Thomas Tavelli*, frère de Guy; t. XXX, p. 450 et 632.

1320. *Eléonore Tavelli*, seconde femme du sire Jean de La Tour-Châtillon; t. XXIV, p. 313.

1330. *Barthélemy Tavelli*, chevalier, fils de Henri; t. XXIV, p. 313; t. XXXII, p. 485 et 642.

1330. *Rodolphe Tavelli*, donzel, fils de Henri; t. XXIV, p. 313.

1342. *Guichard Tavelli*, évêque de Sion, élu en 1342; tragique prélat qui mourut assassiné; t. XIV, p. 123; t. XX, p. 457 et 460; t. XXII, p. 191 et 192; t. XXIV, p. 184, 279, 280, 294, 310, 312, 314, 398, 401; t. XXIX, p. 377; t. XXX, p. 632; t. XXXII, p. 212 et 642; *diction. biogr. de Montet, t. II, p. 557.* — Guichard était coseigneur de Bex.

1342. *Bertholetus Tavelli*, de Genève, donzel; t. XXXII, p. 311.

1350. *Nicolas Tavelli*, chevalier, fils de Rodolphe et cousin de Jacques; t. XXIV, p. 313; t. XXXII, p. 485.

1350. *Jacques Tavelli*, en Valais, fils de Barthélemy et neveu de l'évêque Guichard; t. XXIV, p. 280, 311, 313 et 398.

1400. *Perrod Tavelli.*

1424. *Jean Tavelli*, fils de feu Perrod; t. XXIV, p. 370.

1456. *Jacques Tavelli*, coseigneur des Granges en Valais.

1526. *Noble et puissant Guillaume Tavelli*, coseigneur des Granges, dernier mâle de sa famille. (*Vevey et ses environs*, par D. Martignier, p. 109.)

Les Tavelli ont été vidomnes d'Aigle; *diction. Martignier et de Crousaz, p. 10 et 89.*

---

299. Thomasset.

Armoriaux : de Mulinen; manuscr. de la Biblioth. cant.; de Mandrot.

Le nom de Thomasset est un prénom devenu nom de famille, comme tant d'autres. On le rencontre usité comme prénom en 1271 (t. V, 1re livr. p. 172); voir aussi *Thomasset dit de la Grange*, donzel en 1368; t. XXVIII, p. 391.

Les *Thomasset* ont été mayors d'Agiez et seigneurs de Croze.

1403. *Johannes Thomasseti*; t. XXII, p. 291 et 592.

1475. *Nicolet Thomasset*, à Vufflens-la-ville; t. XV, p. 461.

1494. *Noble Pierre Thomasset*; t. XXIII, p. 511.

1500. *Amedeus Thomasset*, domicellus; t. III, p. 314 et 802; à Agiez.

1517. *Noble Michel Thomasset*, à Lausanne; t. VIII, p. 83.

1550. *François et Claude Thomasset*, d'Agiez; t. III, p. 314.

1619. *Noble Isaac Thomasset*, mayor d'Agiez; t. V, 2e livr. p. 202.

1644. *Noble Simon Thomasset*, mayor d'Agiez et seigneur de Croze, près Cossonay; t. V, 2e livr. p. 214; t. XV, p. 331.

1675. *Noble Jean-Pierre Thomasset*, seigneur de Croze; dit *Mr de Croze*; fils de Simon. Cité encore en 1699; t. III, p. 320; t. V, 2e livr. p. 230; t. XV, p. 140, 332, 334 et 879.

1675. *Jean-François Thomasset*, d'Agiez; t. III, p. 320.

La seigneurie de Croze parvint à la famille Charrière par son alliance avec demoiselle *Louise Thomasset*, fille de Jean-Pierre.

Il existe aujourd'hui en France une famille *Thomasset*. La famille vaudoise doit exister encore; elle a conservé la mayorie d'Agiez presque jusqu'à la révolution. Voir t. III, p. 320. En 1755, un membre de la famille Thomasset était lieutenant baillival de Romainmotier; t. I, 3e livr. p. 131.

300. de Torney.

Armoriaux : de Joffrey; de Mulinen; manuscr. de la Biblioth.
   cant.
1172. *Pontius de Torniel,* miles; t. XXII, p. 20.
1224. *Willelmus, miles de Tornie (Torny);* t. XII, 3ᵉ p. p. 60.
1291. *Guillaume de Torny,* donzel; t. XIX, p. 447.

1558. *Noble Benoist Torney. (Le bailliage de Vevey et Chillon,* Vevey
   1861, p. 97.)

L'armorial de Joffrey s'exprime comme suit au sujet de cette famille :
« Autrefois barons de la Ringe, seigneurs de Lussy et de Saint-Gingouls ;
possédaient des fiefs ruraux. Cette branche finit en *Bonne Torney,*
femme de François de Tavel. Leur maison estoit au Bourg Franc, près
la fontaine (Vevey). Il est revenu depuis peu des Torney (1660), du
Valey, que l'on dit de mesme famille. »

D'après D. Martignier, cette famille, non qualifiée, se rencontre à
Vevey dès 1328.

---

301. de la Tour.

Ce nom appartient à diverses familles.

I. *Sires de La Tour-Châtillon.*

Armoriaux : de Mulinen ; manuscr. de la Biblioth. cant. ; de
   Mandrot, etc.

Les sires *de La Tour-Châtillon, mayors de Sion,* ont acquis
la seigneurie de Bex en 1198 ; néanmoins ils se rattachent au
nobiliaire du Valais. Ils comprennent les *de La Tour d'Ollon.*
Le t. XXXIV des *Mém. et doc.* contient, p. 142 à 177, une notice sur les sires de La Tour-Châtillon, avec tableau généalogique. Voir aussi t. XIX, p. 439 ; t. XXIV, p. 206 et 207.

II. *de la Tour, à Chailly.*

Armoriaux : de Joffrey ; de Mulinen ; manuscr. de la Biblioth.
   cant. ; de Mandrot.

Cette famille, originaire de Chailly, près Vevey, ne se rattache aucunement aux barons valaisans de La Tour-Châtillon. Son nom se trouve écrit *de la Tors, de laz Tort, de Turre ;* ses membres ne paraissent pas qualifiés avant 1595.

1580. *Jean-Gamaliel de la Tour,* lieutenant du Châtelard; *diction. biogr. de Montet, t. II, p. 37.*

1595. *Egrège et noble Pierre de La Tour. (Vevey et ses environs,* par D. Martignier, p. 112.)

1614. *Noble et spectable Gamaliel de La Tour,* docteur-médecin, allié Asperlin; fils de Jean-Gamaliel; *diction. biogr. de Montet, t. II, p. 37.*

1653. *Noble Georges de La Tour,* allié Charrière, fils de Gamaliel; *Vevey et ses environs,* p. 113.

1686. *Noble Jean-Gamaliel de la Tour,* châtelain, fils de Georges. (*Idem.*)

1700. *Noble Jean-Baptiste de la Tour,* fils de Jean-Gamaliel. (*Idem,* p. 114.)

1730. *Françoise-Louise de la Tour,* fille unique de Jean-Baptiste, épouse de Sébastien-Isaac de Loys, seigneur de Vuarrens, et désignée par Jean-Jacques Rousseau sous le nom de *Madame de Warens ; Vevey et ses environs,* p. 114; *diction. biogr. de Montet, t. II, p. 636.*

III. *de la Tour de Peilz.*

Il paraît avoir existé une famille féodale de La Tour-de-Peilz, à laquelle on rattache les personnages suivants :

1251. *Philippus de Turre,* qui vendit la Tour de Vevey à Pierre de Savoie; t. XVIII, 2e p. p. 101; t. XIX, p. 281, 291 et 294.

1271. *Dominus Wullielmus de Turre* de Viviaco, miles; t. XII, 2e p. p. 106; t. XXX, p. 195.

IV. *de Gumoëns dit de la Tour.*

1142. *Pierre de Gumoëns,* dit *de Turre,* miles; t. XII, 3e p. p. 7.

---

302. de Trelay et de Trélex.

Armoriaux : de Mulinen; manuscr. de la Biblioth. cant. de Mandrot.

Le village de *Trelex* ou *Trelal*, peu distant de Prangins,
faisait partie de la seigneurie de Gingins; t. v, 1re livr. p. 18.
1140. *Pierre de Trelal*; t. v, 1re livr. p. 18.
1234. *Falcon de Trelex*, chevalier; t. v, 1re livr. p. 35; t. xxvi, p. 164.
1241. *Humbert de Trelay*, donzel; t. xii, 1re p. p. 159. Chevalier en
1272; t. iii, p. 533; t. v, 1re livr. p. 173; t. xxvi, p. 194.
1242. *Petrus de Trelay*, miles; t. xii, 1re p. p. 144 et 164.
1262. *Jean de Trelex*; t. v, 1re livr. p. 165.
1296. *Marco de Trélex*, chevalier, à Trélex; t. xix, p. 466.
1303. *Petrus de Trelay*, domicellus; t. xxviii, p. 204.

303. de Trey.

Armoriaux : de Mulinen; manuscr. de la Biblioth. cant.; do
Mandrot.
Famille de Payerne qui s'appelait originairement *Contesson.*
Ce dernier nom est celui d'un château ruiné, près de Trey;
diction. *Martignier et de Crousaz, p. 234.*
1376. *Mermet de Trey*, donzel de Payerne; diction. *Martignier et de-*
Crousaz, p. 874.
1726. *César de Trey*, pasteur à Avenches. (*Idem, p. 48.*)

304. de Treytorrens (près Granges, Payerne).

Armoriaux : de Mulinen; manuscr. de la Biblioth. cant.; de
Mandrot.
Famille de Payerne, de Cudrefin et d'Yverdon.
1174. *Uldricus, miles de Troiterens;* t. xii, 3e p. p. 25 et 93.
1174. *Rainaldus*, frère d'Uldric; t. xii, 3e p. p. 26; diction. *Martignier*
et de Crousaz, p. 875.

1384. *Octhonetus de Troistorrenz*, à Yverdon; t. xxiii, p. 651; t. xxvii,
p. 181.
1416. *Jean de Trétorrens*, à Cossonay; t. viii, p. 57.
1482. *Noble François de Tretorens*, à Morges; t. vii, p. 732; t. xxxv,
p. 233.

1536. *Henri de Treytorrens*, commandant à Yverdon; *diction. Martignier et de Crousaz, p. 875.*

1590. *François de Treytorrens. (Idem.)*

1632. *Noble Albert de Treytorrens*, général-major en Suède, seigneur de Démoret; *diction. biogr. de Montet, t. II, p. 576.*

1638. *François de Treytorrens*, général suédois, frère d'Albert; né à Yverdon en 1590; *diction. biogr. de Montet, t. II, p. 575.*

1644. *Isaac de Treytorrens*, seigneur de Bavois, frère d'Albert et de François; *diction. biogr. de Montet, t. II, p. 576.*

1647. *Noble Henri de Treytorrens*, d'Yverdon; *diction. Martignier et de Crousaz, p. 224.*

1700. *Noble David de Treytorrens*, banneret de Payerne.

1732. *François-Frédéric de Treytorrens*, professeur; né à Yverdon en 1688; *diction. biogr. de Montet, t. II, p. 577.*

1771. *Abraham de Treytorrens*, général en Espagne; fils de David; *diction. biogr. de Montet, t. II, p. 577; diction. Martignier et de Crousaz, p. 875.*

1771. *Louis de Treytorrens*, fils de François-Frédéric, professeur à Lausanne; *diction. biogr. de Montet, t. II, p. 577.*

Il y a eu une *seigneurie de Treytorrens.* Voir *de Molin*, etc.

---

de Saint-Trivier, voir lettre *S.*

---

305. Troillet.

Ce nom appartient à plusieurs familles distinctes. Dès l'an 1500, on rencontre à Lausanne des personnes portant le nom de *Troillet;* voir t. xxxv, p. 174 et xxxvi, p. 152 et 376.

Les familles *Troillet* de Moudon et de Rolle sont qualifiées; leurs armes sont différentes. — On écrit aussi *Trolllet.*

1. *Troillet,* à Rolle.

Armoriaux : de Mandrot, etc.

1548. *Noble Pierre Troillet;* t. xv, p. 164 et 170.

1548. *Noble Jean Troillet*, frère de Pierre; t. xv, p. 164; t. xxxiv, p. 98 et 101.

1627. *Noble François Troillet, dit d'Alinges;* t. xxxiv, p. 101 et 115.

1627. *Noble Etienne Troillet, dit d'Alinges;* t. xxxiv, p. 101 et 115.

Cette famille pourrait être originaire de Bagnes, dans le Bas Valais.

II. *Troillet*, à Moudon.

Armoriaux : de Mandrot, etc.

---

de Turre, voir *de la Tour*.

---

306. de Valeyres ou de Vallères.

1217. *Cono de Valeres ;* t. VI, p. 117 et 688.
1300. *Il donzel de Valeres ;* t. V, 1re livr. p. 240.
1536. *Jean de Valeyres,* châtelain des Clées, se rend aux troupes ber-
 noises ; t. I, 3e livr. p. 110.
1580. *Noble Jehan de Vallères le jeusne,* aux Clées; *archives cantonales,* acte de gardance de damps passé par la ville des
 Clées.

Cette famille disparaît peu après l'invasion bernoise.

---

307. de Valpergue.

Armoriaux : de Mandrot, etc.
 La famille de Valpergue, originaire du Piémont, paraît avoir
eu quelques-uns de ses membres établis au Pays de Vaud.
1475. *Jacques de Valperga,* chevalier; t. VIII, p. 250.
1483. *Dame A. de Valpergue,* femme de messire Pierre de Gingins ;
 t. VIII, p. 409.
1519. *Thomas de Valpergue,* à Chambéry; t. XI, p. 254.

---

308. Varney.

Armoriaux : de Mandrot, etc.
 Famille d'Orbe et d'Yverdon, qui a possédé les seigneuries
de Ballaigues et de Mézery.

1513. *Jaques Varnier* ou *Varney*, vingt-neuvième abbé du lac de Joux;
t. I, 3e livr. p. 102 et 103.

---

309. Varro.

Armoriaux : de Mandrot, etc.
1576. Messieurs de Berne accordent aux nobles genevois *Varro* une
juridiction sur les fonds et les forges qu'ils possèdent au
Brassus; t. I, 3e livr. p. 119. Ainsi fut constituée la *seigneurie du Brassus.*
1612. *Noble Jean Varro,* seigneur du Brassus; t. I, 1re livr. p. 355.
1612. *Noble Louis Varro,* seigneur du Brassus. (*Idem.*)
1612. *Noble Henri Varro,* seigneur du Brassus. (*Idem.*)
L'Etat de Berne a acheté la seigneurie du Brassus, en 1684, à noble
Dominique *Chabrey;* t. I, 3e livr. p. 119.

---

310. de Vaudan.

Armoriaux : de Mulinen; manuscr. de la Biblioth. cant.; de
Mandrot.
Famille originaire d'Aoste, établie à Aubonne.
1613. *Noble François de Vaudan,* époux de Marguerite Mestral, à Begnins; t. xv, p. 739; t. xxxiv, p. 100 et 109.

---

311. de Vauxmarcus.

Armoriaux : de Mulinen; manuscr. de la Biblioth. cant.; de
Mandrot.
Vauxmarcus appartient au canton de Neuchâtel. Nous cite-
rons donc seulement :
1256. *Rainauld dit de Valmarcul* ou *Renaud de Vauxmarcuel,* donzel,
seigneur d'Essertines sous l'hommage de l'évêque de Lausanne; t. III, p. 27; t. xix, p. 267, 313, 326 et 332.

1266. *Perrin*, seigneur de Vaulmarcus, vend Jougne au comte de Bourgogne ; t. XIX, p. 352.
1311. *Perrin de Vauxmarcuel*, donzel ; t. XIX, p. 511.

312. de Vennes.

Armoriaux : de Mandrot, etc.
Ancienne famille de Lausanne, à laquelle on doit probablement rattacher *Bochardus de Venes, domicellus*, cité dans le nécrologe de la cathédrale de Lausanne. T. XVIII, p. 107. Consulter le *diction. Martignier et de Crousaz, p. 85 et 905.*

313. de Verneto.

Armoriaux : de Mulinen ; manuscr. de la Biblioth. cant. ; de Mandrot.
Famille d'Aigle, dont le nom se trouve écrit *de Vernay*, ou *Vernetz* ou encore *Vernetto.*
1390. *Johannes de Verneto*, miles ; t. XXIII, p. 649 et 657.
1525. *Franciscus de Vernetis*, chanoine à Lausanne ; t. XXXVI, p. 42 et 377.

314. de Vevey ou de Viveys.

Armoriaux : de Mulinen ; manuscr. de la Biblioth. cant. ; de Mandrot.
Il peut y avoir eu une famille féodale de ce nom. Les *de Vevey* figurent souvent à Vevey. (Voir *Vevey et ses environs*, par D. Martignier, p. 16.) Il y a eu aussi des mayors de Vevey.
1230. *Martinus maior de Viveis* ; t. VI, p. 313. (Cartulaire de Lausanne.)

1413. *Noble Vuillelme de Viviaco* ; t. XXII, p. 551 ; t. XXIII, p. 659.

Non classé :
1476. *Pierre de Vevey*, marchand à Lausanne ; t. VIII, p. 483.

Le nom de *de Vevey* paraît avoir été porté par diverses familles, à Estavayer, à Fribourg et à Moudon. Il peut n'être dans bien des cas qu'une simple désignation d'origine, en l'absence d'un nom patronymique.

---

315. des Vignes.

Armoriaux : de Mulinen; manuscr. de la Biblioth. cant.; de Mandrot.

  Famille de Nyon qui a possédé la seigneurie de Givrins.

---

316. Vigoureux.

  Famille de Cossonay, d'ancienne bourgeoisie, qui s'était élevée à l'état de noblesse et possédait des censes à Cossonay, Senarclens et autres lieux. Elle donna son nom à un fief à Cossonay; t. xv, p. 49.

1495. *Hugues Vigoureux,* syndic de Cossonay; t. xxxv, p. 234.

1547. *Spectable et scientifique personne Jehan Vigoureux,* docteur en médecine à Cossonay; t. xv, p. 297.

1580. *Noble Jaques Vigoureux;* t. xv, p. 50 et 200.

  Le fief *Vigoureux* passa vers 1600 à la famille *Daux,* puis aux *Charrière.*

---

317. de Villars.

  Il existe un grand nombre de localités du nom de *Villars. Villars-le-terroir* avait sa famille féodale en 1280. *Vilar,* près Vuippens, dans le canton de Fribourg, fut le siège d'une famille de chevalerie. Il y a aussi des Villars en Valais (t. xxiv, p. 327).

I. *de Villars-le-terroir.*

1281. *Noble Girard de Villars-le-terroir,* donzel, souche de la famille de *Collombier* (voir *de Collombier*); t. xii, 3ᵉ p. p. 113; t. xv, p. 678.

1281. *Noble Pierre de Villars-le-terroir*, donzel; t. XII, 3e p. p. 113.

1281. *Noble Henri de Villars-le-terroir*, donzel. (*Idem.*)

1281. *Noble Guillaume de Villars-le-terroir*, donzel. (*Idem.*)

1281. *Noble Otton de Villars-le-terroir*, donzel. (*Idem.*)

    Une branche de cette famille posséda la seigneurie de *Colombier* ou *Colombier*, en prit le nom, et a tenu sous ce nouveau nom un rang distingué dans la patrie de Vaud; t. XIV, p. XXXIII.

II. *de Vilar, près Vuippens* (Fribourg).

1165. *Guido, miles de Vilar*; t. XXII, p. 16 et 37.

1177. *Torincus, miles de Vilar*; t. XII, 3e p. p. 29; t. XXII, p. 20 et 21.

1200. *Vuillencus de Vilar*; t. XXII, p. 27.

1212. *Galcherus de Vilar*; t. XII, 1re p. p. 35.

1220. *Anselmus, miles de Vilar*; t. VI, p. 173 et 688; t. XXII, p. 29 et 594.

1221. *Willermus de Villar*; miles; t. XXII, p. 424.

1227. *Cono, miles de Vilar*; t. VI, p. 173 et 688; t. XVIII, 2e p. p. 95; t. XXII, p. 32 et 594.

1274. *Petrus de Vilar*, domicellus; t. XII, 2e p. p. 113 et 3e p. p. 111.

1277. *Ulrich de Villar*, donzel à Fribourg; t. XIX, p. 391.

1288. *Jean de Vilar*, donzel, puis chevalier; t. XXII, p. 87, 439 et 594.

1318. *Jean de Vilar*, fils de Jean; t. XXII, p. 87 et 594.

1328. *Humbertus de Vilar*, domicellus; t. XXII, p. 102.

III. *Vionnet de Villar*.

vers 1310. *Pierre Vionnet* dit *de Villar*, chevalier, à Saint-Saphorin-sur-Morges; t. XV, p. 741.

1350. *Pierre Vionnet* dit *de Villar*, donzel, fils du chevalier Pierre, à Saint-Saphorin-sur-Morges; t. XV, p. 741.

1377. *Jaquet Vionnet* dit *de Villar*, donzel, fils de feu Pierre; t. XV, p. 741.

IV. *de Villars*, à Lausanne, Cossonay et La Sarra.

    Armorial : de Mandrot.

1372. *Perrod de Villars*, donzel, à Lausanne; t. VII, 1re livr. p. 257.

1410. *Pierre de Villars*, prieur de Cossonay; t. V, 2e livr. p. 212; t. VIII, p. 48 et 54.

1437. *Aymon de Villars*, donzel de La Sarra; *diction. Martignier et de Crousaz*, p. 907.

1482. *Noble Jean de Villars* ou *de Villard*, à Lausanne; t. V, 2e livr. p. 96; t. VII, p. 628.

V. *Seigneurs d'Aubonne.*

1300. *Humbert IV*, sire de Thoire, de Villars, d'Aubonne et de Coppet ;
l'un des seigneurs les plus puissants du Pays de Vaud ;
diction. *Martignier et de Crousaz,p. 34.*

1310. *Amédée de Villars*, seigneur de Sainte-Croix, de Coppet et d'Aubonne ; t. I, 1re livr. p. 209 ; t. XIX, p. 482.

VI. *de Chandieu-Villars.*

Voir *de Chandieu.*

VII. *de Vilar-Frelon.*

Voir *Frellons.*

---

318. de Villarzel.

Armoriaux : de Joffrey ; de Mulinen ; manuscr. de la Biblioth. cant.; de Mandrot.

On rencontre dans l'histoire vaudoise un assez grand nombre de personnages portant le nom de *de Villarzel*, à Bex, Brenles, Lausanne, Vevey, etc. Deux apothicaires ont porté ce nom. Ces diverses personnes pourraient appartenir à la famille féodale.

Origines.

1254. *Rodolphe*, châtelain de Villarzel. (*Vevey et ses environs*, par D. Martignier, p. 114.)

1277. *Willelme de Villarzel*, chevalier, seigneur de Villarzel, du Châtelard près de Trey, et seigneur de Middes ; mayor de Lucens, fils de Rodolphe. (*Idem.*)

1314. *Henri de Villarzel*, souche de la branche aînée (voir plus bas) ; fils de Willelme ; t. V, 1re livr. p. 71 ; t. VII, 1re livr. p. 103 et 106 ; t. XVIII, 2° p. p. 66.

1316. *Cono de Villarzel*, prieur à Lausanne, fils de Willelme.

1320. *Willelme de Villarzel*, seigneur de Middes et de Marnand ; souche de la branche cadette (voir plus bas) ; fils de Willelme. (*Vevey et ses environs*, p. 115.)

Branche aînée.

1352. *Mermet de Villarzel,* donzel à Vevey, coseigneur de Trey et
comayor de Lucens, fils de Henri; t. xviii, 2ᵉ p. p. 59.

1395. *Jean de Villarzel,* donzel, comayor de Lucens, fils de Mermet;
t. vii, 1ʳᵉ livr. p. 278.

1423. *François de Villarzel,* comayor de Lucens, fils de Jean. (*Vevey
et ses environs,* p. 120.)

1450. *Pierre de Villarzel,* fils de François. (*Idem.*)

1480. *Guillaume de Villarzel,* coseigneur de Marnand, de Middes et
de Trey, fils de Pierre, et mort sans postérité. Il légua ses
seigneuries à sa femme Georgea de Montricher, fille d'Arthaud de Montricher, de Morges. Celle-ci les légua à son
tour à Etienne Loys, de Lausanne, qui devint ainsi coseigneur de Marnand, de Middes et de Trey. (*Vevey et ses environs,* p. 120.)

Branche cadette.

1335. *Perrod de Villarzel,* donzel, mayor de Lucens, seigneur de
Middes et de Châtonnaye, fils de Willelme et petit-fils de
Willelme; t. vii, 1ʳᵉ livr. p. 106.

1335. *Jean de Villarzel,* chanoine de Lausanne, frère de Perrod.

1411. *Aymonet de Villarzel,* donzel, fils de Perrod. (*Vevey et ses environs,* p. 115.)

1439. *Guillaume de Villarzel,* fils d'Aymonet, et mort sans postérité.

1451. *François de Villarzel,* abbé, fils d'Aymonet.

1465. *Boniface de Villarzel,* comayor de Lucens, seigneur de Middes,
coseigneur de Châtonnaye et de Trey, fils d'Aymonet. (*Vevey
et ses environs,* p. 115 et 118.)

1495. *Jean de Villarzel,* donzel, seigneur de Delley, Châtonnaye et
Middes, mayor de Lucens; fils de Boniface; t. xxxv, p. 233.

1550. *Jean de Villarzel,* fils de Jean. (*Vevey et ses environs,* p. 118.)

1586. *François de Villarzel,* seigneur de Delley, mayor et châtelain
de Lucens, fils de Jean et petit-fils de Jean. (*Idem,* p. 119.)

1592. *Claude,* fils légitimé de François. (*Idem.*)

1610. *Jean de Villarzel,* seigneur de Delley, etc., fils de Claude.
(*Idem.*)

1650. *Jacques-François de Villarzel,* seigneur de Delley, coseigneur
de Sépey et Bressonaz, mayor et châtelain de Lucens. Il
mourut en 1668, dernier de sa famille. (*Idem.*)

319. de Vos.

Armoriaux : de Mandrot, etc.
La famille *de Vos de Nieuvliet*, d'origine hollandaise, est établie à Yverdon.

---

de Vuarrens, voir *de la Tour*.

---

320. de Vucherens.

Armorial de Mandrot.
1318. *Dominus Johannes Wicherens*, miles ; t. XXII, p. 88 et 595.

---

321. de Vufflens.

Ce nom comprend les *sires de Vufflens-le-château*, et les *milites de Vufflens-la-ville*.

I. *Sires de Vufflens-le-château.*

Armoriaux : de Mulinen ; manuscr. de la Biblioth. cant. ; de Mandrot, etc.
  Famille de dynastes, qui cependant a relevé des sires de Cossonay ; t. XV, p. 9, 10 et 11.
1170. *Les sires de Vufflens-le-châtel* font des concessions à l'abbaye du lac de Joux ; t. I, 3ᵉ livr. p. 19.
1215. *Raimondus dnus de Wolflens ;* t. VI, p. 148, 501 et 689 ; t. XXIX, p. 183.
1217. *Sire Humbert de Wolflens,* chevalier ; t. I, 3ᵉ livr. p. 149 ; t. III, p. 528 ; t. XII, 1ʳᵉ p. p. 9, 25 et 62 ; t. XV, p. 9 ; t. XIX, p. 211 ; t. XXVIII, p. 89.
1222. *Aymon de Vufflens,* fils de Humbert ; t. XV, p. 9 ; t. XIX, p. 211.
1223. *Nobilis Reymundus dominus de Volflens,* fils de Humbert, et peut-être le même que ci-dessus ; t. III, p. 103 ; t. XV, p. 9 ; t. XIX, p. 211.

1240. *Guillaume, seigneur de Vufflens,* dit *Gras,* fils de Reymond; t. v. 2ᵉ livr. p. 478; t. vi, p. 556 et 689; t. xv, p. 9 et 10; t. xix, p. 212.

1321. *Richard,* seigneur de Vufflens-le-Châtel; t. xv, p. 463.

Les sires de Vufflens étaient peut-être déjà éteints en 1385; t. iii, p. 103. Il s'est formé une *seigneurie de Vufflens-le-châtel* qui appartint à divers. (Voir Duin, Seigneux, etc.)

II. *Milites de Vufflens-la-ville.*

Il a existé une famille féodale de Vufflens-la-ville; elle a possédé la mayorie de ce lieu, et quelques-uns de ses membres ont porté le nom de *Mayor;* t. xv, p. 425.

Quelques auteurs attribuent à cette famille le personnage qui vivait en 1240 sous le nom de *Guillaume de Vufflens,* dit *Gras,* et que nous avons placé parmi les dynastes de Vufflens-le-château.

A la même époque vivait un chevalier *Vuillerme de Vufflens-la-ville;* peut-être y a-t-il confusion ou double emploi. Voir t. i, 3ᵉ livr. p. 172 et t. iii, p. 528.

1142. *Raymundus de Volflens,* miles; t. xii, 3ᵉ p. p. 8.

1142. *Landricus de Vorflens;* t. xii, 3ᵉ p. p. 5.

1154. *Petrus de Vulflens,* miles; t. xii, 3ᵉ p. p. 14.

1216. *Joannes de Wulflens la Vila;* t. vi, p. 149 et 689.

1217. *Burcardus de Wulflens;* t. vi, p. 292 et 689. Voir aussi t. iii, p. 528.

1239. *Vuillerme de Vufflens-la-ville,* chevalier; t. xv, p. 423; t. xix, p. 257.

1295. *Pierre* dit *Mayor de Vufflens-la-ville,* chevalier; t. xv, p. 425.

1310. *Nicod* ou *Nicolas, mayor de Vufflens-la-ville,* chevalier; t. xv, p. 424.

1350. *Nicod,* fils de Nicod, mayor de Vufflens-la-ville; t. xv, p. 424.

1350. *Jean de Vufflens-la-ville,* donzel, fils de Nicod et frère de Nicod; t. v, 1ʳᵉ livr. p. 96; t. xv, p. 424.

1350. *Johannod de Vufflens-la-ville,* donzel, fils de Nicod et petit-fils de Nicod; t. v, 1ʳᵉ livr. p. 96; t. xv, p. 424.

1420. *Jacques Mayor* de Vufflens-la-ville; t. xv, p. 424, 454 et 455.

1445. *Humbert Mayor* de Vufflens-la-ville, donzel, fils de Jacques. (*Idem.*)

1445. *Pierre Mayor* de Vufflens-la-ville, donzel, fils de Jacques. (*Idem.*)

1493. Hoirs de *Noble Amédée Mayor* à Vufflens-la-ville; t. xv, p. 454 et 455.

1496. *Noble Blaise Mayor* à Vufflens-la-ville; t. xv, p. 455.

Il s'est formé une seigneurie de Vufflens-la-ville, qui a appartenu à divers. (Voir *Rossel, Mestral de Mont*, etc.)

---

de Vuillaffens, voir *Cicon*.

---

322. de Vuillerens.

Armoriaux : de Mulinen; manuscr. de la Biblioth. cant.
> Vuillerens est un village situé près de Colombier, au district de Morges. Il existe une autre localité de ce nom près Onnens, au district de Grandson.

1216. *Falco de Willerens*, chanoine du lac de Joux.

1216. *Petrus de Willerens*, surnommé *Ferment*, frère de Falco; t. vi, p. 295 et 688; t. xv, p. 611. Chevalier, t. i, 3ᵉ livr. p. 150.

1216. *Nantelme de Willerens*, soit *Nantelme miles de Cossonay* (voir *Sévery*); t. xv, p. 611. Il est la souche de la famille féodale de *Sévery* ou *de Sivirier*.

1227. *Cono de Willerens*; t. vi, p. 226 et 688; t. xv, p. 610.

1263. *Etienne de Vuillerens*, donzel; t. v, 1ʳᵉ livr. p. 83; t. xv, p. 612.

1378. *Otton de Vuillerens*, prieur de Saint-Paul, vicaire du prieur de Romainmotier; t. iii, p. 393; t. xv, p. 612.

En 1308, le chevalier Pierre de Duyn reçut des sires de Cossonay l'autorisation de bâtir un château à Vuillerens. Ce fut l'origine d'une seigneurie de Vuillerens qui passa des *Duin* aux *Colombier*, puis aux *Mestral de Mont*; t. v, 1ʳᵉ livr. p. 83; t. xv, p. 610 et suiv.

---

323. de Vuillermin.

Armoriaux : de Mulinen; manuscr. de la Biblioth. cant.; de Mandrot.

1544. *Noble Jean Vuillermin*, de Morges; t. v, 2ᵉ livr. p. 123.

1610. *Noble et puissant Wilhelm Vuillermin*, seigneur de Montricher et coseigneur de Pampigny; t. v, 2ᵉ livr. p. 181; t. xv, p. 477 et 737.

1617. *Noble Nicolas Vuillermin*, fils de Priam, originaire d'Estavayer; reçu bourgeois de Cossonay; t. v, 2e livr. p. 196.

1627. *Noble et puissant Jean de Vuillermin*, fils de Wilhelm; t. xv, p. 737.

1627. *Noble et puissant Gabriel de Vuillermin*, seigneur de Montricher, fils de Wilhelm; t. xv, p. 737; t. xxvi, p. 83.

1675. *Noble Gabriel de Vuillermin*, seigneur de Monnaz, fils de Gabriel; t. xv, p. 258, 288 et 668; t. xxvi, p. 83.

1715. *Noble Jean-Rodolphe de Vuillermin*, seigneur de Daillens et de Goumoëns-le-Jux; t. xiii, p. 135.

Consulter le *diction. Martignier et de Crousaz, p. 605, 606 et 632.*

324. de Vuippens.

Armoriaux : de Joffrey; de Mandrot; manuscr. de la Biblioth. cant.

Vuippens est un village situé près de Bulle, dans l'ancien pays d'*Ogo* et dans le canton de Fribourg actuel. Il a été le siège d'une maison féodale qui relevait immédiatement de la maison de Savoie; t. viii, p. 503; t. ix, p. 53.

On rencontre des *Mestral de Vuippens* à Vevey vers 1350; il n'est pas certain qu'ils fussent de la maison des sires de Vuippens; t. xviii, 2e p. p. 44. L'armorial de Joffrey, de 1660, donne la famille *de Vuippens* de Vevey comme éteinte avant cette époque déjà, dans la famille *de Tavel*.

Il y a eu à Gollion, près Cossonay, un fief appelé *de Vuippens*. C'était l'ancien fief *de Disy*, auquel les *de Vuippens* qui en étaient seigneurs avaient donné leur nom.

1237. *Uldricus de Wippens*, seigneur de *Wuippens*; t. i, 1re livr. p. 208; t. vi, p. lxxiv et 523; t. xviii, p. 119; t. xix, p. 309 et 312.

1302. *Girard de Vuippens*, évêque de Lausanne de 1302 à 1310, puis évêque de Bâle; fils d'Ulrich; t. xix, p. 485; t. xxii, p. 77, 451 et 581; *diction. biogr. de Montet t. II, p. 634.*
Voir aussi le tableau des évêques de Lausanne, t. xiii, p. 237

1350. *Girardus de Vuippens*, bourgeois de Vevey; t. xviii, 2e p. p. 44 et 59.

1350. *Perrodus de Vuippens*, bourgeois de Vevey; t. xviii, 2e p. p. 44 et 59.

1377. *Jean de Wippens,* miles, en Gruyère; t. XXIII, p. 641.

1420. *Girardus,* donzel, condominus de Wippens, en Gruyère; t. XXII, p. 338 et 339.

1464. *Aimon de Vuippens,* époux de Jaquette de Cully; t. XI, p. 79; t. XV, p. 343; t. XXIII, p. 69 et 414.

1475. *Rodolphe de Wippens,* chevalier, coseigneur de Wippens, à Fribourg; t. VIII, p. 359; t. XI, p. 18; t. XXIII, p. 93.

1480. *Noble Jean de Vuippens,* fils d'Aymon; t. XV, p. 639.

1498. *Noble Girard de Vuippens,* seigneur de Disy en 1530; fils de Jean; t. XV, p. 344 et 639.

1498. *Noble Aymon de Vuippens,* fils de Jean; t. XV, p. 639.

1498. *Noble Louis de Vuippens,* fils de Jean; t. XV, p. 639.

1558. *Noble Gaspard de Vuippens; le bailliage de Vevey et Chillon,* p. 97.

1582. *Noble dame Claudaz de Wuippens;* t. III, p. 865 à 869.

---

325. de Vulliens.

Armorlaux : de Mulinen; manuscr. de la Biblioth. cant.; de Mandrot.

Le nom de *Vulliens* est celui d'un village situé près de Rue, sur territoire vaudois. Il peut être facilement confondu avec celui de *Billens,* près Romont, sur Fribourg, car ces deux localités ont été également désignées par l'orthographe *Villens.*

vers 1150. *Petrus* miles de *Villens* ou *Williens;* t. XII, 2e p. p. 180; t. XVIII, p. 146.

1220. *Guillaume de Vulliens,* chevalier; t. XII, 2e p. p. 56.

1230. W. de *Willens,* miles, probablement le même que le précédent; t. VII, 1re livr. p. 36. — Voir *de Billens.*

1346. *Antoine Cornu de Williens,* soit de Ylliens (Anthonius Cornuti de Williens, miles, ballivus Waudi); chevalier, et *Rodulphe* son frère; t. VII, 1re livr. p. 102; t. XXII, p. 141 et 142; t. XXVII, p. 88.

1377. *Willelme de Williens,* donzel; t. XXII, p. 517; t. XXIII, p. 365.

1400. *Noble Richard de Williens,* donzel; t. XXII, p. 275; t. XXIII, p. 365.

326. de Weiss.

Armorlaux : de Mandrot, etc.
Famille de Berne.
En 1557, *Jacob Wiss*, de Berne, était bailli d'Yverdon ; t. I,
3e livr. p. 403.
1662. *Gabriel Weiss*, seigneur de Mollens ; t. XXXIV, p. 102.
1750. *François-Rodolphe de Weiss*, seigneur de Daillens, à Yverdon.
1760. *Noble Sigismond Weiss*, seigneur de Daillens; *diction. Martignier et de Crousaz, p. 300.*
1798. *François-Rodolphe de Weiss*, général ; né à Yverdon ; fils de
François-Rodolphe ; *diction. biogr. de Montet, t. II, p. 640.*

327. de Yens.

Armorlaux : de Mulinen ; manuscr. de la Biblioth. cant. ; de
Mandrot.
1230. *Girard de Yens;* t. XIX, p. 337.
1234. *Willerme de Yens (de Hyenz);* t. XXVI, p. 164.
1263. *Pierre de Yens*, fils de Girard, à Yens ; t. XIX, p. 337 et 341.
1319. *Pierre de Yens (Hiens)*, dit *Peller*, donzel; t. XXVI, p. 219.
vers 1330. *Richard de Yens;* t. XXVIII, p. 393.
1360. *Jean de Yens*, écuyer, fils de Richard ; t. XXVIII, p. 393. Vers
1391, la famille de Yens prêta hommage au prieur de Romainmotier; t. III, p. 670.
1445. *Noble Pierre de Yens;* t. XV, p. 643.
1445. *Jean de Yens*, donzel, à Cossonay; t. VIII, p. 66.
1450. *Antoine de Yens*, donzel; t. XV, p. 416.
1475. *Noble Pierre de Yens*, seigneur de Corcelles, à Cossonay; t. V,
2e livr. p. 96; t. VIII, p. 68; t. XV, p. 226.
Il a existé en 1257 des donzels *Peller de Yens;* t. III, p. 261.

328. d'Yverdun.

Armorlaux : de Mulinen ; manuscr. de la Biblioth. cant. ; de
Mandrot.

Peu après l'an 1300, la seigneurie des dynastes de Belmont fut absorbée par la maison de Savoie. Il n'est pas impossible que la famille nommée *d'Yverdun* soit un rameau de la maison de Belmont, qui aurait ainsi survécu à sa ruine. Ce rameau, investi de la mestralie d'Yverdon, se serait éteint en 1789 seulement, dans la personne du littérateur *d'Eyverdun*, l'ami de Gibbon ; t. XXXIV, p. 322.

1321. *Cono d'Yverdon, dit de Belmont ;* t. XII, 3e p. p. 122.

1394. *Girard d'Yverdon,* donzel ; t. XXII, p. 240.

1394. *Amédée d'Yverdon,* donzel, frère de Girard ; t. XXII, p. 240.

1436. *Jean d'Yverdun,* à Lausanne ; t. XXVIII, p. 257.

1475. *Jean d'Yverdun,* à Lausanne, probablement fils de Jean ; t. VIII, p. 481 et 484 ; t. XXXV, p. 161.

1520. *Anthonius de Yverduno,* assesseur à Lausanne ; t. VII, p. 739 ; t. XXXV, p. 238 ; t. XXXVI, p. 10.

1536. *Jean d'Yverdon ;* t. XXIII, p. 577.

1720. *Louis d'Yverdun,* seigneur d'Hermenches ; *diction. Martignier et de Crousaz, p. 445.*

1772. *Jacques-Georges Deyverdun,* littérateur ; fils de Samuel ; *diction. biogr. de Montet, t. II, p. 237.* Dernier de sa famille. Voir t. XXXIV, p. 322.

Note. Sur les 328 numéros qui précèdent, plus de 200 familles sont éteintes, et un grand nombre d'autres paraissent près de s'éteindre.